中共成都市委党校"学习贯彻习近平总书记来川视察重要指示精神重大专项课题"资助项目，项目编号：E-2023-ZD005。

U0740696

精准发力

建设现代化产业体系的成都实践研究

童晶 ｜ 著

中央党校出版集团
国家行政学院出版社
NATIONAL ACADEMY OF GOVERNANCE PRESS

图书在版编目（CIP）数据

精准发力：建设现代化产业体系的成都实践研究 /
童晶著 . --北京：国家行政学院出版社，2024.11
　　ISBN 978-7-5150-2904-7

Ⅰ. ①精… Ⅱ. ①童… Ⅲ. ①产业体系－研究－成都
Ⅳ. ①F269.277.11

　　中国国家版本馆 CIP 数据核字（2024）第 110691 号

书　　　名	精准发力：建设现代化产业体系的成都实践研究
	JINGZHUN FALI：JIANSHE XIANDAIHUA CHANYE
	TIXI DE CHENGDU SHIJIAN YANJIU
作　者	童　晶　著
统筹策划	陈　科
责任编辑	刘　锦
责任校对	许海利
责任印刷	吴　霞
出版发行	国家行政学院出版社
	（北京市海淀区长春桥路 6 号　　100089）
综 合 办	（010）68928887
发 行 部	（010）68928866
经　销	新华书店
印　刷	北京九州迅驰传媒文化有限公司
版　次	2024 年 11 月北京第 1 版
印　次	2024 年 11 月北京第 1 次印刷
开　本	170 毫米×240 毫米　16 开
印　张	19.25
字　数	256 千字
定　价	65.00 元

本书如有印装问题，可联系调换。联系电话：（010）68929022

前　言

PREFACE

当前，世界百年未有之大变局加速演进，局部冲突带来全球治理危机并加快产业链与供应链重塑，新一轮科技革命和产业变革深入发展，大国在政治与经济领域的竞争与博弈更加激烈，中国实现民族振兴与强国之梦的目标既无比坚定又充满挑战。党的十八大以后，以习近平同志为核心的党中央立足长远、运筹帷幄，在习近平新时代中国特色社会主义思想的引领下，高举新时代改革开放旗帜，统筹推进"五位一体"总体布局、协调推进"四个全面"战略布局，明确提出以中国式现代化推进中华民族伟大复兴和立足新发展阶段、贯彻新发展理念、构建新发展格局、推进高质量发展的重要部署，以守正创新、踔厉奋发的精神把新时代中国特色社会主义现代化事业不断推向前进。

从经济学视角看，现代化产业体系是现代化经济体系的核心内容，是现代化国家的物质技术基础。党的二十大对现代化强国战略进行了全面部署，提出了构建现代化产业体系的战略任务，强调要坚持把发展经济的着力点放在实体经济上，推进新型工业化，加快建设制造强国、质量强国、航天强国、交通强国、网络强国、数字中国。实施产业基础再造工程和重大技术装备攻关工程，支持专精特新企业发展，推动制造业高端化、智能化、绿色化发展。推动战略性新兴产业融合集群发展，构建新一代信息技术、人工智能、生物技术、新能源、新材料、高端装备、绿色环保等一批新的增长引擎。构建优质高效的服务业新体系，推动现代服务业同先进制造业、现代农业深度融合。加快发展物联网，建设高效顺畅的流通体系，降低物流成本。加快发展数字经济，促进数字经济和实体经济深度融合，打造具有国际竞争力的数字产业集群。优化基础设施布局、结构、功能和系统集成，构建现代化基础设施体系。可以看出，党的二十大报告站在"两个大局"①的战略高度深刻具体地阐释了我国现代化产业体系建设的着力点、建设目标及重要发展路径，成为指导未来经济高质量发展的方向指引，也是各地建设现代化产业体系的必然要求。

治蜀兴川迈上新征程。习近平总书记一直对四川工作高度重视，对四川人民亲切关怀，党的十八大以来 7 次亲临四川视察指导，多次听取省委、省政府工作汇报，多次作出重要指示批示，对四川和成都的工作给予特殊关怀和有力指导。2023 年 7 月 25 日至 29 日，习近平总书记再次来川视察指导，亲赴广元、德阳、西部战区空军司令部等基层一线地区了解四川贯彻党的二十大精神、推动经济社会高质量发展情况，出席成都第 31 届世界大学生夏季运动会开幕式并举行系列主场外交活动，体现了对四川及成都发展一以贯之的殷切期望和信任重托。习近平总书记指出，四川是我国发展的战略腹地，在国家发展大局特别是实施西部大开发战略中具有独特而重要的地位。强调要进一步从全国大局把握自身的战略地位和战略使命，立足本地实际，明确发展思路和主攻方向，锻长板、补短板，努力在提高科技创新能力、建设现代化产业体系、推进乡村振兴、加强生态环境治理等方面实现新突破。

奋力谱写中国式现代化成都新篇章。习近平总书记高度重视成都的发展，2023 年 7 月 28 日，习近平总书记来成都出席第 31 届世界大

---

① "两个大局"指中华民族伟大复兴战略全局和世界百年未有之大变局。

学生夏季运动会的开幕式，并在欢迎宴会上赞扬"成都是历史文化名城，自古就是中外交流的枢纽，是西南丝绸之路上的明珠。如今，是中国最具活力和幸福感的城市之一"。热情邀请外国政要和各国嘉宾到成都街头走走看看，体验并分享中国式现代化的万千气象。习近平总书记的这些话语，既是对成都丰厚历史积淀的肯定，也是对成都建设践行新发展理念的公园城市示范区的勉励与鞭策。我们要始终铭记关怀、不负重托、感恩奋进，推动新时代治蓉兴蓉再上新台阶，努力在现代化成都建设新征程中不断取得新突破、创造新业绩。

全面贯彻落实"四个发力"的重要要求。习近平总书记来川视察指导时鲜明地提出要"在推进科技创新和科技成果转化上同时发力，在建设现代化产业体系上精准发力，在推进乡村振兴上全面发力，在筑牢长江黄河上游生态屏障上持续发力"。这"四个发力"抓住了四川高质量发展的根本性、关键性、全局性问题，每一条都是着眼战略全局作出的重大部署，都是为四川量身作出的战略指引。这不仅充分肯定了四川通过几十年的努力在制造业发展方面奠定的独特优势，还明确要求四川依托既有独特优势，把发展经济的着力点放在实体经济上，积极服务国家产业链供应链安全，积极服务国家重大生产力布局，高质量对接东部沿海地区产业新布局。对如何构建富有四川特色和优势的现代化产业体系，习近平总书记提出要统筹考虑传统产业、新兴产业、未来产业，把发展特色优势产业和战略性新兴产业作为主攻方向，加快改造提升传统产业，前瞻部署未来产业，促进数字经济与实体经济深度融合等重要要求。特别强调四川作为清洁能源大省，要科学规划建设新型能源体系，促进水、风、光、氢、天然气等多能互补发展；要强化粮食和战略性矿产资源等生产供应，打造保障国家重要初级产品供给战略基地。这些重要指示要求，深刻阐明了四川产业发展的独特优势、主攻方向和目标定位，为成都构建现代化产业体系特别是推动制造业高质量发展领航指引。我们要推动支柱产业迭代升级、新兴产业培育壮大、未来产业前瞻布局，加快打造具有核心竞争力的优势产业集群。

发展是党执政兴国的第一要务。回望新时代成都的发展历程，每到重要节点、关键时刻，习近平总书记都及时为我们掌舵领航、指引方向。当前，作为国家中心城市和新一线首位城市的成都，正在积极建设践行新发展理念的公园城市示范区，以高质量发展努力实现超大特大城市转型升级与山水人城和谐相融的良好局面。建设现代化产业体系是成都市经济高质量发展的重要基石，也是成都疫后经济复苏甚至高位求进的核心引擎，因而价值重大、影响深远，必须加快谋篇布局。我们应该充分利用全球产业链供应链重塑的历史机遇，紧紧抓住国家在"一带一路"、长江经济带、西部陆海新通道以及成渝地区双城经济圈进行重大生产力布局的战略机会，全面贯彻落实习近平总书记提出的构建具有特色和优势的现代化产业体系的重要要求，以推动治蜀兴川和治蓉兴蓉再上新台阶。本书写作目的非常明确，旨在从理论与实践两个层面去深度研究、系统总结和探索发现产业规律、产业趋势与发展路径，一是为落实习近平总书记来川视察的任务要求，反映成都在现代化产业体系构建上的"精准"特征；二是为成都探索出一条加快实现新旧动能转换和高质量发展的科学路径，增强城市发展的内生动力。

本书主要内容共分8章。第一章开宗明义阐释理论基础——现代化产业体系的理论要旨与发展策略；第二章借鉴他山之石总结成功案例——建设现代化产业体系先进城市的经验启示；第三章聚焦城市谋划发展要旨——成都市建设现代化产业体系的总体思路；第四章标定支柱产业突出独特优势——成都市在发展支柱型产业上精准发力；第五章标定新兴产业探索成长道路——成都市在发展战略性新兴产业上精准发力；第六章标定未来产业进行战略规划——成都市在发展未来产业上精准发力；第七章、第八章强化重点环节落实任务要求，分别为成都市在促进数字技术与实体经济融合领域精准发力、成都市在加快绿色发展上精准发力。

　　因为写作时间有限，本书内容难免有纰漏和考虑不周之处，请各界人士不吝指正，我们会在以后的版本中进行修改和完善。

目 录

CONTENTS

第一章

现代化产业体系的理论要旨
与发展策略

　　产业是经济发展的核心，是现代化强国建设的重要物质基础。党的十八大以来，习近平总书记多次对建设现代化产业体系发表重要论述，为更好推动经济高质量发展提供了科学指南。党的二十大报告第一次完整提出了"建设现代化产业体系"，并将其作为我国加快构建新发展格局和推动高质量发展的关键战略。因此，我们认为在中国特色社会主义现代化强国建设的关键阶段，全面认识与深刻理解现代化产业体系的理论要旨和发展策略是加快形成新质生产力和把握未来发展主动权的迫切需要，具有十分重要的意义和价值。

第一节　现代化产业体系构建的历史脉络、
科学内涵与重大价值

一、现代化产业体系理论形成的历史脉络

　　马克思主义经济学说虽然没有直接提出现代化产业体系的理论概念，但是却有诸多关于产业发展的思想叙述，比如产业技术创新、产业结构协调、产业区域布局与产业组织塑造等，为构建中国特色现代

化产业体系提供了十分重要的理论支持与实践指导。党的十一届三中全会以后，中国现代化产业体系理论的形成脉络比较清晰，大致分为四个阶段：第一阶段为体制调整期（1984—1991 年），主要特征是以价格调节和要素流动推动产业结构改革；第二阶段为体制变革期（1992—2001 年），主要特征是以经济发展方式转变奠定现代产业体系基础；第三阶段为社会主义市场经济体制健全完善期（2002—2011 年），主要特征是以新型工业化和现代服务业推动产业结构优化升级；第四阶段为发展模式转换期（2012 年至今），主要特征是以新发展格局和高质量发展为目标引领建设现代化产业体系。

（一）体制调整期（1984—1991 年）

1984 年 10 月，党的十二届三中全会提出"有计划的商品经济"，商品经济第一次被写进党的决议。于是，从 20 世纪 80 年代中期到 90 年代初期，我国全面进行了从计划经济到商品经济的体制调整，以解决产业结构领域大量的产品供需矛盾，以达到发展社会生产力的目的。这一经济发展阶段，在商品价格管控初步放开和要素有限流动的背景下，我国开始自觉运用经济杠杆调节产业结构和生产力布局，生产关系不断重塑，工业化得到了大力推进，社会财富积累增加，人民生活水平得到极大改善，奠定了现代化产业体系发展的基石。这一时期产业发展主要有以下两个特点。

1. 以产业结构调整满足市场供需总平衡

我国计划经济时期的主要矛盾是供需不平衡，供小于求。为解决人民日益增长的物质文化需要同落后的社会生产之间的矛盾，政府尝试逐步放开国内商品价格管控和人口要素流动，不再忽视价格、税收、信贷等经济杠杆的推动作用。因而，基于需求引领的新的产品供给结构开始发挥强大作用，持续推动了长达 8 年的产业结构调整。到 20 世纪 90 年代初期，我国市场供需实现了总体平衡，经济活力迸发（见图 1 - 1），9 年平均经济增速高达 9.2%。

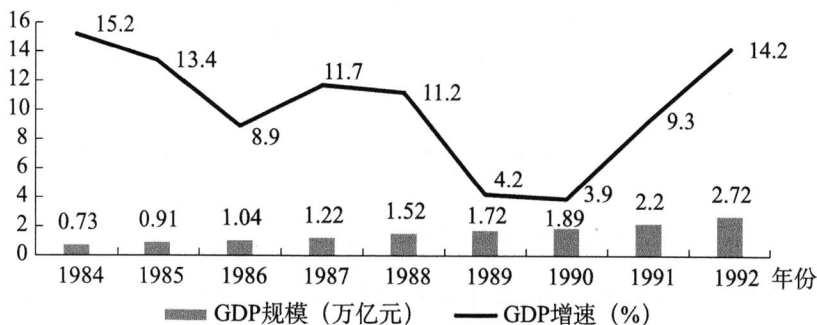

图 1 - 1　1984—1992 年中国国内生产总值与经济增速情况

2. 以市场换技术，大力引进国外先进技术推动传统产业结构调整

通过体制机制改革建立经济特区，鼓励东南沿海地区大力引进外国先进技术和管理经验，初步构建起有别于传统产业特征的新型工业体系，快速建立以机械工业、电子电器工业、食品轻纺工业、能源化工为主的支柱性产业集群，丰富并极大拓展了我国原有产业门类，实现了国内市场与国外技术的全面融合，产业结构调整开始加速。

（二）体制变革期（1992—2001 年）

市场经济体制是指以市场机制作为配置社会资源基本手段的一种经济体制。我们党在实行改革开放的过程中，不断深化对计划与市场关系的认识，逐步形成了以市场为取向的经济体制改革思路。1992 年初，邓小平同志在南方谈话中明确指出："计划经济不等于社会主义，资本主义也有计划；市场经济不等于资本主义，社会主义也有市场。"这从根本上解除了把计划经济和市场经济看作属于社会基本制度范畴的思想束缚。① 尔后，党的十四大确立了我国经济体制改革的目标是建立社会主义市场经济体制。1993 年 11 月，党的十四届三中全会审议通过《中共中央关于建立社会主义市场经济体制若干问题的决定》，这一决定成为 20 世纪 90 年代推进经济体制改革的行动纲领，是对马克思主义经济理论的创造性发展。这一时期我国产业发展主要有以下 3 个特点。

1. 产业转移和要素快速集聚使劳动密集型产业加快发展

一方面，从 20 世纪 80 年代开始，我国恰逢世界第三次产业转移大潮，国际加工制造业开始由亚洲四小龙及南美等国家和地区向我国沿海地区大规模转移。另一方面，工厂建设需求使得国内青壮年劳动力人口、资本、技术等关键生产要素向沿海地区快速集聚，一大批劳动密集型产业在沿海先发地区崛起，电子厂、服装厂、玩具厂、食品厂、化工厂等企业迅速发展，低廉的要素成本和巨大的内部市场奠定了我国在制造业中低端价值链上的主体地位，也让中国顺利度过了体制转化初期技术力量低迷的发展阶段，经济增长方式向集中集约型转变。以珠江三角洲1990 年和 2004 年的产业结构分布为例，可以看出劳动密集型的第二产业（工业）和第三产业（服务业）仍然占有绝对比重（见图 1 - 2）。

占比（%）

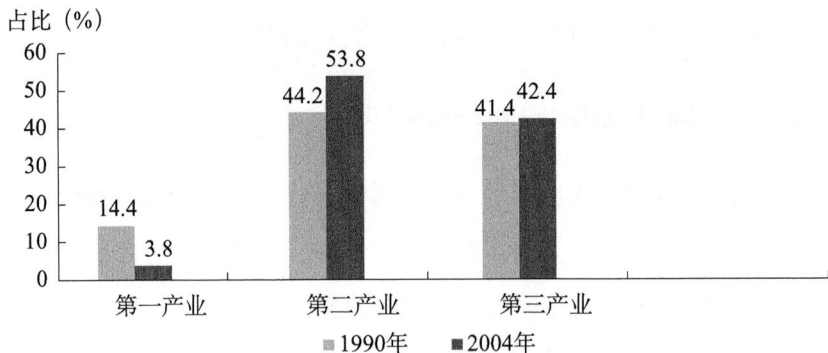

图 1 - 2　1990 年与 2004 年珠江三角洲三大产业结构变化

---

① 引自 2009 年新华社文章《共和国的足迹——1992 年：确立市场经济体制的改革目标》。

2. 外资与民企的崛起深刻改变了产业经济规模

1992 年确立市场经济体制转轨后，中国加速了对外开放与对内改革的深层次探索，外资合资企业与民营企业规模呈现倍数级递增（见图 1-3），珠三角与长三角的协同发展改变了我国市场主体结构和生产力空间布局。这一时期，我国抓住发达国家以机电产业为代表的产业转移机遇，实施一系列鼓励扩大开放的举措，跨国公司战略性投资大量进入，对外贸易持续增长，贸易结构不断优化，在国际分工序列中的地位上升。与此同时，邓小平同志南方谈话后，在"三个有利于"的大力感召下，一大批党政机关、科研院所、国有企业等体制内人员辞职经商，全国掀起一股创业兴业热潮，诞生以华为、娃哈哈、联想、海王、金山、比亚迪为代表的民营龙头企业，民营经济与个体工商经济迅速发展，10 年间（1992—2001 年）民营企业数量从 14 万家增长到 202.9 万家，从业人员从 232 万人增长到 3409 万人，增长近 14 倍；税收贡献从 4 亿元增加到 976 亿元。在这一阶段，面对亚洲金融危机和世界经济衰退，中央制定了积极扩大内需和千方百计扩大出口的方针，为成功抵御金融危机的冲击，实现国民经济持续快速发展起到了重要作用。

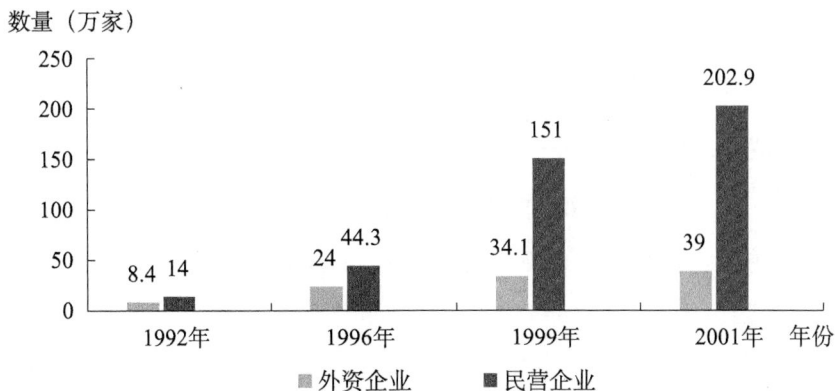

图 1-3　1992—2001 年我国外资企业与民营企业规模增长情况

3. 提出建立现代企业制度，加快国企改革与国家重大产业结构调整

1993 年，党的十四届三中全会通过了《中共中央关于建立社会主义市场经济体制若干问题的决定》，明确要进一步转换国有企业经营机制，建立产权清晰、权责明确、政企分开、管理科学的现代企业制度。1999 年 9 月，党的十五届四中全会进一步集中讨论国有企业改革和发展问题，通过了《中共中央关于国有企业改革和发展若干重大问题的决定》，确定了到 2010 年国有企业改革和发展的目标。国有企业改革从以往的放权让利、政策调整进入转换机制、制度创新阶段，一方面对纺织、煤炭、冶金、建材等行业进行结构调整，另一方面在 1999 年下半年开始全面推进"债转股"和剥离企业不良资产，以减轻企业债务负担、促进企业扭亏为盈。通过国有经济布局与结构战略性调整，解决整个国有经济部门如何适应市场竞争优胜劣汰的问题，改变国有经济量大面广、经营质量良莠不齐和国家财政负担过重的局面。在改革的推动下，国有及国有控股工业企业实现利润大幅增加，到 2000 年底，1997 年亏损的 6599 家国有及国有控股大中型企业已减少 70% 以上；国有及国有控股工业企业实现利润 2392 亿元，比 1997 年的 806 亿元增长 1.97 倍；国有小企业也实现利润 48.1 亿元，结束了连续 6 年净亏损的局面。许多长期处于困境的国有企业开始走出低谷，经营状况明显改善，基本实现了党的十五大提出的大多数国有大中型骨干企业改革三年脱困的目标。①

┌─ **专栏 1－1** ─────────────────────

1998—2000 年国企改革打响三年脱困攻坚战

背景：1997 年亚洲金融危机爆发，给全球经济造成严重冲击。
└──────────────────────────────

---

① 黄浩：《新中国峥嵘岁月｜建立现代企业制度》，新华网，https：//baijiahao. baidu. com/s? id＝1649176736313486539＆wfr＝spider＆for＝pc。

受世界经济疲软的影响，同时由于国有企业负担沉重、体制陈旧、举步维艰，经营发展陷入死循环。全国超过 6000 家国有企业破产。在 39 个大的行业中，有 18 个是全行业亏损。1997 年底，全国国企利润仅为 428 亿元，相当一部分企业不能正常发放工资和退休金。不稳定事件不断发生，国有企业步入了最困难的阶段。面对日益严重的国有企业亏损问题，中央打响了国有企业三年脱困的改革攻坚战。

举措：以"抓大放小"为指导方针，各地、各部门和相关企业加大经济改革、企业改组、技术改造和企业管理力度，综合运用政策性破产、债转股、技术改造三大"撒手锏"，坚决实施鼓励兼并、规范破产、减员增效、下岗分流和再就业工程。

成效：三年攻坚脱困正好赶上全球化、城镇化、人口等三大红利期，到 2000 年国有企业整体的经营效能得到显著提升，企业经营情况好转，为新世纪我国国有企业深化改革和国民经济持续发展打下了坚实基础。

《国资报告：中国式国资治理》，国务院国有资产监督管理委员会网站，2023 年 4 月 11 日，http://www.sasac.gov.cn/n2588025/n2588139/c27647167/content.html。

（三）社会主义市场经济体制健全完善期（2002—2011 年）

21 世纪的头 10 年，我国经济迈入高速发展期，社会主义市场经济体制需要进一步健全完善。这一阶段产业发展的主要特征是：践行科学发展观，以过度依赖劳动密集型、资源要素投入型、粗放型、出口导向型经济的发展方式转变为推动产业结构优化升级，走向中国特色新型工业化道路和新的对外开放。同时，大力发展服务业，提高第三产业在国民经济中的比重；推动城乡统筹，力破城乡二元结构，建设社会主义新农村。这一时期我国产业发展主要有以下 4 个特点。

1. 建立工业化发展新模式

一是转变工业发展方式，从出口、投资拉动经济向消费、投资、出口"三驾马车"齐头并进转变，从增加物质资源消耗增强生产力向提高全社会劳动生产率转变，开始强调技术创新（见图1-4）、管理创新和人才培养对经济增长的贡献。二是转变产业空间布局，从重点布局沿海地区向中西部内陆腹地和东北工业基地持续拓展，从少数经济特区向更广泛的沿海沿边沿江地区拓展。三是推动制造业转型和战略性新兴产业崛起，从传统重化工业、机械工业、食品服装产业向电子信息、生物医药、新能源、先进材料、航空航天装备、轨道交通和海洋装备等新兴产业转型发展，加强现代能源产业和综合运输体系建设，鼓励发展具有国际竞争力的大型企业集团。

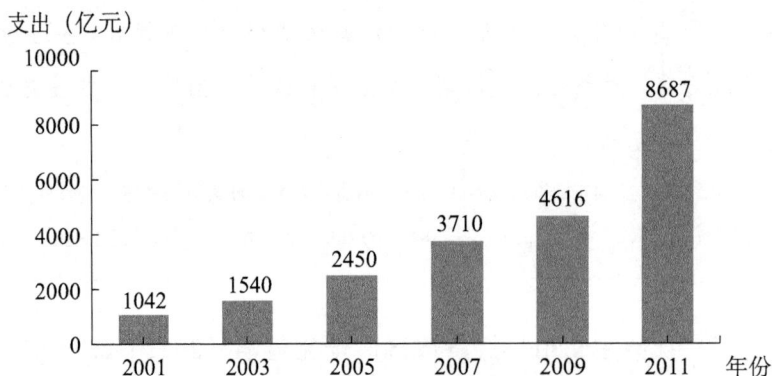

支出（亿元）

图 1-4 2001—2011 年全国研究与试验发展（R&D）经费支出情况

2. 着力发展信息技术产业体系

2000 年，时任福建省省长的习近平同志极具前瞻性和创造性地作出了建设"数字福建"的战略部署，提出了建设数字化、网络化、可视化、智能化的数字福建奋斗目标，由此开启了福建推进信息化建设的进程。2003 年，时任浙江省委书记的习近平同志指出，要坚持以信息化带动工业化，以工业化促进信息化，加快建设"数字浙江"。这也是数字中国建设的思想源头和实践起点。建设新一代信息基础设施和信息安全体系，推动工业化与信息化融合发展，壮大信息通信服务产业和网络平台建设，涌现了华为、中兴、腾讯、百度、阿里巴巴等大型 ICT 企业和互联网平台企业，信息技术与互联网日益成为重塑世界竞争格局的重要力量，成为大国综合国力较量的制高点。以我国信息通信业收入为例，从 2001 年的 4042.9 亿元增长到 2011 年的 11441.5 亿元（见图 1-5），10 年增长了 1.83 倍。我国互联网普及率从 2002 年的 4.37％增长到 2011 年的 38.3％，10 年增长了 7.76 倍。

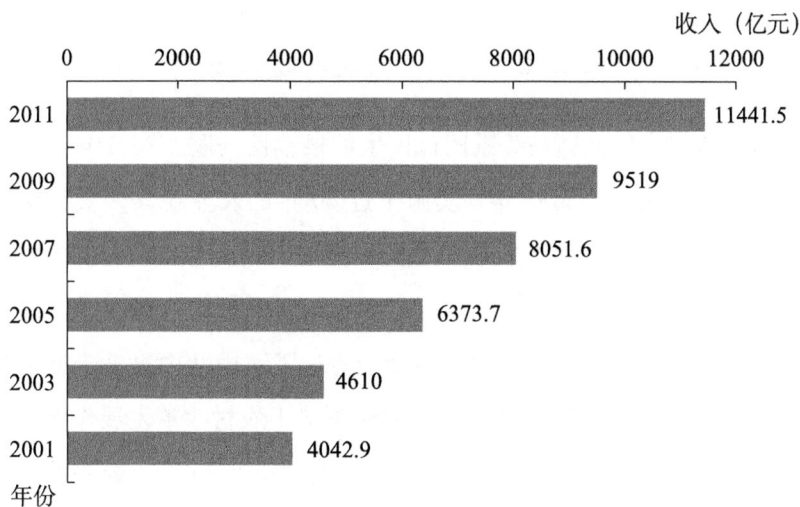

收入（亿元）

| 0 | 2000 | 4000 | 6000 | 8000 | 10000 | 12000 |

2011　11441.5
2009　9519
2007　8051.6
2005　6373.7
2003　4610
2001　4042.9

年份

图 1-5　2001—2011 年我国信息通信产业收入增长情况

3. 第三产业实现较快发展，劳动生产率显著提升

2001—2011 年是我国服务业的赶超发展阶段。随着经济全球化时代的到来、居民消费能力的提升和市场开放，第三产业增长迅猛，占比开始超过第二产业。21 世纪的头 10 年，市场化背景下科技服务业、文旅行业、金融行业、信息服务业、房地产行业、交通

物流服务业、出口服务业等领域显著增长，服务业结构不断优化升级。我国第三产业占 GDP 的比重由 2001 年的 34% 增长到 2011 年的 43%（见图 1-6），第三产业从业人数从 2001 年 8123 万人增加到 2011 年的 27282 万人。

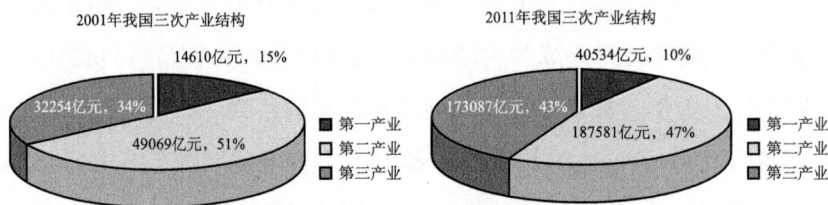

2001年我国三次产业结构

14610亿元，15%
32254亿元，34%
49069亿元，51%
■ 第一产业
□ 第二产业
▨ 第三产业

2011年我国三次产业结构

40534亿元，10%
173087亿元，43%
187581亿元，47%
■ 第一产业
□ 第二产业
▨ 第三产业

图 1-6   2001 年与 2011 年我国三次产业结构对比

4. 全面取消农业税，农业农村发展进入全新时期

农业农村农民问题是关系国计民生的根本性问题。2001 年，我国正式加入世贸组织。2005 年，实施了近 50 年的农业税条例被依法废止，国家每年减轻农民负担 1335 亿元。党的十六届五中全会提出按照生产发展、生活宽裕、乡风文明、村容整洁、管理民主的要求，建设社会主义新农村。党的十七届三中全会通过了《中共中央关于推进农村改革发展若干重大问题的决定》，对新形势下农村改革发展作出了新的战略部署，明确了到 2020 年农民人均纯收入比 2008 年翻一番的目标。2011 年，中央财政投入 130 多亿元资金，在主要牧区全面启动实施草原生态保护补助奖励机制。全国粮食总产 11424 亿斤，首次迈上 11000 亿斤新台阶，连续第五年稳定在 10000 亿斤以上，实现半个世纪以来首次连续 8 年增产（见图 1-7）。农民收入增速实现了"八连快"。2012 年 1 月，国务院印发《全国现代农业发展规划（2011—2015年)》，首次系统提出了现代农业发展指导思想和奋斗目标。我国人口城镇化率从 2001 年的 39.1% 增至 2011 年的 51.27%，城乡结构发生历史性变化。

产量（亿斤）

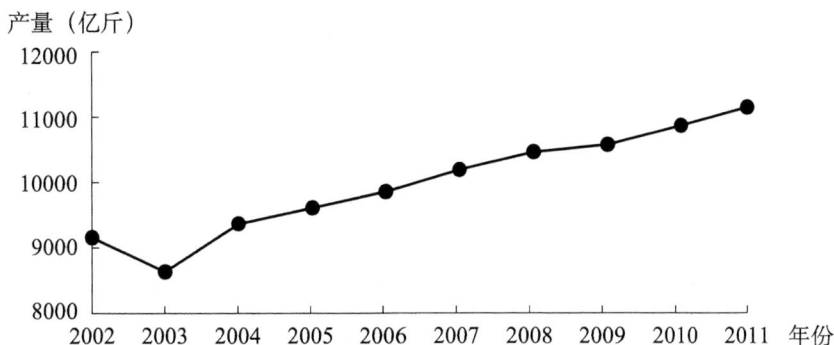

图 1-7　2002—2011 年粮食产量增产情况

（四）发展模式转换期（2012 年至今）

2012 年至今，是我国经济发展的关键时期，是产业升级重构的重要节点。十几年间经济发展呈现 3 个显著特点：一是加强党对经济工作的全面领导，遵循社会主义市场经济规律，保证中国特色社会主义沿着正确的方向发展，满足人民群众日益增长的美好生活需要；二是增速换挡，即经济增长速度从平均两位数的超高速向中高速（5%～6%）换挡，经济呈现缓中趋稳态势；三是向更高质量发展推进，即在增速换挡的过程中以贯彻新发展理念和构建新发展格局使经济能更高质量向前发展，实现质量变革、动力变革和效率变革。进入新时代以来，习近平经济思想逐渐丰富发展，不断在实践中引领带动中国经济迈上新征程、实现新目标，从提出"现代化经济体系"到重点强调"现代化产业体系"，我国已经认识到产业体系是转变经济发展方式攻关期的重中之重，认识到产业链迈向全球价值链中高端是现代化经济体系的核心目标。这一阶段的产业理论有突破性进展，不再局限于单纯的产业规模、产业布局和产业结构，为产业发展注入了系统性观念，在聚焦产业链、产业融合基础上，强化市场主体联系，构建市场流通网络，释放制度创新红利。这一时期我国产业发展主要特点有以下几个方面。

1. 加快推进新型工业化，坚持把发展经济的着力点放在实体经济上

党的十八大以来，在以习近平同志为核心的党中央坚强领导下，我国实体经济茁壮成长，产业体系更加健全、产业链更加完整，产业整体实力、质量效益以及创新力、竞争力、抗风险能力显著提升，推动我国经济实力、科技实力、综合国力显著增强。党的二十大报告提出，坚持把发展经济的着力点放在实体经济上，推进新型工业化，加快建设制造强国、质量强国、航天强国、交通强国、网络强国、数字中国。实现新型工业化是现代化强国的关键任务，推进新型工业化是一个系统工程，我国始终坚持深化改革、扩大开放，促进各类企业优势互补、竞相发展，发挥全国统一大市场支撑作用，以主体功能区战略引导产业合理布局，用好国内国际两个市场两种资源，不断增强推进新型工业化的动力与活力。

2. 打好产业基础高级化、产业链现代化攻坚战，推动制造业高端化、智能化、绿色化发展

党的十八大以来，我们国家以满足人民日益增长的美好生活需要为立足点，瞄准产业升级和消费升级方向，推动产业基础高级化和产业链现代化发展，增强高端产品和服务供给能力，不断提升供给体系对国内需求的适配性。一方面，深入实施智能制造工程，推动互联网、大数据、人工智能等新一代信息技术与制造业深度融合，推进制造业数字化转型，加快 5G 建设、数据中心等新型信息基础设施建设和应用，深化工业互联网创新应用。另一方面，积极稳妥推动工业绿色低碳发展，深入实施工业领域碳达峰行动，全面推行绿色制造，提高工业资源综合利用效率和清洁生产水平，构建资源节约、环境友好的绿色生产体系。

3. 以科技创新引领现代化产业体系发展，保障产业链和供应链自主可控

党的十八大以来，我国不断完善健全产业科技创新体系，强化科技创新主体地位，促进各类创新要素向重点行业集聚，支持企业提升创新能力，全面激发社会创新创业活力。一方面，我们持续发挥新型举国体制优势，开展重点领域核心技术攻关，加快突破一批重大战略产品，同时推动产业链和创新链深度融合，保障产业链供应链自主可控；另一方面，构建以企业为主体、市场为导向、产学研用深度融合的技术创新体系，建设了一批制造业创新中心，增强重点行业关键共性技术供给。

4. 构建优质高效的服务业新体系，推动现代服务业同先进制造业、现代农业深度融合

党的十八大以来，我国不断推动服务业供需更好适配，围绕产业的全生命周期谋划发展各类生产性服务业，围绕人的全生命周期谋划发展各类生活性服务业。一是构建高端全面的科技性服务业，更好适应产业转型升级的需要。比如大力发展研发设计服务业，提高创新设计能力，加快发展面向设计开发、生产制造、售后服务全过程的观测、分析、测试、检验、标准、认证等服务；大力发展发展成果转移转化服务业，加速科技成果商业化，提升技术转移机构的市场化运作能力，支持服务机构和企业之间探索新兴技术转移合作模式，解决技术转移过程中技术定价和知识产权共享与保护等问题。① 二是构建优质高效的生产性服务业，推动现代服务业同先进制造业和现代农业深度融合。加快发展研发、设计、咨询、专利、品牌、物流、法律、金融等现代服务业，促进科技、产业、金融良性循环，促进生产性服务业向专业

---

① 引自 2023 年 6 月 15 日《学习时报》文章《构建优质高效的服务业新体系》。

化和价值链高端延伸，从而在实现制造业和农业中间投入成本有效降低的同时增加产品附加值。三是构建丰富便利的生活性服务业，推动高品质多样化现代服务业高质量发展。比如适应居民消费升级需要，加快发展健康、养老、托育、文化、旅游、体育、物业等服务业，加强公益性、基础性服务业供给，扩大覆盖全生命周期的各类服务供给。

5. 加快发展数字经济，促进数字经济和实体经济深度融合，打造具有国际竞争力的数字产业集群

习近平总书记指出，数字技术、数字经济是世界科技革命和产业变革的先机，是新一轮国际竞争重点领域。在当前人工智能、大数据、云计算、移动通信、物联网、区块链、量子信息等新一代信息技术加速突破的关键时期，我国持续加快数字产业化和产业数字化进程，推动数字技术在制造业、农业、服务业等领域广泛应用和迭代升级，为建设现代化产业体系奠定了更加坚实的物质技术基础。与此同时，我们还不断加快数字基础设施建设，大力推动传统产业通过数字技术赋能改造升级，加快推进数字治理现代化进程，积极在数据共享、应用市场等方面同各国开展交流合作，共享数字经济全球发展新机遇。

6. 提升重点城市群与都市圈的产业集聚度，加强区域协调发展

"十三五"以来，我国积极建设城市群、都市圈等工业化和城镇化载体，已经建立起了包括长江三角洲在内的 19 个重点城市群（见图 1-8）和包括成都都市圈在内的 8 个大型现代化都市圈。与此同时，通过"一带一路""长江经济带""西部陆海新通道"等重要通路连接，强化了我国东西南北中五个区域板块的协调发展，提升了中西部内陆腹地地区在产业转移、交通物流、内外贸易上的战略能级，使得人口、资本、技术、数据等关键要素在发展优势地区实现相对高度集聚，强化了产业集群的空间布局，进一步提升了我国经济综合实力和产业国际竞争力。

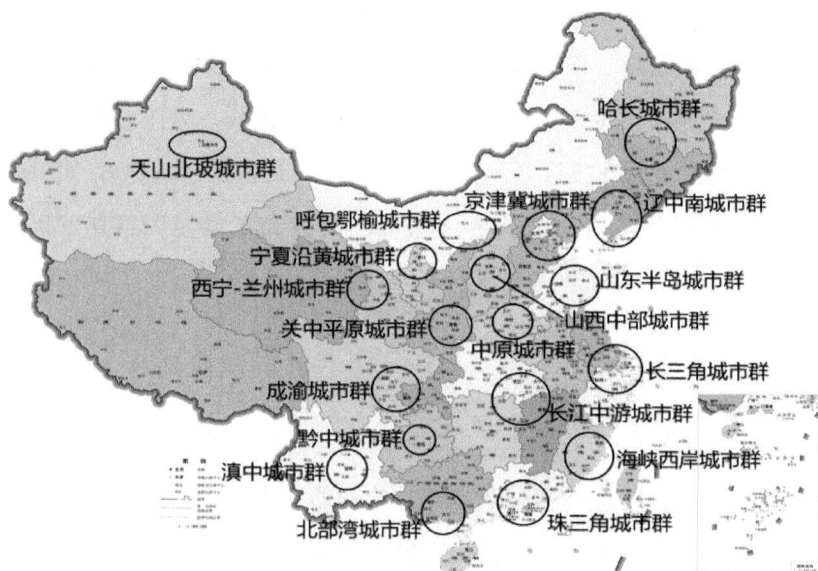

图 1-8　我国建设的 19 个重点城市群

二、现代化产业体系的科学内涵

（一）现代化产业体系的定义

现代化产业体系是指在现代化经济发展中形成的具有智能化、绿色化、融合化发展特征的新型产业生态系统。我国的目标是建设"完整性、先进性、安全性的现代化产业体系"①。

（二）准确把握现代化产业体系的基本特征

1. 产业智能化是把握新科技革命浪潮的必然要求

我国经济要谋求高质量发展，必须实现产业基础高级化和产业链现代化，这就需要抓住数字技术、人工智能等新科技革命发展的机遇，

---

① 引自二十届中央财经委员会第一次会议报告内容。

加快推进产业智能化、产品智能化、基础设施智能化，持续拓展信息化、数字化的深度，以"人工智能＋"助力开辟产业新领域新赛道，努力抢占全球产业体系智能化的战略制高点。比如，人工智能无人驾驶技术支撑智能汽车发展，除了打造"聪明"的车，还需修好"智慧"的路，这离不开可知可感的数字化基础设施和车路协同网络，因而"车联网"就成为我国产业发展的新赛道。

2. 产业绿色化是实现"双碳"目标的必然要求

我国已经提出"2030年实现碳达峰、2060年力争实现碳中和"的双碳发展目标，这既是应对全球气候治理的重大需求，也是我国产业体系转型升级的重要内容。建设现代化产业体系，需要厚植高质量发展的绿色底色，打造绿色低碳产业体系，在绿色能源、绿色交通、绿色制造、绿色服务、绿色农业、绿色贸易等重点领域耕挖细作，加快形成节约资源和保护环境的产业结构、生产方式及生活方式，实现可持续发展。比如，我国大力发展清洁能源产业，实现水、风、光、氢多能互补发展，2022年清洁能源发电量达到29599亿千瓦时，为2012年10662亿千瓦时的2.78倍。

3. 产业融合化是提升产业体系整体效能的必然要求

现代化产业体系是一个完整的有机体，三次产业之间以及各部门分工协作日益深化，相互协同日益紧密，必须通过融合发展才能发挥出产业体系的整体效能。产业融合路径有产业交叉、产业渗透、产业重组三种类型。第一，产业交叉是指通过产业间功能的互补和延伸实现产业融合。如脑机接口是生命科学和信息技术深度交叉融合的前沿新兴技术，是培育未来产业发展的重要方向，我国在产业界的共同努力下，已经形成覆盖基础层、技术层与应用层的脑机接口全产业链，并在医疗、教育、工业、娱乐等领域应用落地，将展现出强大的创新驱动力和巨大的发展潜力。第二，产业渗透是指发生于高科技产业和传统产业在边界处的产业融合。如华为公司打造"牛联网"，通过 NB-IoT 等 ICT 技术将奶牛等动物连接起来，助力畜牧行业整体升级，实现科学饲养，不仅能提升行业效益，降低药物使用率，同时也会提高畜牧产品的品质，助力乡村振兴，这实际就是 ICT 现代信息技术渗透传统畜牧业演绎出新的智慧农业产业链（见专栏 1-2）。第三，产业重组是指大产业体系内部不同产业链之间实现业务扩张或分立、股权重组或者债务重组的行为，目的是提高产业集中度和专业化程度、降低运营成本或提升绩效。如 2019 年中国石油化工集团公司和中国海洋石油集团公司重组合并，组建了全球最大的石油化工企业，旨在整合两家公司的资源和业务，提高其在国际市场上的竞争力。

专栏 1-2

助力乡村振兴，华为发明了个"牛联网"

背景：我国畜牧业规模大，但是奶牛产奶量较低，原因在于奶牛发情及配种的生理周期不能精准把握，传统方法费时费人费力，缩短奶牛寿命，并且效果不好。新一代信息技术可以助力饲养者精准掌控每头奶牛生理期，实现智慧化饲养，提高产奶量和奶农收入。

方法：以中国电信联合华为和银川奥特推出的基于 NB-IoT 的牛联网产品"小牧童"为例，在每头奶牛头上挂上智能项圈，智能项圈通过运动传感器能实时测量奶牛的运动状态等体征数据，通过无线网络上传到信息管理平台。平台对每头奶牛体征数据进行大数据建模，从而全面掌握奶牛的健康状况，比如判断奶牛是否发情、是否生病等。工作人员通过分析数据，就能对奶牛进行科学喂养，及时配种和治病。相比人工检查，该方案可以大幅度提高奶牛的发情检出率和受胎率，节约了配种成本和人工成本，特别是避免了激素的副作用。

成效：这样一头牛每月能多挤价值 160 元的奶。电信运营商通过出租设备能分取 20 元利润。牛联网仅仅是物联网技术应用在畜牧行业的一个典型场景。在家畜饲养行业，都有利用技术手段监控动物健康、生理周期、位置等信息的需求，从而科学地缩短胎间距，提升繁殖效率。猪联网、马联网、驴联网等场景已经在试点中。到 2025 年，全球需要连接的家禽牲畜预估将超过 12 亿头（只）。

炒客 ChokStick：《华为技术，牛联网：NB-IoT 成就全能"小牧童"！》，百度网百家号，https：//baijiahao.baidu.com/s？id=1591707204621984735&wfr=spider&for=pc。

（三）明确现代化产业体系的基本要求

现代化产业体系应当符合完整性、先进性、安全性 3 个基本要求。

第一，完整性，就是要保持并增强产业体系完备和配套能力强的优势。[①] 进入 21 世纪以来，我国经济发展的最大优势就是拥有较为完整的产业体系，是联合国认定的全产业链国家，由此产生了规模经济效应和范围经济效应，抗风险能力得到极大提升（见专栏 1-3）。在联合国产业分类所列的 41 个工业大类、207 个工业中类、666 个工业小类中，只有中国拥有全部的工业门类，美欧日等发达国家都未能企及。但在高端产业和局部细分领域，我国仍存在较大短板，要在巩固传统优势领域的同时加快补齐这些短板，不断提高产业体系完整性。

[①] 韩文秀：《加快建设现代化产业体系的基本要求和重点任务》，《人民日报》2023 年 6 月 1 日。

专栏 1-3

温州建成低压电器领域完整工业体系

背景：在生产中，将同一产业内的上下游企业集聚在同一地区，通过集群成员之间供需关系的联结，实现采购本地化以及全产业的整合，将有效提升整个集群的成本优势、规模优势。因此任何一个地区乃至任何一个行业都有产业集聚，打通上下游全产业的天然本能。

方法：温州低压电器集群某种程度上就可以看作低压电器领域的完整工业体系，涵盖了金属部件、合金材料、注塑部件、冲制、酸洗及模具加工等共计几十万种低压电器的配套件，本地配套化率可达85%以上，生产一个电器产品，在当地就能找全配件，产业链的抗风险能力大大提升。这些紧密联系并频繁互动的细分行业及其所属企业就构成了一个庞大的产业集群，不仅降低了温州企业的采购和供应成本，更重要的是大大便利了上下游企业之间的沟通互动，从而为双方在技术创新中协作创造了条件。

成效：凭借着集群优势，温州成为全国最大的低压电器产业基地，占全国市场份额的65%以上，集群覆盖电力能源输电、变电、配电的200多个系列、6000多种种类、2.5万个型号产品，其产业规模和企业数量位居国内同行之首，已形成行业话语权，主导制定国家标准、行业标准共226个，国际标准1个。

黄枫妖：《中国为何会有持全产业链，能永远保持下去嘛?》，https：//baijiahao.baidu.com/s? id＝1735529577124260203&wfr＝spider&for＝pc。

第二，先进性，就是要高效集聚全球创新要素、占据产业链价值链的高端，打造更多人无我有的"撒手锏"项目。世界前三次工业技术革命规律显示，掌握先进技术主导权的国家或地区往往是经济竞争力和综合国力领先的国家或地区，也是资本与财富快速积累的地域。

当前，世界面临第四次工业技术革命的风暴，中国要想占到全球发展的制高点，必须坚持科技是第一生产力、人才是第一资源、创新是第一动力，培育新经济发展新动能，不断塑造产业发展新优势。

第三，安全性，就是要实现重要产业链自主可控，确保国民经济循环畅通。世界百年未有之大变局加速演进，全球经济治理格局遭遇深刻调整，挑战与机遇并存，和平与战争同在。我国在外部环境发生重大变化的形势下，必须增强忧患意识，坚持底线思维和极限思维，以科技自立自强突破外国"卡脖子"技术（见表1-1），不断提升产业链供应链韧性和安全水平，既为应对各种风险挑战提供战略支撑，也要确保国民经济基本循环畅通无阻。

表1-1　《科技日报》公布我国35项被"卡脖子"的关键技术①

中国35项被"卡脖子"的关键技术			
1	光刻机	19	高压柱塞泵
2	芯片	20	航空设计软件
3	操作系统	21	光刻胶
4	触觉传感器	22	高压共轨系统
5	真空蒸镀机	23	透射式电镜
6	手机射频器件	24	掘进机主轴承
7	航空发动机短舱	25	微球
8	iCLIP 技术	26	水下连接器
9	重型燃气轮机	27	高端焊接电源
10	激光雷达	28	锂电池隔膜
11	适航标准	29	燃料电池关键材料
12	高端电容电阻	30	医学影像设备元器件
13	核心工业软件	31	数据库管理系统
14	ITO 靶材	32	环氧树脂
15	核心算法	33	超精密抛光工艺
16	航空钢材	34	高强度不锈钢
17	铣刀	35	扫描电镜
18	高端轴承钢		

---

① 《是什么卡了我们的脖子》，《科技日报》2018年4月19日至7月3日。

三、构建中国特色现代化产业体系的重大价值

(一) 现代化产业体系是实现中国式现代化的物质基础

推进中国式现代化，首先是实现经济基础的现代化，在生产力意义上表现为产业体系的现代化。[①] 习近平总书记指出，现代化经济体系，是由社会经济活动各个环节、各个层面、各个领域的相互关系和内在联系构成的一个有机整体。其中，建设创新引领、协同发展的现代化产业体系处于首要位置。没有现代化产业体系，无法实现物质富足、精神富有这一社会主义现代化的根本要求。加快构建现代化产业体系，实现各产业的有序链接、高效畅通，才能不断促进经济循环畅通，提升实体经济发展效率。只有构建现代化产业体系，才能夯实全体人民共同富裕的物质基础，"促进物的全面丰富和人的全面发展"。

(二) 现代化产业体系是推动高质量发展的重大举措

高质量发展是全面建设社会主义现代化国家的首要任务。现代化产业体系是以战略性新兴产业、未来产业和传统产业等梯度产业构建为协同、以实体经济为主体的新型产业生态网络系统，特别能体现新发展理念，有利于扎实推进新型工业化，有利于加快形成新质生产力，有利于制造强国、质量强国、航天强国、网络强国和数字中国等诸多现代化强国目标的实现。新时代新征程上，我国坚持将建设现代化产业体系作为现代化经济体系的重要支撑，不断推动我国产业规模壮大、产业结构升级和巩固产业分工优势，为高质量发展培植了坚实的产业根基。

---

① 贺立龙：《加快建设现代化产业体系 厚植中国式现代化物质基础》，《光明日报》2023 年 4 月 11 日。

（三）现代化产业体系是构建新发展格局的有力支撑

国家"十四五"规划提出，要加快构建以国内大循环为主体、国内国际双循环相互促进的新发展格局。国内大循环的顺畅与稳定形成了全球资源要素的引力场，是我国长期国际合作与竞争优势所在。高度适应国内外两个大市场要求我国产业体系必须既保持开放性和协调性，又重视自主性和可控性，在建立全产业链的基础上不断促进产业基础高端化和产业链现代化，这需要持续强化科技创新对产业的引领作用，更需要有效提高全要素生产率。

（四）现代化产业体系是有效应对风险挑战的基本保障

党的二十大报告指出："当前，世界之变、时代之变、历史之变正以前所未有的方式展开。"我国正面临严峻复杂的外部形势，必须增强忧患意识，坚持底线思维，做到居安思危、未雨绸缪，准备经受风高浪急甚至惊涛骇浪的重大考验。在经济发展的重点领域，全球大国不断加码先进技术垄断、核心产业竞争与贸易投资壁垒，给我国经济目标实现与和平崛起带来了重重障碍，风险挑战前所未有。要想有力破解当前外部挑战与内部瓶颈，减少"卡脖子"风险，必须统筹发展与安全，摆脱或减少对西方发达国家技术产业的依赖，在国内真正建立完整的科技创新体系、产业发展体系和市场循环体系，把关键的技术、工艺、设备、材料掌握在自己手上，以全面深化改革打通产业发展的堵点与痛点，在全球新一轮产业革命中把握历史机遇，登上制高点。

（五）现代化产业体系是满足人民美好生活需要的必然要求

人民对美好生活的向往就是我们党的奋斗目标。加快建设现代化产业体系是适应我国社会主要矛盾转化的体现。2023年，我国人均GDP达到1.27万美元，常住人口城镇化率突破66%，中等收入群体超过 4 亿人，与之相随的是人民群众美好生活需要的加快释放。因此，要紧紧围绕人民群众对美好生活的新需求、新期待，统筹推进供给侧结构性改革和需求有效提升，加快推进现代服务业与先进制造业深度融合，持续促进现代服务业与现代农业深度融合，以产业体系发展带动创造一大批就业岗位，在实现共同富裕的目标下，既把蛋糕"做大做好"，又把蛋糕"切好分好"。

第二节　现代化产业体系建设在新时代取得的伟大成就

改革开放 40 多年来，我国产业总体规模持续壮大，产业结构优化升级，产业分工优势不断巩固。

一、产业总体规模持续壮大，集群发展优势突出

统计数据显示：1978 年，我国第一产业、第二产业、第三产业规模分别为 1018.46 亿元、1755.11 亿元和 905.12 亿元；2022 年，我国第一、第二、第三产业增加值分别达到了 88345 亿元、483164 亿元和 638698 亿元。三大产业规模分别增长了 86 倍、274 倍和 704 倍。伴随着产业规模的持续壮大，2023 年，我国经济总量超过 126 万亿元，自 2010 年以来，始终稳居世界第二大经济体的位置。

二、产业结构优化升级成效明显，战略性新兴产业发展壮大

依据产业结构演进的基本规律，当一个国家经过工业化的进程，第三产业占比超过 50％时，则意味着进入了工业化后期。1978 年，我

国第一、第二、第三产业占 GDP 的比重分别为 27.68％、47.71％和 24.6％；2015 年，我国第一、第二、第三产业占 GDP 的比重分别为 8.4％、40.8％和 50.8％；2022 年，我国第一、第二、第三产业占 GDP 的比重分别为 7.3％、39.9％和 52.8％。2015 年，我国第三产业的比重首次超过了 50％，总体上进入了工业化后期，已处于以服务业为主导推动国民经济发展的新阶段。

三、产业分工优势不断巩固，国际竞争力显著提升

现代产业体系是以实体经济为着力点的，制造业是实体经济的主体。联合国将全世界的工业门类分为 41 个大类、207 个中类和 666 个小类，我国是世界上唯一具有联合国全部工业门类的国家。制造业全球分工地位是由一国制造业领域技术创新能力决定的，我国制造业规模占全球比重约为 30％，连续 13 年居世界首位，在全球产业链和供应链中具有重要地位。但是，随着新一轮科技革命和产业变革的深入发展，大国科技和产业竞争日趋激烈，地缘政治冲突下全球大宗商品与能源价格波动巨大，经济全球化遭遇逆流，全球产业链加速重构，我国产业体系发展面临的风险挑战增多。在推进中国式现代化的新征程上，现有的产业体系难以满足高质量发展的要求，必须加快建设现代化产业体系，培育产业竞争新优势，形成产业发展新动力，为经济高质量发展注入强大的动力。

四、产业技术体系加快创新，产业能级不断提升

建设现代化产业体系，只有不断提高先进性，才能确保产业在技术和市场方面保持领先地位。党的十八大以来，我国坚定实施创新驱动发展战略，推动短板产业补链、优势产业延链、传统产业升链、新兴产业建链，产业链供应链韧性和安全水平将进一步提升，产业发展

的接续性和竞争力将进一步增强。在信息技术和电子产业领域，5G技术的研发和商用化使得中国成为全球领先的5G市场，并在全球范围内推动了数字化转型。在人工智能领域，中国成为全球领先的AI研究和应用创新中心，如百度、阿里巴巴、腾讯等在AI领域投入巨资，并在图像识别、自然语言处理、机器学习等方面取得重要突破。在新能源和电动汽车领域，我国成为全球最大的风能和太阳能市场；中国的电动汽车产业也在全球竞争中崛起，成为全球最大的电动汽车市场。在生命科学和医学健康领域，中国在基因编辑、生物医药、生命科学研究等方面取得了显著进展，一些中国的生物技术公司在全球范围内竞争激烈，推动了医疗科技的创新。在航空航天和卫星技术领域，我国在航空器制造、空间探索、卫星技术等方面取得了巨大成功。中国成为继美国和俄罗斯之后第三个能够独立进行载人航天任务的国家。在高铁技术领域，我们取得了世界领先地位，成为全球高铁技术和建设的引领者。中国的高铁网络在国内得到广泛应用，同时也在国际市场上推广。在量子通信和量子计算领域，我国取得了一系列突破性的成就，中国的科学家成功实现了远距离的量子通信，并在量子计算领域取得了一系列重大突破。通过不断推进产业智能化、绿色化、融合化发展，我国现代化产业能级得到大幅提升，产业基础高级化和产业链现代化发展水平得以提升，一大批传统产业改造升级提速，向价值链中高端跃升。

五、产业基础设施建设逐渐完善，国民经济循环确保畅通

基础设施不仅是经济社会发展和民生福祉提升的重要支撑，也是国家间综合实力竞争的重要维度。改革开放以来，我国基础设施建设高速高质推进，高速公路、高速铁路、城市轨道交通、电力网络、5G

通信网络等诸多领域稳居世界第一，有力支撑了我国经济长期高速增长和经济大国地位。当前，随着我国经济进入新发展阶段，以及以数字化、网络化、智能化、绿色化为核心的新一轮产业革命加速拓展，基础设施的战略作用、结构、功能、建设模式等都发生了深刻变化。现代化产业体系建设不仅要通过提升 5G、人工智能、数据中心等新型基础设施的覆盖范围、覆盖质量，全面夯实数字经济发展土壤，为数字经济领先奠定基础，还要强化现代化基础设施体系对关键核心技术孵化的牵引作用，通过大规模新基建投资牵引数字经济底层根技术孵化和培育，构筑数字经济时代核心技术的领先优势。

（一）"人享其行、物畅其流"初步实现

10 年来，我国综合立体交通网络加速完善，截至 2021 年底，我国综合交通网总里程突破 600 万千米。其中，铁路营业里程达 15 万千米，高速公路通车里程 16 万千米，农村公路总里程 446.6 万千米，机场和航线数量分别为 250 个、5581 条，内河航道通航里程达到 12.8 万千米，邮政快递营业网点 41.3 万处。

（二）新型基础设施建设取得初步成效

从网络设施看，过去 10 年，我国移动通信从"4G 并跑"到"5G 引领"，实现"县县通 5G、村村通宽带"，网络规模和应用水平全球领先。从算力设施看，人工智能基础设施加快布局，数据中心规模达到 590 万标准机架，全国一体化大数据中心体系加快构建，8 个国家算力枢纽节点启动建设。从空间设施看，已初步建成由卫星遥感、卫星通信广播、北斗导航定位三大系统构成的国家民用空间基础设施体系。

（三）防汛抗旱基础设施体系不断完善

在防洪排涝方面，我国建设了西江大藤峡等流域防洪控制性枢纽

工程，松花江、嫩江、黑龙江干流治理，黄河下游防洪治理等堤防工程，以及长江、淮河等流域重要行蓄洪区工程，新增水库库容 1051 亿立方米，新增 5 级以上堤防 5.65 万千米。大江大河基本形成了以堤防、控制性枢纽、蓄滞洪区为骨干的防洪工程体系，基本具备了防御新中国成立以来最大洪水的能力。①

六、产业发展环境持续优化，市场主体规模与质量全面提升

党的十八大以来，我国改善营商环境取得了显著的成效。政府推出了一系列改善营商环境的政策措施，优化了相关法律法规，加快了政府职能转变，为外商投资和民营企业发展提供了更好的环境。这些举措的实施，为企业提供了更好的服务和保障，增强了企业的获得感和归属感。

（一）加快了政府职能转变，提高了政府服务效能

政府将服务企业和群众作为首要任务，加强了对企业需求的了解和响应。通过推行"放管服"改革，减少了行政审批环节和时间，提高了行政效能。同时，政府推行"互联网＋政务服务"，通过信息化手段提供便捷的政务服务，进一步提高了效率。这些举措的实施，为企业提供了更加高效便捷的服务，进一步激发了企业的创新活力。

（二）为外商投资提供了更加开放和公平的环境

我国大力推进外商投资法律法规的改革，取消了一系列限制外商投资的负面清单，扩大了外商投资领域。同时，加强了知识产权保护，为外商投资提供了更加稳定的法律环境。这些举措的实施，吸引了大

---

① 引自《现代时刊》2022 年 9 月 27 日文章《我国基础设施整体水平跨越式提升》。

量的外商投资，促进了我国产业结构的优化和升级。

（三）为民营企业发展提供了更加公平和公正的竞争环境

政府加强了对市场主体的监管，打破了垄断，规范了市场秩序。同时，加大了对民营企业的金融支持，降低了融资成本，为民营企业的发展提供了更多的资金支持。这些举措的实施，增强了民营企业的发展信心，激发了民营经济的活力。

（四）为企业发展提供了更加稳定和可预期的法治环境

我国加强了法治建设，完善了相关法律法规，为市场主体提供了更加明确的法律保护。同时，加大了执法力度，依法查处了一批扰乱市场秩序的违法行为，维护了公平竞争的市场环境。这些举措不仅增强了企业的信心，还吸引了更多的投资者进入中国市场，促进了经济的快速发展。

（五）我国市场主体规模和发展质效得到巨大提升

我国市场主体达 1.7 亿户，年平均增幅 12%，其中企业从 1300 多万家增加至 5100 多万家，个体工商户 1.14 亿户。2023 年，中国的世界 500 强企业增至 142 家，一批中小企业聚焦新技术、新产业、新业态、新模式，不断创新发展、深耕细分领域，企业发展质量和竞争力显著提升。不断壮大的市场主体不但成为稳住经济基本盘的底气和韧性所在，更为经济高质量发展提供了源源不断的内生动力。

七、产业空间布局优化调整，产业经济地理全面重塑

踏上中国式现代化新征程，优化重大生产力布局对于促进区域协调发展具有重要的战略意义。党的十八大以来，随着国内外环境变化

和区域发展条件改善，我国重大生产力布局出现了积极的变化，既增强了区域高质量发展动力，又为缩小区域发展差距提供了有利的条件。

（一）深入实施区域重大战略

党的十八大以来，习近平总书记亲自谋划、亲自部署、亲自推动，以疏解北京非首都功能为"牛鼻子"，优化区域经济结构和空间结构，推动京津冀协同发展；坚持共抓大保护、不搞大开发，深入推进长江流域生态环境系统治理和保护修复，推动长江经济带高质量发展；着眼促进港澳更好融入国家发展大局，有序推进粤港澳大湾区建设；以一体化高质量为重点，推动长三角构建规则协同、产业合作、设施共建、服务共享、政策联动的一体化新格局；坚持重在保护、要在治理，统筹推进黄河流域生态保护，让黄河成为造福人民的幸福河；推动成渝地区双城经济圈建设、打造高质量发展重要增长极，助推形成陆海内外联动、东西双向互济的对外开放新格局。

（二）深入实施区域协调发展战略

我国区域发展的协调性持续增强，中西部地区经济增速高于东部地区，地区相对差距逐步缩小。"十四五"时期继续推进西部大开发形成新格局，推动东北振兴取得新突破，开创中部地区崛起新局面，支持特殊类型地区加快发展。当前，东部地区发挥要素集聚优势，带动全国经济的现代化；中部地区应积极承接新兴产业布局转移，打造成为国家现代化经济增长的新动能区域；西部地区细化区域发展政策，注重经济社会发展与人口、资源和环境相协调，确保优势区域重点发展、生态功能区重点保护；东北地区主动调整经济结构，加快发展新技术新业态新模式，培育形成新的增长点。

（三）大力推进新型城镇化建设，促进大中小城市和小城镇协调发展

我国常住人口城镇化率达到 65.2%，户籍人口城镇化率提高到 46.7%，从医疗到教育，从就业到社保，常住人口享有更多更好的城镇基本公共服务。居住证制度全面实施，居住证上附着的公共服务和办事便利项目不断增加。义务教育阶段公办学校学位持续增加，住院费用跨省直接结算定点医疗机构进一步增多，农民工参加城镇职工基本医疗和养老保险的比例稳步提高，随迁子女在常住地接受义务教育的要求全面落实。农村居民在城乡之间的发展空间越来越大：可以安稳留乡，有地种、有房住；可以踏实进城，能就业、有收入；可以返乡创业，有平台、有政策。我国城市群和都市圈承载能力稳步提升，京津冀协同发展、长三角一体化发展、粤港澳大湾区建设扎实推进，成渝地区双城经济圈建设势头强劲，长江中游、北部湾、关中平原等城市群加快发展。都市圈内便捷通勤网络逐渐形成，公共服务共建共享水平提升。综合交通运输网络体系不断完善。全国铁路网对 20 万人口以上城市覆盖率达到 99.1%，"八纵八横"高铁网对 50 万人口以上城市覆盖率达到 89.9%，城市群都市圈多层次轨道交通网和高速公路网建设、综合交通枢纽多层级一体化发展持续推进。[①]

第三节　现代化产业体系构建的关键问题与发展策略

党的十八大以来，我国在建设现代化产业体系上确实取得了巨大成就，但是更应该清醒地看到我们与发达国家在高端产业层面的较大

---

① 熊丽：《新型城镇化取得明显成效》，《经济日报》2022 年 4 月 29 日。

差距，重点产业结构"大而不强、全而不优"的问题未得到根本改善，科技滞后对产业发展的约束作用并没有完全解决，要素红利的逐步减弱和国际市场环境的外部变化使得我国现代化产业体系实现高质量发展充满严峻挑战与风险。在实现中国式现代化的目标下，必须找到适合我国当前现代化产业体系建设的新路径，破解发展过程中内外部的梗阻和瓶颈，使产业规模稳步增长、产业质量持续提升、产业结构更加合理、产业效益更加彰显、产业环境更加优化、新质生产力加快形成。

一、建设现代化产业体系面临的梗阻与挑战

（一）我国产业迈向价值链高端任重而道远

产业能否处于价值链的高端和产业链的核心环节，决定着整个产业的综合竞争力。总体来看，我国制造业部分产业已开始向全球价值链中高端迈进，但是先进制造业、现代农业和现代服务业的全球占比仍然不尽如人意。尤其是我国中西部地区因产业发展较晚，三次产业中价值链高端部分仍然稀缺，仍靠要素资源的大量投入推动经济发展，新旧动能转换速度较慢，参与全球产业竞争的机遇较少。

（二）我国产业结构"大而不强、全而不优"的问题未有效解决

我国制造业发展成就很大，制造业规模全球第一，而且是连续 13 年全球第一。但大而不强、全而不优的局面并未得到根本改变，基础能力依然薄弱，关键核心技术受制于人，"卡脖子""掉链子"风险明显增多，制造业占 GDP 的比重下降得过早、过快，不仅拖累当期经济增长，影响城镇就业，还将带来产业安全隐患，削弱我国经济抗风险能力和国际竞争力。在全球制造业四级梯队格局中，中国处于第三梯队，实现制造强国目标至少还需 30 年。

（三）科技创新对我国产业升级的约束作用仍然强大

全球科技创新如火如荼，正在深刻影响着产业经济地理重塑与产业竞争力变革。虽然我国已经进入了创新型国家行列，但重点产业的关键核心技术仍然发展较慢、被人所控，我国在基础研究领域的投入不足、应用研究领域的落后以及科技成果转化率较低都极大地约束了我国市场主体的发展和产业链升级，使得创新对经济增长的贡献不大。同时，作为创新和产业发展的主体，我国企业创新的意愿、能力和环境确实有待改善。

（四）人口红利逐渐减弱使得产业竞争力发生变化

中国经济当前增速下滑的主要原因是，人口红利的消失从供给侧导致传统经济增长源泉式微。随着 2010 年以后劳动年龄人口转向负增长，人口抚养比迅速提高，传统人口红利开始加速消失。一是劳动力短缺导致工资持续提高，迄今已超过劳动生产率提高的幅度，制造业的比较优势减弱。二是随着新成长劳动力数量减少，劳动力素质改善的速度也放慢了。三是劳动力短缺及其引致的资本替代劳动过程，导致资本投资报酬递减进而投资回报率下降。四是随着农村人口转变导致新成长劳动年龄人口减少，也由于农业经营规模狭小以及户籍制度等制约因素，农业劳动力转移速度放慢导致资源重新配置过程减速，生产率的提高难度也必然加大。因此，中国经济的潜在增长率显著降低，若要保持可持续增长，必然要求转变经济增长方式，寻找新动能，转向高质量发展。

（五）国内经济循环不畅，超大规模市场优势有待释放

当前，超大规模的国内市场已经成为我国经济运行的一个重要特征，但尚存在的若干明显堵点导致其超大规模优势并未能完全释放。

就生产端而言，地方保护主义下的"以邻为壑"现象依然存在，各地方政府出于对本地企业的保护，往往明里暗里设置准入壁垒，导致不同地区产业的同质化竞争和投资的浪费，厂商也难以通过国内大市场的规模优势降低创新成本，这直接抑制了企业的创新意愿。与此同时，同质竞争下各区域间的产业高度趋同，一体化的纵向集群效应难以成形，产业链条上的配套整合难以落地，产业体系间的协同发展难以实现，进一步加大了制造业转型升级的难度。同时，从消费端来看，过去 10 年间，我国城乡区域间居民收入差距虽显著缩小，但发展不平衡不充分问题仍然突出，分配结构的不合理导致内需市场的超大规模优势不能完全释放，同样影响现代产业体系的构建。[①]

（六）新冠疫情后国际产业链供应链重构给我国带来深远影响

新冠疫情发生后，全球产业链供应链受到深刻影响冲击并随之发生重大变化。一是区域一体化进程加速导致产业链和供应链开始区域化联结发展，以保证生产与市场的安全可控，全球化持续降速，我国因此受到的影响较大。比如北美自贸区的强化、欧美结盟、G7 圈层化等现象发生。二是美国"去中国化"战略加快实施，在技术与市场两个领域"卡住中国脖子"，导致要素自由流动受阻，产业链外迁现象频繁爆发，制造业竞争力遭遇重大挑战，市场主体在"国际大循环"中发展维艰。三是近年地缘政治风险和局部冲突凸显，世界治理格局发生重大改变，"一带一路"通道压力增大，进出口贸易和外商投资动能下降，经济发展信心受到一定影响。四是新冠疫情后全球通胀与债务高企，各国政府对经济的驾驭力和调控力逐渐减弱，"甩锅"现象时有发生，社会矛盾开始高涨，大国关系越发紧张，全球经济充满变数。

---

① 北京大学经济学院副院长张辉：《加快发展现代产业体系 提升产业链供应链现代化水平》，中共中央党校网，https：//www.ccps.gov.cn/zl/ldl/202201/t20220106_152549.shtml。

二、新形势下我国建设现代化产业体系的关键路径

（一）坚持创新在产业发展中的核心地位，以创新推动产业效率的稳步提升

一是以创新要素的质量提升和结构优化为核心，推动产业发展质量和效益的整体上升。产业转型升级的根本在于从价值链低端转向中高端，在于提高产业发展的质量和效益，而提高产业发展质量和效益的根本在于提高劳动生产率和全要素生产率，在于创新要素质量的全面提升和结构优化。二是以产业链引导创新链，以创新链支撑产业链，推动构建产业新体系。要推动制造业和服务业的深度融合，要探索建立和完善以创新引领产业转型升级的生态环境。三是以全球化的视野，在开放合作中提升产业的创新能力和全球竞争力。要紧密跟踪国际最新技术创新和产业发展动态，坚持问题导向、需求牵引，高标准、大范围、跨领域进行国际经济技术交流与合作，整合和集成世界性的创新资源，在合作中提升技术创新能力和产业发展水平。要鼓励中国企业在"走出去"和推进国际产能合作过程中，通过收购兼并或与发达国家研发机构、企业的合作，在海外建立研究开发基地，依托国外的先进技术、品牌优势等扩大中国企业的国际市场空间，提升中国制造业的全球影响力和竞争力。[①]

（二）加快推动产业结构转型升级，向产业强国和价值链高端迈进

一是聚焦"四个方向"，增强产业发展的接续性和竞争力。面对一些关键核心技术受制于人、一些领域存在的"卡脖子"技术问题，推

---

① 张来明、赵昌文：《以创新引领产业转型升级》，中央政府门户网，https://www.gov.cn/guowuyuan/vom/2016—02/01/content_5037995.htm。

动产业链现代化要聚焦"四个方向":推动短板产业补链,推动优势产业延链,推动传统产业升链,推动新兴产业建链。二是聚焦"四链融合",增强产业链的创新驱动发展能力。以科技自立自强为引领打造创新链,以金融为纽带优化资金链,以人才队伍建设为抓手提升人才链,促进创新链资金链人才链与产业链深度融合。三是聚焦"四项任务",提升产业链供应链韧性和安全水平。优化产业布局,保持完备的制造业体系,共同构筑安全稳定、畅通高效、开放包容、互利共赢的全球产业链供应链体系,提高防范国际市场风险能力。四是聚焦"四大抓手",提升产业基础高级化和产业链现代化水平。抓产业链链长制,抓产业集群建设,抓产业链布局,抓产业生态。

(三)重视人口要素对产业发展的能动效用,创新制度供给,减少不利影响

受劳动人口见顶回落,人口受教育水平逐渐提升,人口和人才不断向东部沿海、发达都市圈城市群流动等人口结构变动的影响,未来要抓住人口结构变化的六大机遇。一是消费升级迎来新趋势,逐渐向健康化、品质化、情感化转型。具体表现为:老龄社会、健康消费,中产崛起、品质消费,独居盛行、情感消费。二是部分中低端制造业向东南亚转移,产业面临转型升级需求,智能化数字化成趋势。三是产品和服务向适老化转型,医养结合更加紧密,养老金融前景广阔。四是教育系统面临结构性调整需求,托儿所供应不足,幼儿园及义务教育供应相对饱和。五是人口结构变动带来住房价值的分化,人口或人才净流入的一线城市、强二线城市房地产市场热度更高,而人口或人才流出地区房地产市场较为冷淡。六是住房改善时代来临,从"有房住"到"住好房",产品力成为购房者关注的重点。[①] 当前要素推进

---

① 任泽平团队:《抓住人口结构变动带来的六大机遇》,百度网百家号,https://baijia-hao.baidu.com/s?id=17708100905647271698&wfr=spider&for=pc。

制度施予重点应体现在：激励年轻人生育，重视一老一小需求，完善社会保障体系，促进共同富裕，转变房地产发展政策，提升人才综合素养，平衡地区间人口集聚与人口流失。

（四）高效建设全国统一大市场，立足内需畅通循环

加快建设高效规范、公平竞争、充分开放的全国统一大市场，全面推动我国市场由大到强转变，为建设高标准市场体系、构建高水平社会主义市场经济体制提供坚强支撑。一是强化市场基础制度规则统一。完善统一的产权保护制度，实行统一的市场准入制度，维护统一的公平竞争制度，健全统一的社会信用制度。二是推进市场设施高标准联通。建设现代流通网络，完善市场信息交互渠道，推动交易平台优化升级。三是打造统一的要素和资源市场。健全城乡统一的土地和劳动力市场，加快发展统一的资本市场，加快培育统一的技术和数据市场，建设全国统一的能源市场和生态环境市场。四是推进商品和服务市场高水平统一。健全商品质量体系，完善标准和计量体系，全面提升消费服务质量。五是推进市场监管公平统一。健全统一市场监管规则，强化统一市场监管执法，全面提升市场监管能力。六是进一步规范不当市场竞争和市场干预行为。着力强化反垄断，依法查处不正当竞争行为、破除地方保护和区域壁垒，清理废除妨碍依法平等准入和退出的规定做法，持续清理招标采购领域违反统一市场建设的规定和做法。①

（五）推进高水平对外开放，持续优化产业营商环境

开放是当代中国的鲜明标识。2023 年 5 月，二十届中央财经委员会第一次会议强调，坚持开放合作，不能闭门造车；2023 年 12 月，

---

① 引自 2022 年 4 月中共中央、国务院发布的《中共中央 国务院关于加快建设全国统一大市场的意见》。

2023 年中央经济工作会议把扩大高水平对外开放作为 2024 年经济工作的九大任务之一，更凸显高水平对外开放对于经济高质量发展的重要意义。一是技术开放。开源开放是全球科技合作推动发展的新形态。随着数字技术、智能技术发展，面对数据、算力和投入的海量需求，很难形成自我闭环的体系进行全球竞争。立足产业参与全球水平分工的新态势，促进全球产业链、价值链稳定发展，促进国际科技合作与共同创新，促进国内技术水平和产业竞争力持续提升，以高水平开放赋能中国经济高质量发展。二是规则规制高标准对接。全面对接国际高标准经贸规则，稳步扩大规则、规制、管理、标准等制度型开放，在全国自贸试验区规划范围内，率先构建与高标准经贸规则相衔接的制度体系和监管模式，为全面深化改革和扩大开放探索新路径、积累新经验。三是市场开放。稳妥有序推进金融市场全面制度型开放，进一步提高我国外汇和金融市场开放和准入程度，丰富风险对冲工具，构建更加友好、便利的投融资环境；持续不断地提供全球共享的国际公共产品，高质量共建"一带一路"，既要"引进来"，更要"走出去"。

第二章

建设现代化产业体系先进城市的经验启示

2023 年 5 月，二十届中央财经委员会第一次会议提出，推进产业智能化、绿色化、融合化，建设具有完整性、先进性、安全性的现代化产业体系。这为我国各城市建设现代化产业体系提供了科学指引。以北京市、上海市等为代表的中国先进城市在建设现代化产业体系领域进行了有益探索、取得了明显成效，走出了各具特色的产业发展之路。例如，北京市利用"首都优势＋首善标准"着力构建全国高精尖产业高地；上海市积极铸造要素资源"强磁场"，抢占产业发展"制高点"；深圳市链接全球优势资源，持续构筑一流创新高地；苏州市做大做强先进制造业，奋力造就"全球工业大市"；合肥市以"创新聚变"助推"产业裂变"，招大引强建设"灯塔工厂"；重庆市构建"双循环"战略枢纽，建设长江上游产业发展增长极。这些先进城市发展经验为成都现代化产业体系建设与经济高质量发展提供了有效的路径指引，将使成都产业站在"巨人"的肩上起跳，看得更远、跑得更快。

第一节　北京市利用"首都优势＋首善标准"，构建全国高精尖产业高地

北京作为我国首都，不仅是国家中心城市、超大城市，还是我国

的政治、文化、教育中心，科技、人才资源极为丰富，具有建设现代化产业体系的良好资源禀赋。党的十八大以来，北京牢牢把握首都城市战略定位，加快构建高精尖经济结构，产业规模不断扩大，收益不断增加，结构不断优化，转型升级步伐加快，区域布局更趋合理，经济发展质量明显提升。

一、北京市建设现代化产业体系的主要做法

（一）服务国家战略需求，提升科技创新策源能力

一是构建国家实验室体系及国家级创新平台。高标准建设中关村、昌平、怀柔三个国家实验室，优化重组 75 家全国重点实验室，通过统筹资源力量，贯通科研体系，形成跨学科跨领域的创新网络。二是打造世界级重大科技基础设施集群。按照"在用一批、在建一批、谋划一批"的总体格局，大力推动怀柔综合性国家科学中心建设，聚焦空间、生命、信息智能等重点领域，建成并运行综合极端条件实验装置、多模态跨尺度生物医学成像设施等大科学装置。三是持续布局世界一流新型研发机构。出台《北京市支持建设世界一流新型研发机构实施办法（试行）》，围绕人工智能、量子信息、生命健康等领域布局建设智源人工智能研究院等 9 家新型研发机构，累计引进专兼职科研人员1700 余人。

（二）优化区域创新格局，发挥创新驱动引领作用

一是推进中关村建设世界领先科技园区。制定实施《"十四五"时期中关村国家自主创新示范区发展建设规划》，持续加强中关村科技创新出发地、原始创新策源地、自主创新主阵地的功能定位。统筹推进中关村"一区多园"发展，支持分园出台主导产业政策，形成错位竞争、各有特色、协同互补的特色发展格局。二是健全"三城一区"统

筹联动机制。以中关村科学城建设统筹南北区发展，持续完善创新前沿布局；怀柔科学城打造高端科学仪器装备产业集聚区和科技成果转化示范区；未来科学城建好生命谷、能源谷、沙河高教园区"两谷一园"，打造生命科学创新走廊和清华科学城；北京经济技术开发区和顺义升级为创新产业集群示范区，承接三大科学城成果外溢。三是推动京津冀协同创新共同体建设。编制实施《雄安新区中关村科技园建设规划》，引导创新资源向雄安新区中关村科技园集聚。共同签署《共建先进制造业集群 共推产业协同发展战略合作协议》，组建京津冀国家技术创新中心和产业协同创新中心。2013 年以来，北京市流向津冀技术合同成交额累计超过 2200 亿元，"北京研发、津冀制造"产业协同模式加速形成。

（三）瞄准前沿领域，培育高精尖产业新动能

高精尖产业代表高科技、高附加值、绿色低碳的产业。作为全国首个提出高精尖产业构想的城市，北京已经培育出 2 个万亿级及 5 个千亿级的产业集群。根据《北京市"十四五"时期高精尖产业发展规划》，未来北京将构建形成"2441"的高精尖产业体系。一是做大新一代信息技术和医药健康两个国际引领支柱产业，力争到 2025 年两个产业实现营业收入 3.5 万亿元；二是做强集成电路、智能网联汽车、智能制造与装备、绿色能源与节能环保四个特色优势的"北京智造"产业，力争到 2025 年分别实现营业收入 3000 亿元、1 万亿元、5500 亿元、1.25 万亿元；三是做优区块链与先进计算、科技服务业、智慧城市、信息内容消费四个创新链接的"北京服务"产业；四是抢占一批未来前沿产业，为高精尖产业持续发展培育后备梯队。

（四）推进科技体制改革，构建良好创新生态

一是完善科技金融体系。出台《关于对科技创新企业给予全链条

金融支持的若干措施》，打造全方位的科创金融服务体系。率先在全国开展股权投资和创业投资份额转让试点，推动形成行业"募投管退"良性循环的生态体系；设立北京市证券交易所，推出针对专精特新企业的一系列综合服务计划。二是优化财政科技经费支出结构，加强对重大科技项目经费安排的全过程审核把关，印发《北京市科技计划项目（课题）管理办法》；出台《北京市财政科研项目经费"包干制"试点工作方案》，选取北京市自然科学基金专项等以及独立法人机构开展"包干制"试点。三是持续优化营商环境。印发实施《北京市全面优化营商环境助力企业高质量发展实施方案》，形成市场化、法治化、国际化的一流营商环境；深化商事制度改革，推广"证照联办"新模式，在自贸试验区范围内积极推行市场主体登记确认制。

二、北京市现代化产业体系的建设成效

（一）产业结构显著优化

北京市产业结构总体呈现以第二、第三产业为主导格局。2022年，北京市第二、第三产业增加值占比合计达到99.7%。在持续推动疏解一般制造业的背景下，北京市第二产业占比由2012年的22.9%下降至2022年的15.9%，第三产业由2012年的76.8%增长至2022年的83.8%（见图2-1）。围绕高精尖产业发展布局，2021年北京市十大高精尖产业增加值占地区GDP比重达30.1%；2022年数字经济实现增加值为17330.2亿元，占地区GDP的41.6%。"十三五"期末，已经形成2个万亿元级与4个千亿元级的高精尖产业集群，主导产业支撑作用突出，高端领域占比逐年提高。

（二）减量发展成效明显

一般制造业、高耗能行业企业数量明显下降。2021年末，全市共

占比（%）

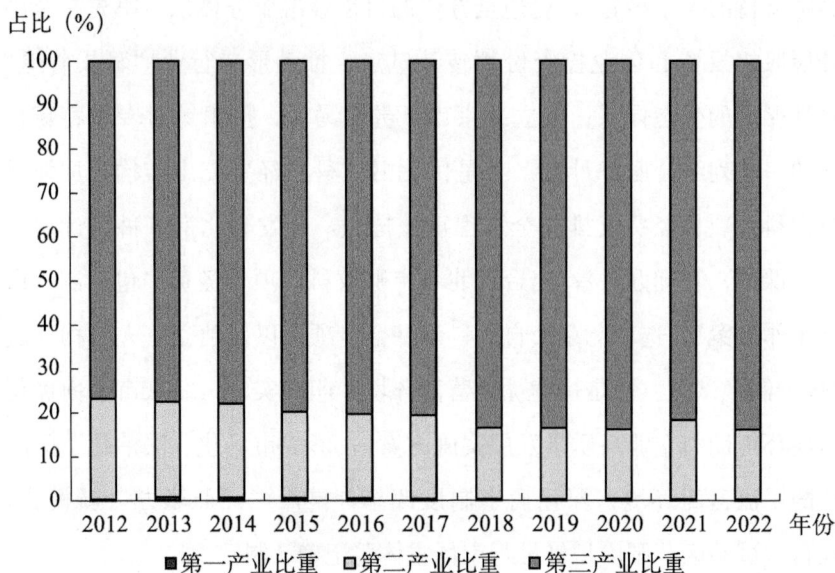

图 2-1　2012—2022 年北京市产业构成变化

数据来源：北京市统计局。

有规模以上工业企业 3073 家，比 2012 年末减少 16.8％。其中，纺织服装、家具制造、造纸、印刷等 13 个一般制造业和高耗能行业的企业数量下降 44.6％。另一方面，人均产出、企均产出大幅提高。2021年，全市规模以上工业企业人均产值为 308.6 万元，比 2012 年增长1.4 倍，企均产值为 8.1 亿元，增长 92.5％，产出效率明显提升。重点行业中，医药制造业，汽车制造业，计算机、通信和其他电子设备制造业人均产值、企均产值均高于全市工业平均水平。

（三）区域布局更趋特色化

北京工业进一步由中心城区特别是核心区向"多点"地区转移，产业空间布局特色更加突出。2022 年，中关村示范区企业总收入 8.7万亿元，是 2012 年的 3.5 倍，年均复合增长 13.3％，年收入亿元以上的企业有 4244 家，是 2012 年的 2.2 倍，成为北京高质量发展的重要引擎（见图 2-2）。2021 年，"多点"地区规模以上工业企业 1463 家，占全市规模以上工业企业数量的 47.6%，比重比 2012 年提高 6 个百分点；实现产值 11763.3 亿元，比 2012 年增长 61.8%，占全市规模以上工业的 47.1%。全市工业主要产业呈现区域集聚发展态势。其中，汽车制造业主要分布在北京经济技术开发区、顺义区、昌平区和怀柔区，2021 年四个区实现产值合计占全市的 88.3%，比 2012 年提高 4.5 个百分点；计算机、通信和其他电子设备制造业主要分布于海淀区和北京经济技术开发区，两个区实现产值合计占全市的 91.1%，比 2012 年提高 19.5 个百分点；医药制造业主要分布于北京经济技术开发区、大兴区和昌平区，三个区实现产值合计占全市的 88.4%，比 2012 年提高 28.5 个百分点。

收入（亿元）

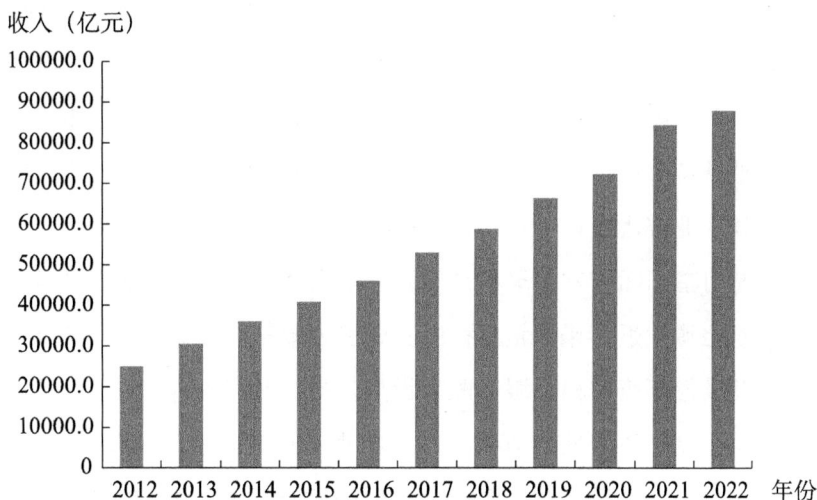

图 2-2　2012—2022 年中关村示范区企业总收入变化

数据来源：北京市统计局。

三、典型案例：北京市独角兽企业培育的借鉴启示

独角兽企业作为估值超过 10 亿美元、成立不满 10 年的未上市创业公司，具有经济体量大、发展速度快、技术水平高等优势，不仅是

科技创新企业的典型代表，也是衡量一个国家或地区创新能力的重要标志。数据显示，截至 2022 年，北京拥有独角兽企业 102 家，广泛分布在人工智能、集成电路、医药健康等 20 个行业，估值约 2760.2 亿美元，数量和估值在全国城市均居首位。[①] 不仅如此，北京国家级高新技术企业和专精特新"小巨人"企业数量亦位居全国第一，是当之无愧的"独角兽之城"。

（一）经验做法

独角兽企业在北京的蓬勃发展，根本原因在于政策、环境、技术突破和优秀人才等因素的综合作用，其经验做法可以概括为 4 个方面。

一是打造开放包容的创新创业良好生态。从成长进程看，独角兽企业萌发的核心在于具有商业推广价值的"创新理念"的提出。构建开放包容的创新创业生态可以为"新种子"创业提供试错和纠错的机会。以中关村国家自主创新示范区为例，通过倡导创新文化，出台独角兽企业扶持政策，为企业提供精准高效和个性化的孵化服务，可以促进独角兽企业孵化培育步入良性循环。

二是打造国际人才集聚新高地。创新人才的集聚是独角兽企业爆发式成长之源。近年来，北京积极实施引才政策，集聚海内外高端人才；优化营商环境和相关服务配套设施，提高对海内外高端人才的吸引力；营造良好的区域创新创业环境，助力人才实现自身价值等。除人才引进之外，依托首都丰富的科研机构和高校资源，构建产学研结合模式培养人才，厚植独角兽企业的形成沃土。

三是放大协同效应，激发独角兽企业的集聚。独角兽企业的成长具有明显的集群效应。北京市政府通过联动中关村国家自主创新示范区、科研机构、高校、金融机构等部门，发挥协同效应，优化创新资

---

① 数据来源：北京市投资促进服务中心。

源配置，明确政策扶持发力点，有效提高了独角兽企业培育效率。目前在中关村国家自主创新示范区的独角兽企业已呈现爆发式增长。

四是建立平台型企业内部孵化器。以阿里巴巴公司为例，蚂蚁金服、阿里云、菜鸟网络等多家独角兽企业，在经由阿里巴巴公司孵化产生的同时，也进一步提升优化了阿里巴巴公司自身产业生态系统。北京正在积极探索平台型企业内部孵化、裂变的培育机制。通过自孵化独角兽、战略投资独角兽等多种方式不断孕育出新的独角兽企业，实现了独角兽企业成长的良性循环。

（二）主要启示

一是独角兽企业培育应把握经济发展新趋势。受本地产业基础和创新环境的影响，独角兽企业的发展也呈现出地方特色。北京作为我国各类创新资源广为集聚的地区之一，也使其成为新行业、新技术、新模式独角兽企业的诞生高地，因此对独角兽企业的培育打造，在允许试错的同时，应立足地方优势领域，构建针对性强、效果明显的特色产业政策扶持体系。二是独角兽企业培育要量身定制扶持政策。应围绕企业成长过程，实施"一企一策"的孵化育成资助，量身定制形成种子企业遴选、孵化、加速、落地等运行机制和保障政策。三是加强与巨头企业的战略合作。巨头生态链子公司或集成商子公司依托母公司的雄厚资金和品牌商誉，具有快速成型能力，应抓住巨头企业生态链衍生的机会，将其作为招商引资的重点并制定具体招引方案和政策措施。

第二节　上海市铸造要素资源"强磁场"，
抢占产业发展制高点

上海市是我国最大的经济中心城市。改革开放以来，上海经济经历了从轻工业到重工业再到服务业为主的两次重大转变，国际经济、金融、贸易、航运和科技创新中心已基本建成。20 世纪 80 年代，上海根据国家战略发展规划，工业结构逐步从轻工业为主转变为重工业为主。90 年代，以浦东新区开发为契机，上海进入新的快速发展阶段。进入 21 世纪，上海把结构调整和高新技术产业作为主攻方向，初步建成了现代服务业为主体、战略性新兴产业为引领、先进制造业为支撑的现代产业体系。

一、上海市建设现代化产业体系的主要做法

（一）围绕国家战略布局，加快核心技术攻关

上海市瞄准国家重大战略需求，把握世界前沿科技发展趋势，科技支撑引领经济转型发展的能力得到提升。2012 年 6 月，上海市人大常委会发布了《关于促进创新驱动、转型发展的决定》，提出要坚持创新驱动、转型发展的总方针。2021 年，国家发展改革委和上海市会同科技部、中科院等部门建立了推进科技创新中心建设协调机制，先后研究部署了集成电路、生物医药、人工智能上海高地建设。"十三五"以来，上海举全市之力积极布局张江国家实验室、李政道研究所等战略科技平台。加快建设全球规模最大、种类最全、功能最强的光子大科学设施集群，在沪已建和在建国家重大科技基础设施达 14 个，涌现出一批首创成果。牵头或参与完成大飞机、蛟龙、天宫、北斗、墨子等国家重大战略项目。打造具有国际影响力的集成电路、生物医药、人工智能产业创新高地，集成电路先进工艺实现量产，自主研发的刻蚀机等战略产品达到或接近国际先进水平。在抗击新冠疫情方面，率先成功解析新冠病毒关键药物靶点和 RNA 聚合酶复合物的高分辨率三维空间结构，有力推动全球新冠疫苗和药物研发。

（二）利用首位城市优势，发展服务型经济

上海是长三角城市群的首位城市，对全国特别是长三角地区的资源配置与要素流动起着优化作用。服务业特别是现代服务业作为促进区域资源优化配置的重要产业形态，已成为上海经济增量的主导引擎、城市功能的重要载体。2013年，上海开展对生产性服务业重点领域统计，并提出"十二五"期间生产性服务业十大重点领域；2017年，上海发布服务型制造统计方法与评价指标，旨在分行业衡量制造业企业的服务水平；2018年，上海又发布发展服务型制造的六大重点模式与推进方法，为企业转型指明路径，还公布了《上海市生产性服务业和服务型制造发展专项支持和实施细则》；2020年，上海服务型制造示范案例出炉，实现标杆引领，《上海市关于推动先进制造业和现代服务业深度融合发展的实施意见》重磅出台，为服务型制造枝繁叶茂提供充足养料。

（三）优化产业空间布局，壮大特色产业集群

为推动产业转型升级和产城融合发展，上海不断优化产业空间布局。根据《上海市战略性新兴产业和先导产业发展"十四五"规划》，上海正在打造"两极两带"为主体的战略性新兴产业空间布局。其中，"两极"为张江科技创新极和临港产业增长极，"两带"为环中心城区的高技术服务产业带和环郊区的高端制造产业带。一是以张江综合性国家科学中心为引领，依托众多高校与科研机构，加快创新创业要素集聚，聚焦集成电路、生物医药与人工智能等前沿产业集群和新兴业态，打造张江科技创新极和临港产业增长极。二是结合自身优势和特色，重点发展人工智能、大数据、云计算、工业互联网等，提升高技术服务能级，优化发展环中心城区的高技术服务产业带和环郊区的高端制造产业带。同时，上海在三大先导产业发展基础上，充分发挥浦

东、徐汇、杨浦产业链完备、政策体系完善、创新资源汇聚优势，加快建设集成电路、生物医药、人工智能、信息服务 4 个国家级战略性新兴产业集群。编制发布上海产业地图，在航空航天、新材料、智能制造等领域推出 26 个特色产业园区。基于长三角一体化发展战略，深化苏浙皖三省区域合作与产业分工，实现长三角产业布局优化，拓展长三角自由贸易试验区联盟、长三角国家技术创新中心等平台功能。

（四）优化人才发展环境，建设国际人才高地

人才优势是上海的重要资源优势，是上海促进产业高质量发展的重要支撑。为了引育和服务人才，上海市重点采取了四方面政策措施。一是实施好"上海产业菁英"人才计划，聚焦本市重点产业领域，用 5 年时间培育 1000 名以优秀企业家、卓越工程师为代表的产业高层次人才；计划建设 3～5 个国家级现代产业学院，培育产业急需的高素质应用复合型人才。二是健全产业领域海外人才引进、管理、服务制度体系，提升海外引才能级；鼓励企业通过拓展海外布局、申报引智项目等形式，支持企业海外引智；用好重点领域人才引进重点机构和非上海生源应届毕业生重点扶持用人单位两张清单，集聚产业紧缺人才。三是逐步建立市场化的产业人才分类评价体系，完善人才评价激励机制；试点采用"揭榜挂帅"等新模式，以产业链"链主"企业为牵引，联动上下游创新主体和资源。四是加大产业人才知识产权保护力度，营造良好研发环境；建立产业园区人才服务工作站，为重大项目落地提供一站式人才服务，并会同社会资本，探索共建产业人才专项基金；依托全市企业服务网络，建立产业人才工作专班，实施好产业人才安居工程。

二、上海市建设现代化产业体系的发展成效

（一）经济结构调整成效显著

2022 年上海市地区生产总值累计为 44653 亿元（见图 2-3），其中

第一、第二、第三产业增加值分别为 97 亿元、11458.4 亿元和 33097.4 亿元。从第一、第二、第三产业占 GDP 比重来看，上海基本形成以服务经济为主导的产业结构。自 1999 年第三产业生产总值首次超过第二产业之后，上海产业结构逐渐完成了"二三一"向"三二一"的转变，服务业增加值占全市 GDP 比重由 2012 年的约 60% 逐渐增长至 2022 年的74.12%（见图 2-4）。此外，战略性新兴产业发展成效显著。2022 年上海市工业总产值 42505.68 亿元，战略性新兴产业增加值 10641.19 亿元，比上年增长 8.6%，战略性新兴产业增加值占上海市 GDP 的比重为 23.8%。

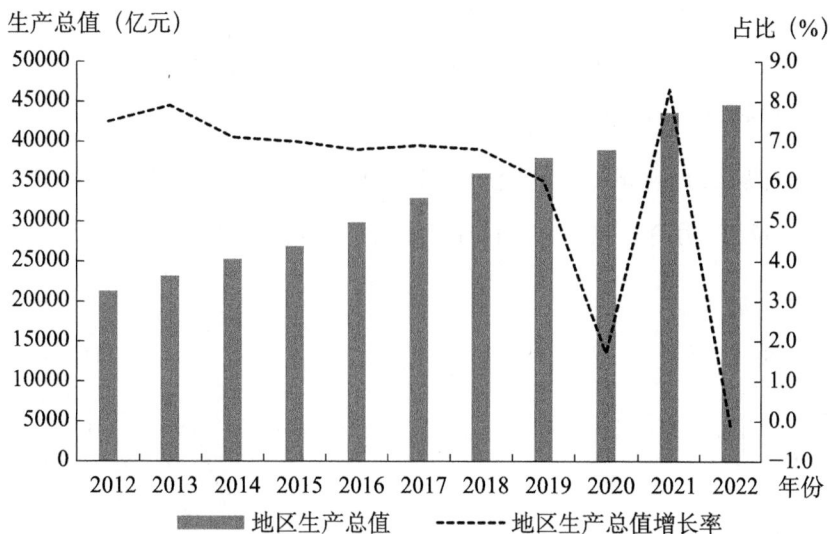

图 2-3　2012—2022 年上海市地区生产总值变化

数据来源：上海市统计局。

（二）产业综合实力显著提高

目前，上海产业技术创新能力持续提升，核心技术、关键产品获得突破。战略性新兴产业增加值由 2015 年的 3746 亿元增长至 2022 年的10641.19 亿元，占全市 GDP 比重从 15% 提高到 23.81%（见图 2-5）。科技研发投资比重不断上升，上海全社会研发经费支出占全市 GDP 的

占比（%）

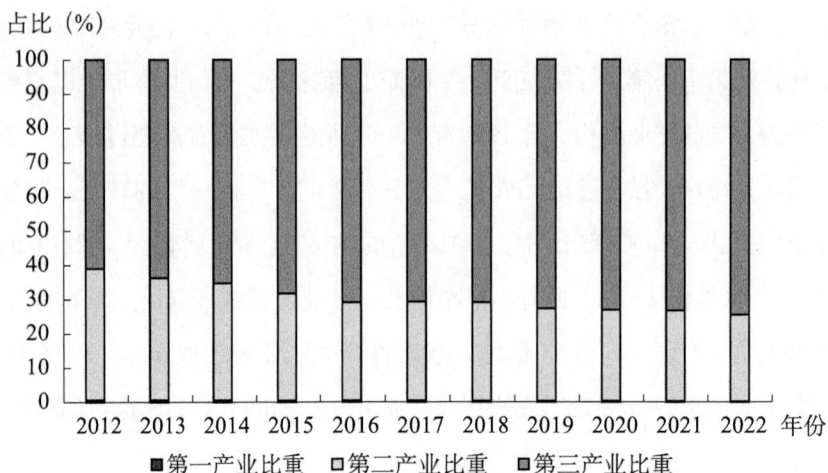

图 2-4　2012—2022 年上海市产业结构变化情况

数据来源：上海市统计局。

比重已从 2015 年的 3.7% 上涨至 2022 年的 4.2% 左右，全年专利授权量为 17.83 万件，共有 14 个国家重大科技基础设施，研发体系逐渐完善。

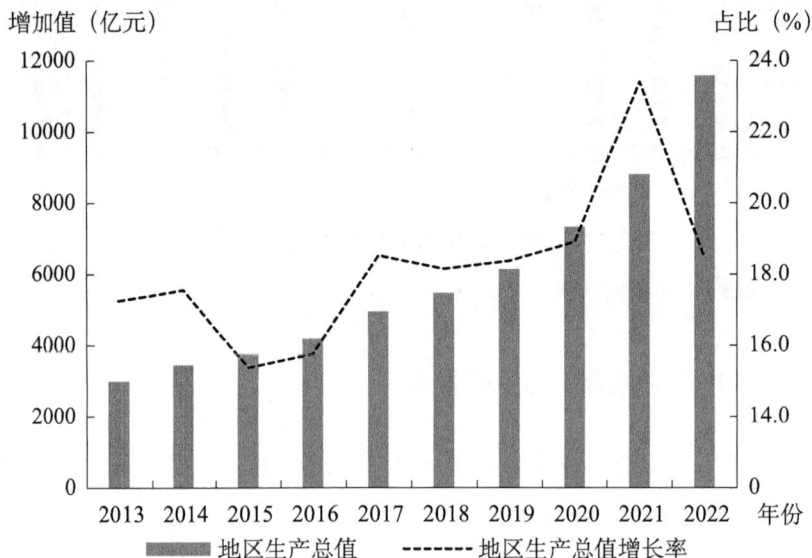

图 2-5　2012—2022 年上海市战略性新兴产业增加值及增速变化

数据来源：上海市统计局。

（三）创新和创业环境进一步优化

总部经济加快集聚，2022 年上海市跨国公司地区总部、外资研发中心累计分别达到 891 家和 531 家；创新型企业加快成长，2022 年全市新设市场主体 41.46 万家，科技"小巨人"企业和"小巨人"培育企业累计超 2600 家，有效期内高新技术企业突破 2.2 万家，科创板上海上市公司达到 78 家，外资研发中心新增 25 家，国家级专精特新"小巨人"企业新增 243 家。

三、典型案例：上海市"一园一特"特色产业园区建设打造

随着城市产业集群发展模式的不断创新，以特色产业园建设培育新产业新业态，成为各地推动产业集群持续升级的重要举措。上海以特色产业园区引领产业集群发展为抓手，构建起"3＋6"新型产业体系[①]，迈入了上海园区发展的 2.0 阶段，即从单一、独立的项目引进向全域产业链构建转变。2020 年上海市发布了首批 26 个特色产业园区，到 2021 年上海市发布了第二批 14 个特色产业园区，再到 2022 年第三批 13 个特色产业园区正式对外发布。截至 2022 年底，上海共发布了 53 个特色产业园区，空间规模达 210 平方千米，产业用地面积约 40 平方千米，涵盖了包含集成电路、生物医药、人工智能、电子信息等在内的十大产业门类，绝大多数与上海市"3＋6"新型产业体系吻合。2021 年，上海市前两批特色工业园完成工业总产值近 8000 亿元，约占全市同年规模以上企业总产值的 20%，实现营收收入 18426 亿元，地均产出达 141 亿元/平方公里，高出上海市的平均值 70%。根据《上海

---

① "3＋6"新型产业体系：集成电路、生物医药、人工智能三大主导产业，电子信息、生命健康、汽车、高端装备、先进材料、时尚消费品六大重点产业。

市特色产业园区高质量发展行动方案（2024—2026 年）》，围绕"一园一特"，特色产业园区将成为上海强化高端产业引领功能的重要引擎和未来产业的核心承载区。

（一）上海特色产业园区的发展思路

一是突出产业特色，发挥龙头企业引擎带动作用。围绕特色产业，培育一批具有较强创新能力和显著影响力的大型龙头企业，按照"总部＋基地"模式，即在特色产业园区内建设企业总部和研发中心，在其他园区建立生产基地、原料供应基地等，实现区区合作、品牌联动，打造拥有核心专利权的拳头产品，提升特色产业园区的知名度。

二是聚焦产业链关键环节，强化产业生态吸引力。围绕特色产业引入产业链关键项目，围绕产业链关键项目引进产业链上下游企业，打造产业链上下游各环节全链条生态，拉深拉长产业链条，形成产业集聚效应，增强产业生态吸引力。

三是加快园区数字化建设，提升园区运营效率。相比其他大型园区，特色产业园区从规模和产业种类上更加适合数字化建设，进行精细化管理。一方面以园区为载体，可以实现技术与应用场景深度融合。如张江人工智能岛充分发挥资源优势，应用人工智能企业核心技术和产品，以园区为载体，为技术与技术、产品与产品间的交流提供平台。另一方面通过建立各类数字化平台，打造智慧生态，实现园区管理系统化、精细化、信息化。

（二）特色产业园建设的借鉴与启示——以上海智能传感器产业园为例

一是选择优越的区位环境。上海智能传感器产业园坐落于上海西北部，与江苏太仓、嘉定新城相连，毗邻上海国际汽车城和江苏昆山，地处长三角城市群的中心地带，区位优势明显。同时园区周边教育、医疗、购物等场所和设施配套齐全，可为园区企业发展提供便利。二是发挥雄厚的科研资源优势。产业园地处"上海科技卫星城"的嘉定，集聚了"十一所三中心二基地"的高校及科研院所，是科教人才资源最丰富的地区之一，可为园区企业发展提供丰富的智力资源。三是构建产业集聚的完整产业生态。园区汇集了联影微电子、禾赛科技等知名企业，涵盖传感器芯片设计、制造、材料、应用、测试等产业链各环节，有效支撑了嘉定集成电路与物联网产业发展，初步形成了集聚发展态势。四是积极用精准的政策助力企业成长。2019 年，嘉定区发布了《关于嘉定区进一步鼓励智能传感器产业发展的有关意见》，针对集成电路和传感器企业的投融资、科技研发、人才集聚等方面给予专项扶持。2021 年又在此基础上进行修订，不断围绕产业发展实际提供政策支持。

第三节　深圳市链接全球优势资源，构筑一流创新高地

作为我国改革开放的排头兵、先行地和实验区，深圳从特区初期的"三来一补"、代工生产、模仿创新，到现在自主创新成为全球创新前沿。深圳产业体系和经济结构的巨大转变，也是向产业链价值链中高端持续攀升，并在全球产业链条中找到核心竞争优势的过程。目前，深圳已打造出战略性新兴产业、未来产业、现代服务业和优势传统产业"四路纵队"，形成经济增量以战略性新兴产业、工业以先进制造业、三产以现代服务业为主的三个产业结构，实现了向梯次型现代产业体系的跃升。

一、深圳市建设现代化产业体系的主要做法

（一）构建以企业为主体的技术创新体系

尊重企业的创新主体地位，是深圳"创新密码"的基本逻辑。深圳在全国率先建立以"市场为导向、企业为主体、官产学研资介"紧密结合的区域创新体系，其中，以企业为主体创新体系主要表现为"六个90％"。一是90％的科技创新企业是深圳本土企业；二是90％的研发人员集中在企业；三是90％的研发资金来源于企业；四是90％的专利产生于企业；五是90％的研发机构建立在企业；六是90％以上的重大科技项目发明专利来源于企业。近年来，深圳先后出台了《为专精特新中小企业办实事清单（第一批）》《优质中小企业梯度培育管理实施细则》《进一步支持中小微企业纾困及高质量发展若干措施等系列政策》，为中小企业营造了良好的发展环境。

（二）围绕企业创新布局提供全方位要素保障

深圳的资源配置和政策设计均围绕市场主体进行。在资金方面，深圳不仅有主要为高科技机构服务的中小板、创业板的证券市场，也形成了大批的天使投资基金、风险投资基金、产业投资基金以及私募基金等多元化的科技金融体系，为高科技产业发展不同阶段提供金融服务，为深圳科技企业提供了重要的支撑。在人才方面，深圳多年来持续建立和完善有形人才市场。2000年推出高层次专业人才"1＋6"政策，即《关于加强高层次专业人才队伍建设的意见》；2006年发布《深圳市产业发展与创新人才奖暂行办法》；2010年通过深圳经济特区关于引进海外高层次人才的"孔雀计划"，每年投入不少于10亿元培养和引进海内外高层次人才和团队，对引进的高端团队和项目给予特殊的资金支持。在土地空间方面，深圳是最早成立高科技园区的城市，

从 20 世纪 80 年代的科技工业园到 90 年代的高新技术园区，再到近些年的软件园、孵化器等，深圳通过土地使用权市场化改革、建设高新园区促进集聚发展、规划建设高新技术产业带等途径，提升土地利用效率，优化土地资源配置，支撑科技企业发展壮大。

（三）持续扩大高水平对外开放

作为中国改革开放的先行者和标杆，深圳一直在积极扩大对外开放，深圳高科技产业的发展和崛起，也是坚持以国际市场为导向、参与世界经济一体化的重要成果。2022 年，深圳聚焦"20＋8"产业集群，面向北美、欧洲、日韩、中国香港等重点国家和地区开展世界 500 强招商工作。同年，深圳出台《深圳经济特区外商投资条例》，并初步形成以该条例为顶层设计，以《深圳市推动高质量利用外资行动方案（2021—2025 年）》为"十四五"期间行动纲领的利用外资法规政策体系。2012—2022 年，深圳全年实际使用外资从不到 40 亿美元增长至110 亿美元，经认证的跨国公司总部企业总数已增至 43 家。在"走出去"方面，深圳积极提高新技术新产品占比提升竞争力，加快发展跨境电商、市场采购、保税维修等新业态新模式，持续优化贸易结构。2012—2021 年，深圳外贸进出口总额年均增长 2.1%，外贸出口规模连续 29 年居内地外贸城市首位，展现出强大韧性。

二、深圳市现代化产业体系的建设成效

（一）战略性新兴产业规模持续扩大

2022 年，深圳市地区生产总值达 32387.68 亿元，较 2012 年增长150.1%（见图 2-6）。深圳市规上工业总产值 45500.27 亿元，连续 4年稳居全国城市首位；全口径工业增加值 11357.09 亿元，总量首次跃居全国城市第一。全市七大战略性新兴产业（20 个产业集群）增加值

攀上 1.3 万亿元台阶，达 13324.02 亿元，占全市 GDP 比重达 41.1%，同比增长 6.9%，高于全市 GDP 增速 3.6 个百分点。部分战略性新兴产业集群增速较高，其中，智能网联汽车（45.6%）、新材料（21.4%）、新能源（15.9%）、软件与信息服务（14.6%）、高端医疗器械（12.4%）、海洋经济（11.4%）等 6 个集群增加值继续保持两位数增长；新能源增速（15.9%）也实现逐季提升。

生产总值（亿元）　　　　　　　　　　　　　　　　　　占比（%）

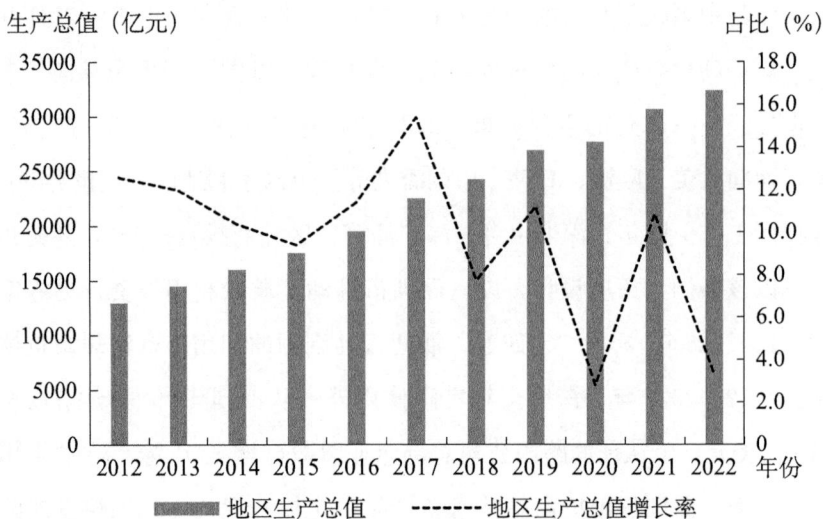

图 2-6　2012—2022 年深圳市地区生产总值及增长率变化

数据来源：深圳市统计局。

（二）民营经济发展活跃

2021 年以来，深圳市市场主体平均每年以 25.26% 的增速稳步增长，现存企业从 2012 年的 297515 家增长到了 2021 年的 2286900 家，增速为 668.67%（见图 2-7）。上市企业数量从 2012 年的 178 家增长至 2021 年的 369 家（见图 2-8）。截至 2022 年，深圳共有高新技术企业 8259 家，不仅有华为、腾讯、比亚迪等世界 500 强公司，还有总量已累计达到 752 家的国家级"小巨人"企业，近万家"中量级"专精特新企业,以及百万级的小微企业。其中,深圳民营企业占全市企业总量的 97%,截至 2022 年底共计 237.9 万家,贡献税收占比约 70%。

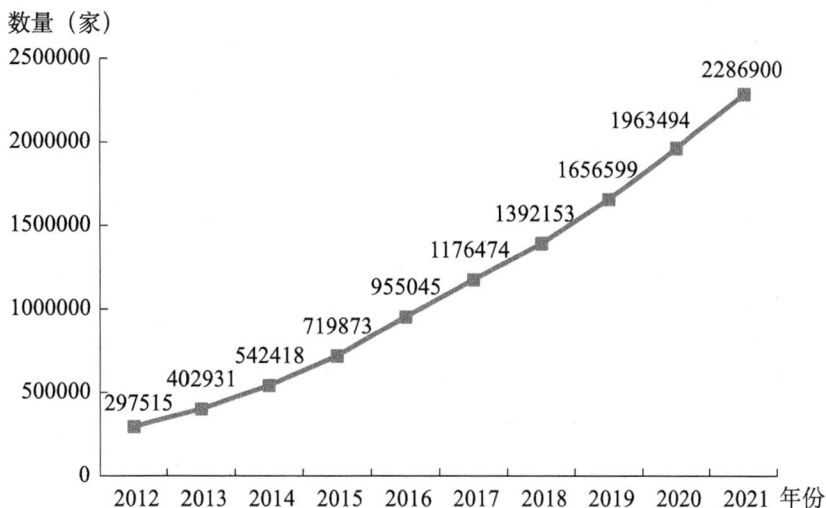

图 2 - 7 2012—2021 年深圳市新增市场主体规模变化

数据来源:深圳市统计局。

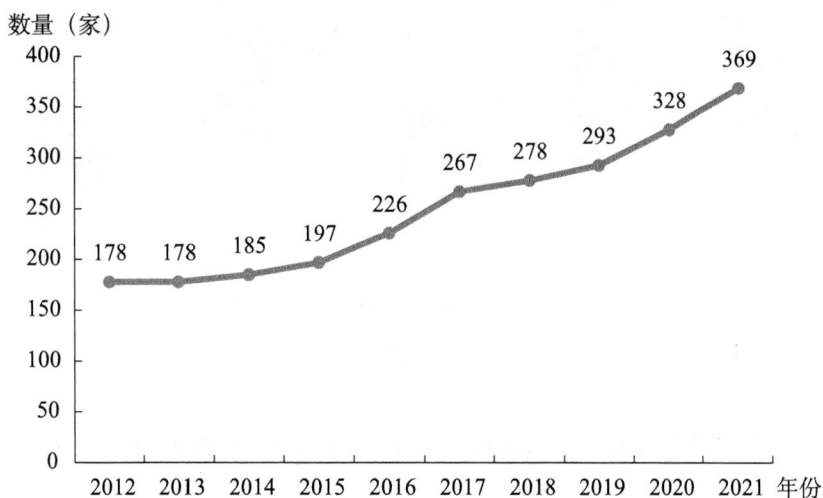

图 2 - 8 2012—2021 年深圳市上市企业数量变化

数据来源:深圳市统计局。

（三）自主创新能力大幅度提升

2022 年深圳承接国家重大科技项目 24 个。围绕光通信、超高清视频、高端数控机床、集成电路等重点领域，实施技术攻关重大项目 17 个、重点项目 147 个、面上项目 205 个。深圳市全年专利授权量 27.58 万件，约占全国总量的 6.56%，居北上广深首位，授权专利总量是 2012 年的 10.5 倍；PCT 国际专利申请量 1.59 万件（见图 2-9），约占全国总量的 22.99%，连续 19 年位列全国第一；每万人口发明专利拥有量 137.9 件，约为全国平均水平的 5.8 倍。此外，2022 年深圳市基础研究经费投入 122 亿元，比上年增加 49.13 亿元，大幅增长 67.4%，占全社会研发投入比重提高 2.5 个百分点、达到 7.25%，首次超过全省（6.9%）和全国（6.5%）平均水平。

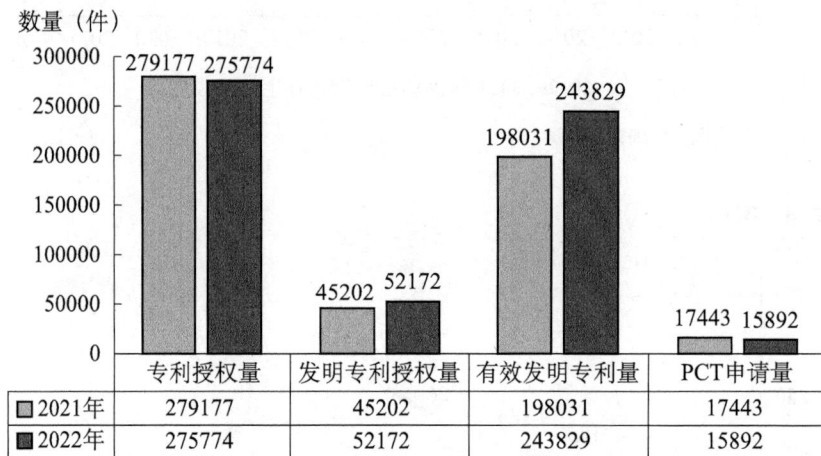

数量（件）

	专利授权量	发明专利授权量	有效发明专利量	PCT申请量
2021年	279177	45202	198031	17443
2022年	275774	52172	243829	15892

图 2-9 2021—2022 年深圳市专利数据

数据来源：《深圳市 2022 年知识产权白皮书》。

三、典型案例：深圳市"工业上楼"的发展实践

（一）发展历程

2021 年，国家发展改革委发布《关于推广借鉴深圳经济特区创新

举措和经验做法的通知》，明确提出推广"工业上楼"模式。"工业上楼"，是指在高层建筑中开展企业生产、办公、研发、设计等的新型产业空间模式。

深圳"工业上楼"实践始于 2012 年，在宝安区全至科技创新园改造中，按照"厂房＋写字楼"的复合标准建设了集研发办公、高端生产、生活配套于一体的 23 层摩天工厂，成为国内第一个"工业上楼"项目。2018 年，深圳市政府工作报告首次提到要着力保障产业空间，推广"工业上楼"；在此背景下，宝安区、光明区、南山区等先后发布"工业上楼"建筑设计指引，并率先在全国出台了针对"工业上楼"的详细工作指引。2022 年，深圳正式推出"工业上楼"计划，围绕"20＋8"产业集群发展，明确提出连续 5 年每年建设供应 2000 万平方米优质经济厂房，打造国际一流的新一代"三生融合"型制造业园区。2023 年，《深圳市"工业上楼"项目审批实施方案》印发，提出按照"1＋1＋12"的架构成立"工业上楼"推进工作专班，形成"市政府-职能部门-各区政府"的三级联审制度，整合相关职能部门和各区力量，加快"工业上楼"项目推进。截至 2022 年底，全市共有 72 个"工业上楼"项目，用地面积 854.8 万平方米，厂房面积 2306.5 万平方米，以南山智造（红花岭基地）、宝龙专精特新产业园、新能源汽车产业园为代表的诸多项目都极具创造性和深圳特色。

（二）经验做法

一是产业选择上，深圳结合地方产业发展需要与特色，明确细化了鼓励上楼、有条件上楼和不建议上楼的产业细分类别。二是政策引导上，市级层面明确了"低租留企＋优惠引企"的综合奖补模式，并借助价格杠杆设定合理租金的区间水平，既避免租金过低对民营企业引起虹吸效应，又通过一定的利润取得，倒逼企业主动开展低效产业用地更新，建立可持续的供应机制；区级层面则是通过结合本地产业发展方向，对满足"上楼"标准的产业园区开发主体和入驻企业，以建设、运营、租金补贴的形式给予奖励扶持。三是实施操作上，首先明确规划设计，深圳对"工业上楼"项目的规划布局、交通物流、配套设施等都提出了明确要求。其次明确建筑设计标准，为提升厂房适用性，深圳针对上楼项目的建筑高度、空间布局、承重能力等作出全面细致的规定，以满足企业不同生产工艺加工精度的要求；并对供水、供电、排气、固废等明确了处理标准，确保各使用环节安全、节能、环保。最后是明确事前审批流程，深圳建立了"市政府-职能部门-各区政府"的"三审一签"三级联审制度，以工作专班的形式优化审批流程，提高审批效率。

（三）主要启示

一是规划先行，搭梯上楼。并非所有工业企业都适合上楼，企业所处的不同行业、行业发展的不同阶段，对"工业上楼"的产业空间都有不同需求。因此，"工业上楼"的推进要有前瞻性布局，前置招商引资计划，对接企业需求，明确具体上楼项目的产业方向或细分领域。二是政策驱动，扶持上楼。"工业上楼"项目前期固定资产投入较大，需要通过政策引导，联合政策性开发银行和社会资本等参与投资，借助如政府专项债、不动产投资依托（RETIs）等金融工具，助力"工业上楼"项目的投资落地。三是需求导向，吸引上楼。"工业上楼"的目标群体是处于发展之中且未达到独立拿地标准的中小型成长企业，搭建此类新型集约化的产业载体空间，应在建设中从生产环节、空间配套、物流运输等多角度考虑，个性化设置功能空间；后期运营中要突出公共属性，让企业"租得起""住得下"。

第四节　苏州市做大做强先进制造业，造就"全球工业大市"

作为全国重要工业强市、国家高新技术产业基地、长三角第二大中心城市，苏州已经转型为我国科技产业与工业功能区发展的集群战略高地。在工业产值连续 8 年进入"3 万亿元俱乐部"后，2021 年苏州踏上 4 万亿元新台阶，这也是中国首座工业产值 4 万亿元城市。坚守制造业立市之基，苏州正在加快构建现代化产业体系。

一、苏州市建设现代化产业体系的主要做法

（一）紧抓长三角一体化机遇，承接上海制造业资源溢出

苏州经济的快速发展与其区位优势紧密相关。紧抓长三角一体化机遇，2020 年，苏州首次提出沪苏同城化理念，即沪苏两地分工合作，优势互补、错位发展。2021 年，沪苏同城化被写入《长三角一体化发展规划"十四五"实施方案》，上升至国家战略。作为距离上海最近的地级市，苏州充分利用生产要素的低成本优势，积极对接上海制造业资源，并明确了以 IT 业为主的电子信息、精密机械、生物医药、家用电器和精细化工等科技产业集群发展目标，实现当地制造业从小到大、由低向高发展。此外，苏州主动为上海航空航天、集成电路、汽车制造等高端制造业提供产业链配套，持续巩固长三角地区产业体系完整优势。目前，苏州已成为上海制造业的主要经济辐射区和资源外溢承接者。

（二）推动数实深度融合，全面深化制造业"智改数转"

苏州精准把握制造业智能化、数字化的转型发展趋势，多措并举，推动制造业转型升级，截至 2022 年底，全市完成"智改数转"项目 2.1 万个。2021 年，苏州以"新年第一会"的形式，发出加快"智改数转"动员令，并相继编制出台了《苏州市推进数字经济和数字化发展三年行动计划（2021—2023 年）》《关于推进制造业智能化改造和数字化转型的若干措施》等 10 余项相关政策文件，提出 2023 年底前要实现规上工业企业"智改数转"全覆盖。为此，苏州为需要转型的制

造业企业提供全流程服务。如提供免费诊断服务，通过引入电子五所、北自所、用友等优秀服务商，分行业、分层次、分区域帮助企业定制转型方案。开展标杆示范引领行动，除 6 家"灯塔工厂"外，评选市级"智改数转"标杆企业 30 家，发挥典型示范作用，推动示范标杆输出技术与经验。推出贴息奖励、"智能制造贷"等惠企政策，降低企业"智改数转"成本。

（三）打造产业创新集群，为制造业提供内生动力

一是搭建创新策源平台载体。围绕国家战略需求和地方发展需要，苏州不断加强创新平台载体建设，2022 年，苏州实验室挂牌组建，实现江苏省国家实验室零的突破，国家生物药创新技术中心、国家第三代半导体技术创新中心等国家技术创新中心相继获批，长三角转化中心成功落户。二是推动产业创新集群建设。以科技创新为核心，依托 14 个国家级开发区，苏州打造了电子信息、装备制造、生物医药、先进材料四大主导产业和 25 个重点细分领域，建立"八个一"工作机制。生物医药及高端医疗器械、高端纺织新入选国家先进制造业集群。三是优化创新生态环境。建立"科技型中小企业-高新技术企业-瞪羚企业-独角兽企业-上市企业"五级创新型企业梯度培育体系，完善"落地项目-成长企业-主板上市"的全生命周期引育过程，为高新技术企业诞生、成长谋划了清晰的蓝图。集聚海内外高层次产业人才，成立苏州市科技商学院，与南京大学等国内顶尖高校合作，创新人才培养模式，加速复合型产业科技人才培养，为制造业发展提供高质量人才支撑。

二、苏州市现代化产业体系的建设成效

（一）产业发展总量高

2022 年，苏州地区生产总值达 23958.3 亿元，较 2012 年的

12011.65 亿元接近翻一番。从 2013 年开始，苏州市规模以上工业总产值连续 10 年超过 3 万亿元，2021 工业总产值为 41308.1 亿元，2022 年工业总产值达到 43642.7 亿元，同比增长 5.65％，居全国第三，其中电子信息产业、装备制造业两个万亿级产业实现产值 26597.2 亿元，增长 7.1％，成为工业经济平稳运行的重要支撑（见图 2-10）。

工业总产值（亿元）

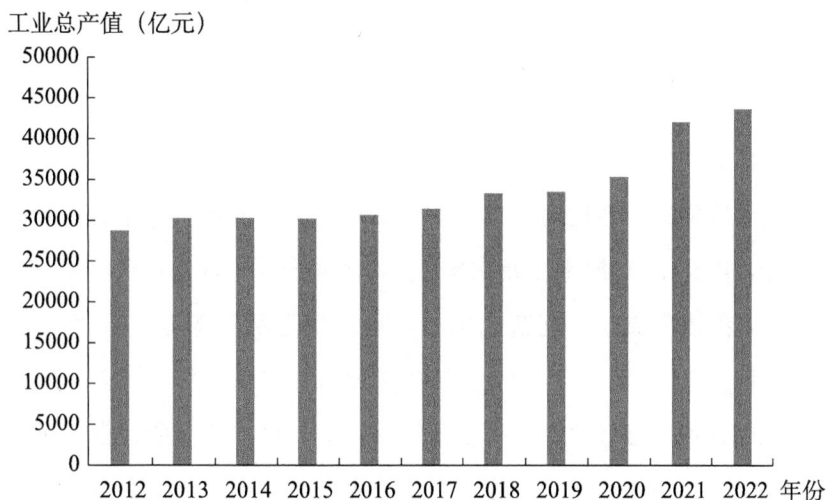

图 2-10　2012—2022 年苏州市规模以上工业总产值

数据来源：历年《苏州统计年鉴》。

（二）创新主体不断壮大

2022 年苏州市新认定高新技术企业 5531 家，累计达到 13473 家，总量首次跃升至全国第四位。科技型中小企业入库数首次突破 2 万家，达到 2.23 万家。新增国家级专精特新"小巨人"企业 122 家，累计市级以上专精特新企业 602 家。目前，苏州拥有全球"灯塔工厂"6 家，数量位居全国首位。

（三）高端要素加快集聚

"十三五"以来，苏州市引进扶持顶尖人才（团队）和重大创新团队 12 个、姑苏创新创业领军人才 252 名。截至 2022 年底，苏州市高层次人才达 34 万人。截至 2021 年，苏州市入选国家重大人才工程创业类人才总量连续 9 年位居全国第一，并连续十年入选"外籍人才眼中最具竞争力的中国城市"。

三、典型案例：苏州生物医药产业的培育发展实践

（一）基本情况

生物医药产业是苏州的"一号产业"。从把生物医药列为战略性新兴产业予以推进，到构建先导产业创新集聚区，再到打造生物医药产业地标，历经 16 年深耕发展，苏州生物医药产业呈现出产业规模高增长、企业发展高成长、创新成果高增量、产业要素高集聚的"四高"特色。截至 2022 年底，全市生物医药产业规上产值达 2188 亿元，5 年产值规模翻番，与京沪深同列全国第一方阵。已集聚生物医药企业超 3800 家，拥有规上企业 557 家，上市企业 34 家，国家专精特新"小巨人"企业 31 家，并汇聚了中国科学院医工所等国家科研院所 16 家，带动各类创新创业人才超 6 万人。

（二）经验做法

"十个一"特色（新兴）产业培育机制，是苏州生物医药产业园区 10 余年发展经验的总结，也是苏州生物医药产业蓬勃发展的核心密码。

首先，建设一个功能园区，选择一个特色产业，制定一个产业规划。苏州毗邻上海，是打造长三角生物医药产业的最佳承接地。2007 年，苏州生物医药产业园正式开园；2009 年，苏州工业园区出台产业发展规划，明确提出把生物医药产业确立为重点培育的三大新兴产业之一；2011 年，苏州出台《关于促进生物医药产业发展的工作意见》，着力提升产业创新能力；2020 年，《全力打造苏州市生物医药及健康产

业地标实施方案（2020—2030）》提出，举全市之力打造世界级生物医药产业地标，把园区建成国际知名、国内最具影响力的"中国药谷"。

其次，集聚一批龙头企业，形成高质量产业集群。2021年，苏州出台了《苏州市生物医药及健康产业强链补链3年行动计划（2021—2023)》，在招商引资过程中，不仅引入相关研发、生产、制造企业，也引进数据服务、智能化仓储等配套服务厂商，不断拓展产业链维度，补齐产业链短板。当前，苏州生物医药产业园已经成为园区孵化和培育生物医药产业的主阵地，并已形成了创新药研发、高端医疗器械、生物技术及新兴疗法三大重点产业集群。

最后，引进一家大院大所，打造一个品牌盛会，搭建一批合作平台。在大院大所合作中，苏州引进培育了中国医学科学院系统医学研究所等科研院所，攻克核心技术难题，并已累计与260多所国内外高校院所建立稳定合作关系。同时，苏州引进詹启敏院士团队等一批顶尖人才团队，加快生物医药前沿技术布局。此外，苏州打造了中国生物技术创新大会、苏州国际生物医药产业博览会等具有国际影响力的品牌展会，以展会为窗口，全方位展现苏州医药产业的强劲发展实力，增强影响力，通过展会为本土企业搭建合作平台，推动资源要素高效对接。

（三）主要启示

"十个一"的服务模式帮助苏州生物医药产业实现了从零起步、做大做强的华丽转变，具有极大的参考价值。

一是要保持久久为功的战略定力。从2007年苏州生物医药产业园正式开园到之后的近10年间，园区内仍然没有一家企业发展起来。同时这也折射出以生物医药产业为代表的战略性新兴产业的一大特点，即应用空间大、潜力足，但投入大、回报慢。因此进行产业培育时，各地政府既要锚定目标，前瞻布局，更要有一张蓝图绘到底的决心和耐性。二是要以全域视野开展产业链招商。苏州生物医药产业的蓬勃发展不仅需要大药厂的资本与经验，还需要小型初创企业的配合。与医药"巨头"局限于短期的活力目标而在新领域探索有所保留不同，小型初创企业可以配合完成从前期研发到后期商业运作的全过程，因此，在引进龙头企业的过程中，对涉及行业创新的小型初创型企业进行政策扶持必不可少。三是要发挥科研资源优势。通过引进多个高能级、高规格的国家科研院所及实验室，苏州弥补了片区高校资源不足的劣势。借此经验，为助力片区实现资源的快速集聚，建议地方政府出面在产业发展前期大力招引"国家队"选手，如高能级的科研机构、创新平台以及重点实验室等，为创新成果的研发打好基础。

第五节 合肥市以创新聚变助推产业裂变，招大引强建设"灯塔工厂"

合肥市是中国最年轻的省会城市之一。作为一座非资源型的省会城市，党的十八大以来，合肥 GDP 连跨 8 个千亿元台阶，增幅居全国 24 个万亿城市首位；与北京、上海、深圳同为四大综合性国家科学中心之一；已有、在建和预研大科学装置十余个，是世界大科学装置最集中的城市之一，"灯塔工厂"数量已达 4 家，位居全国城市前列，成为中国发展最快的省会城市之一。

一、合肥市建设现代化产业体系的主要做法

（一）聚焦顶层设计，树立"大科技"观念

2014 年，合肥在全国率先对产业扶持政策作出重大调整，出台了"1＋3＋5"的政策体系（"1"指《合肥市扶持产业发展政策的若干规定

（试行）》这一纲领性文件，"3"指三个政策资金的管理办法，"5"指五项关于促进新型工业化、自主创新、现代农业、服务业和文化产业发展的具体政策）。在此基础上，2018 年合肥出台了《合肥市培育新动能促进产业转型升级推动经济高质量发展若干政策》及其实施细则，并在 2021 年对政策体系进行全面调整升级，出台《合肥市推动经济高质量发展若干政策》以及相关专项政策，进一步提升了政策的有效性、针对性和可操作性。2022 年，《合肥市科技创新条例》正式实施，这是安徽省首部关于科技创新的地方性法规。根据条例要求，合肥市成立高规格的市委科技创新委员会，由省委常委、市委书记挂帅，进一步强化党对科技创新工作的领导，统筹协调科技创新过程中的重大问题，通过建立横向协同、纵向联动的科技工作机制，力争以"大整合、大投入、大突破"构建"大科技"新格局。

（二）围绕战略引领，打造科技创新策源地

为构建全方位创新平台体系，合肥市坚持从研发和应用双向发力，把平台建设作为服务人才、驱动创新的重要抓手。在研发端，聚焦原始创新策源，加快建设综合性国家科学中心，创建了一批"国字号"高能级创新平台，布局建设能源、人工智能、大健康、环境、未来技术、数据空间六大研究院，国家实验室、国际先进技术应用推进中心首批挂牌运行。依托中国科学院合肥物质科学研究院，规划建设 19.2 平方千米的大科学装置集中区，系统有序推进 12 个大科学装置布局、建设和运行，数量位居全国前列，集聚人才超 7000 人。在应用端，聚焦技术创新攻关，按照协同创新、政府引导、市场运作的原则，持续深化与国家重点科研院所和高等院校等大院大所的合作，目前已共建中国科学技术大学先进技术研究院、中科院合肥技术创新工程院、清华大学合肥公共安全研究院等 42 家新型研发机构，累计孵化高科技企业近 1300 家，共集聚海内外研发人员 5000 余人，涌现出城市生命线

安全运行监测系统等一批具有代表性的科研成果。

（三）坚持以投带引，构建全周期投资体系

合肥市始终把招商引资作为经济发展的主线。一是在运作模式上，围绕国家政策导向和产业需求，合肥借助资本的力量、市场的逻辑，使国有资本引领带动，社会资本积极参与，探索出"引进团队-国资引领-项目落地-股权退出-循环发展"的闭环式战略性新兴产业支持模式。截至 2023 年 3 月，合肥国有资本在战略性新兴产业领域累计投入超 1600 亿元，带动项目总投资超 5000 亿元。二是在平台构建上，按照主业相同、产业相近、行业相关、优势互补的原则，确立了建投集团、产投集团、兴泰控股三大市属投资运营平台公司。通过分工与专业化，实现错位分工、上下协同，成为合肥重大战略性新兴项目建设的出资主体和运营主体。三是在投资融资上，探索"政府引导母基金＋天使/科创/种子基金＋市场化基金"的全周期差异化基金投资体系，建立总规模超过 1500 亿元的国有基金"丛林"，助力人才团队、人才企业从无到有、从小到大、从大到强，有效保障创新创业动能持续释放。其中，2022 年新设"投早、投小、投硬科技"的种子基金，总规模达到 5 亿元，已立项人才项目 93 个，有效起到了对高校院所科技成果转化"第一撬动力"作用。

二、合肥市现代化产业体系的建设成效

（一）经济增长的质量和效益明显提高

合肥 GDP 从 2012 年的 4164 亿元增加到 2022 年的 1.2 万亿元，增长 1.9 倍（见图 2-11），人均生产总值 12.58 万元，较 2012 年增长 2.4 倍。地方财政收入由 2012 年 389.5 亿元增长至 2022 年 909.3 亿元。"十三五"期间，合肥规上工业增加值年均保持 9.8% 的中高速增

长，居全国省会城市前列。特别是在抗击新冠疫情期间，顺利完成了防疫物资增产保供、快速复工复产任务，规上工业增速成功实现半年"负转正"。

生产总值（亿元）

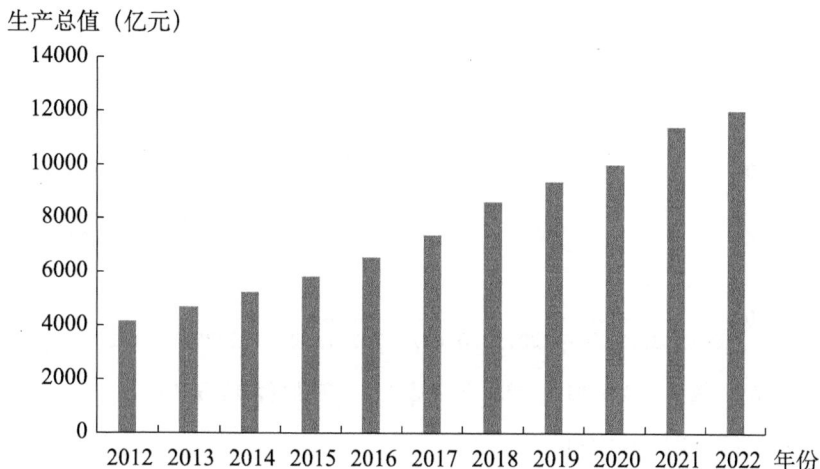

图 2-11 2012—2022 年合肥市地区生产总值变化

数据来源：合肥市统计局。

（二）制造业实力显著增强

2012—2022 年，合肥规上工业增加值保持年均 11.7% 的中高速增长，高于全国 5 个百分点（见图 2-12）。工业投资年均增长 12.1%，高于全国 6.2 个百分点，技改投资年均增长 13.3%。"芯屏汽合""急终生智"成为现象级产业地标。其中，新型显示、集成电路、人工智能三大产业入选国家首批战略性新兴产业集群（见图 2-13），智能语音入列国家先进制造业集群。以京东方、维信诺为牵引，合肥相继建成京东方 6 代、8.5 代、10.5 代线，维信诺柔性显示 6 代线等一批百亿级项目，实现了"从沙子到整机"的全链条布局，是国内产业链最完整、技术水平最先进的集群。合肥集成电路产业多次突破"卡脖子"技术，竞争力位居全国第六位、长三角地区第三位。"中国声谷"获批建设国家新一代人工智能创新发展试验区。

增速（%）

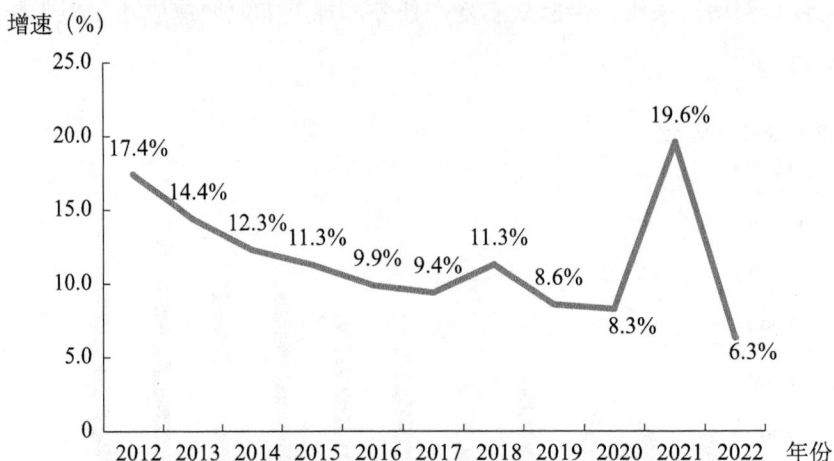

图2-12 2012—2022年合肥市规上工业增加值增速变化

数据来源：合肥市统计局。

增速（%）

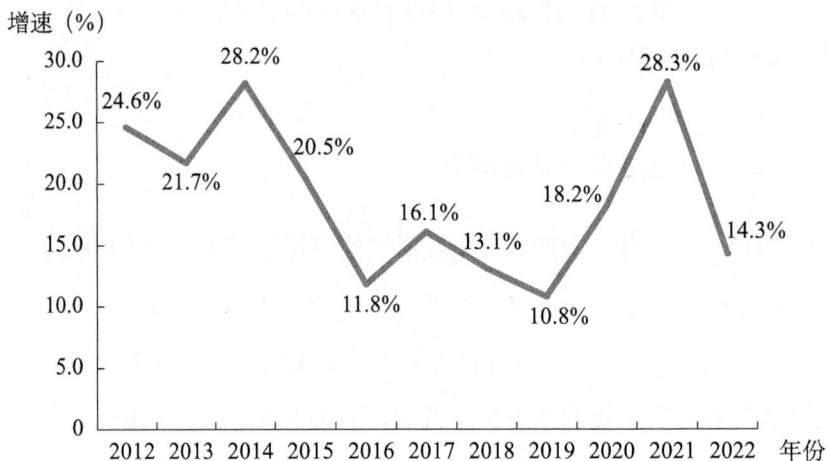

图2-13 2012—2022年合肥市战略性新兴产业产值增速情况

数据来源：合肥市统计局。

（三）产业结构加快升级

相对于全国平均水平，合肥产业结构的突出特点是第一产业比重明显较低，第二产业比重略低，第三产业比重高。2012 年以来，合肥市第三产业比重保持稳中有升（见图 2 - 14），其中，高技术制造业增加值占全市工业比重由 2012 年的 9.4% 提升到 2021 年的 31.9%。拥有家电、智能语音、平板显示、新能源汽车 4 个国家新型工业化产业示范基地；新型显示器件、集成电路、人工智能三大产业入选国家首批战略性新兴产业集群，智能语音入列国家先进制造业集群。

占比（%）

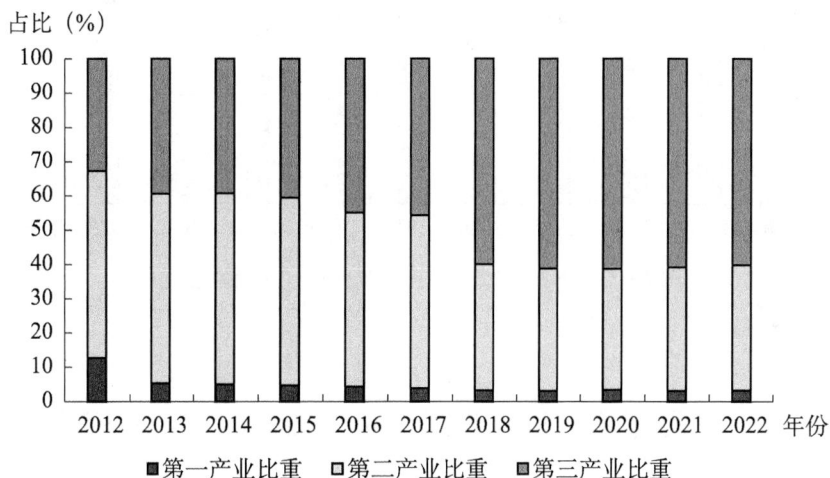

图 2 - 14　2012—2022 年合肥市产业结构变化

数据来源：合肥市统计局。

（四）绿色低碳引领发展

"十三五"以来，合肥以年均 4% 的能源消费增速，支撑了年均 7.7% 的 GDP 增速，以约占全省 1/6 的能耗贡献了全省 1/4 以上 GDP（见图 2 - 15）。"十三五"期间全市能源消费强度累计下降 19.15%，超额完成了安徽省下达的能耗强度下降 17% 的目标任务。2020—2022 年，单位 GDP 能耗再下降 15%。目前，合肥已累计创建国家级绿色工厂 17 家、绿色园区 1 家、绿色供应链管理企业 5 家，省级绿色工厂 45 家。

吨标煤/万元

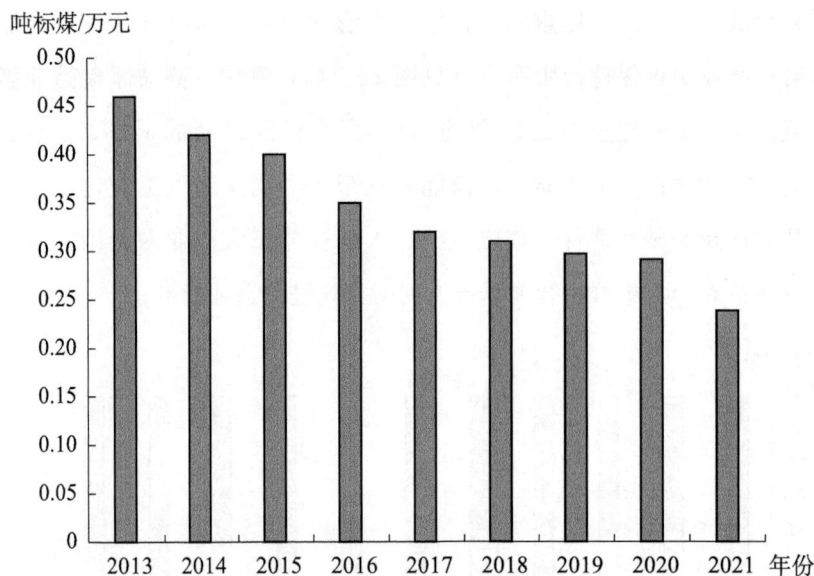

图 2－15　2013—2021 年合肥市单位 GDP 能耗变化

数据来源：合肥市历年统计年鉴。

三、典型案例：以投带引、资本招商的"合肥模式"

（一）基本情况

"合肥模式"源于合肥市政府对京东方项目的投资。2008 年，面对总投资规模达 175 亿元的京东方液晶面板 6 代线项目，合肥承诺以全年财政收入的 1/3 对 90 亿元项目资本金进行兜底。随后在实际操作中，由于成功吸引到 60 亿元的社会资金投资项目，最终合肥建投公司仅出资 30 亿元，由此形成地方政府资金引导、战略投资者推动、社会资金共同参与的产业投资新路径。京东方项目后，合肥将这种模式推广应用到集成电路、人工智能、新能源及新能源汽车等领域重大项目的引进建设中，带动了合肥战略性新兴产业整体逐渐崛起。

（二）经验做法

一是精准聚焦，科学确定产业投融资项目。合肥始终瞄准国内空白、可替代进口、技术先进、市场前景大等方向来谋划制定产业发展重点，开展靶向招商。2021年，合肥新签约重点项目超1400个，其中60%以上为战略性新兴产业。同时，以重大项目为牵引，合肥形成了"大项目-龙头企业-产业链-产业集群-产业基地"的产业集群化培育路径。如在新型显示产业领域，合肥以京东方的入驻引发了彩虹、康宁等一批具有国际影响力的新型显示产业龙头企业入驻，由此构建全方位的新型显示产业链。

二是国资引领，打造大规模国有基金丛林。为更好发挥政府资金的产业引导作用，合肥组建了三大国资投融资平台：合肥市建设投资控股（集团）有限公司，重点投向新能源汽车、现代旅游、交通等；合肥市产业投资控股（集团）有限公司，专注引领产业高质量发展；合肥兴泰金融控股（集团）有限公司，打造地方金融控股平台。同时，合肥通过国有资本市场化运作方式，联合社会资本共同打造总规模超千亿元的国有基金丛林，形成"引导性股权投资＋天使投资＋社会化投资"的多元化投融资体系。截至"十三五"末，合肥国资累计向战略性新兴产业项目投资超1200亿元，带动项目总投资超4500亿元。

三是完善退出机制，构建产业投资循环运作模式。围绕项目投资前、中、后期全链条，合肥形成了"引进项目—国资投入引领—项目落地—股权退出—循环支持新项目发展"的产业闭环运作模式。前期，国资平台通过对拟投资项目进行充分的科学论证，深入研究目标项目所在产业的发展前景、行业格局等情况，评估项目投资可行性。中期，投资并引入高成长性项目，由国资认购流动性较强的公司股权，公司拿到股权融资后在合肥落地项目。后期，根据项目开展前预留的国资安全退出通道，依法依规通过上市、股权转让、企业回购等市场化方式安全退出，为新一轮项目投资积累资金，实现良性循环。

（三）主要启示

"合肥模式"的成功极大地带动了合肥经济和产业的发展，对其他城市地区发展具有极大的参考价值。

一是要强化市场化运作思维。地方政府首先要转变传统行政化思维，运用市场化手段运营发展产业，促进国有资本投融资模式从土地优惠、税收减免为主转向资本运作、基金支持为主，并通过培育一批精通产业政策、熟悉产业市场、擅长资本运作的人才，引入市场化专业基金管理机构等手段，建立健全产业发展所需的要素市场。

二是要找准产业发展定位。合肥不是"风投"是"产投"，借鉴合肥模式构建地方特色产业链的经验，其他城市谋划产业发展时，应结合自身优势，把握国家政策导向和产业发展需求，聚焦一批延链、补链、强链的重点项目，精准开展招商引资，以优质产业项目促进产业集聚，进而调整产业结构、引导区域经济转型。

三是要用好政府引导资金。发挥好国资平台牵引作用，联合产业龙头企业或大型金融机构共同组建市场化、专业化的国有资产投资平台，以少量财政资金撬动金融和社会资本，扩大基金规模、加大项目投入力度，增强产业引导效果；并通过建立国有资产市场化安全退出和监管机制，确保政府资金保值增值、安全可控。

第六节　重庆市构建"双循环"战略枢纽，建设长江上游产业增长极

作为我国重要的老工业基地之一，重庆历来是制造业重镇，拥有制造业全部 31 个大类行业，形成了汽车、电子、装备、材料、医药、消费品等"多点支撑"产业格局。围绕打造内陆开放高地，重庆正在

推动成渝地区双城经济圈和西部陆海新通道建设，链接国内国际双循环，构筑具有全国影响力的科技创新中心，建设长江上游产业发展重要增长极和动力源。

一、重庆市建设现代化产业体系的主要做法

（一）锻造产业全链条，构筑集群新高地

面对科技革命和产业变革机遇，重庆汇聚全社会创新资源和力量，加快打造数智科技、生命健康、新材料、绿色低碳四大科创高地和"33618"现代制造业集群体系建设，高速推进科技创新建设，为实现高水平科技自立自强而不断努力。截至2023年，西部（重庆）科学城核心区已累计引育省部级以上创新平台330个，通过做强企业科技创新主体、赋能制造业高质量发展等举措，当前已打造了智能网联新能源汽车及核心器件、软件和信息服务、新型智能终端3个1000亿级主导产业和集成电路、生物医药2个500亿级特色优势产业集群，培育壮大AI及机器人等3个100亿级未来产业集群和汽车电子等8个高成长性细分产业赛道，加快构建以科技创新为引领的"3238"现代制造业集群体系。

（二）构建开放大通道，发挥战略枢纽作用

根据《成渝地区双城经济圈建设规划纲要》，重庆是双城经济圈的"双核"之一，要建成西部国际综合交通枢纽和国际门户枢纽，成为参与国际竞争的新标杆。围绕新标杆建设，扩大高水平开放、更好融入国内国际双循环成为重庆市政府的重点工作之一，并详细对完善出海出境大通道体系、强化内陆国际物流枢纽支撑、加快建设内陆开放高地等作出了具体安排，比如继续完善四向通道和空中通道建设，建设国际航空门户枢纽等。2022年，川渝两地共同印发了《成渝地区联手打造内陆开放高地方案》，明确提出川渝两地要合力共建西部陆海新通

道，加强与通道沿线城市、口岸对接。共同做强中欧班列（成渝）品牌，优化畅通东向开放通道，打造国际航空门户枢纽等。

（三）完善金融体系服务支撑，营造良好创新生态

聚焦关键核心技术，西部（重庆）科学城携手清科创业共同打造的西部创投中心，正是"产科金"融合发展的重要载体。围绕创投中心建设，现已构建起以交流对接中心、创投服务中心、产业服务中心、数字信息中心为一体的创新体系，将共同助力创投资源集聚与金融生态体系升级。另外，根据成渝共建西部金融中心的目标规划，川渝两地国企共同出资组建了成渝地区双城经济圈发展基金，总规模达 300 亿元。作为母基金，该发展基金将通过设立行业子基金、区域子基金、并购子基金等多种方式开展投资，以市场化手段进行招商引资，吸引产业、人才等落地成渝两地，目前已参与的首批子基金资金撬动比例超过 20 倍。此外，围绕企业全生命周期成长，西部（重庆）科学城正在加快构建与数字经济发展相适应的现代金融体系，不仅搭建了集融资撮合、政策兑现等功能于一体的线上平台，而且与国家融资担保基金建立了 5 个"2"风险分担体系，推出"创新积分贷"、"科企梯度贷"等科技金融产品，打通外债便利化额度试点路径，聚力优化金融产品和服务体系，满足众多科技企业全生命周期的不同金融需求。

二、重庆市现代化产业体系的建设成效

（一）产业综合实力显著提升

从经济总量来看，2022 年重庆市地区生产总值达 2.91 万亿元（见图 2-16），2012—2022 年重庆 GDP 年均复合增速达 9.65%，超全国水平 1.22 个百分点。三大产业结构比值由 2012 年的 7.6：45.8：46.6 转变为 2022 年的 6.9：40.1：53（见图 2-17），第三产业占比明显提

升，产业增加值从 2012 年的 4346.66 亿元稳步增长到 2022 年的
15423.1 亿元。规上工业企业营收从 2018 年的 1.97 万亿元增长到 2022
年的 2.82 万亿元，年均增长 7.7%。有国家级专精特新"小巨人"企
业 255 家，科技型企业、高新技术企业分别为 4.3 万家、6438 家。

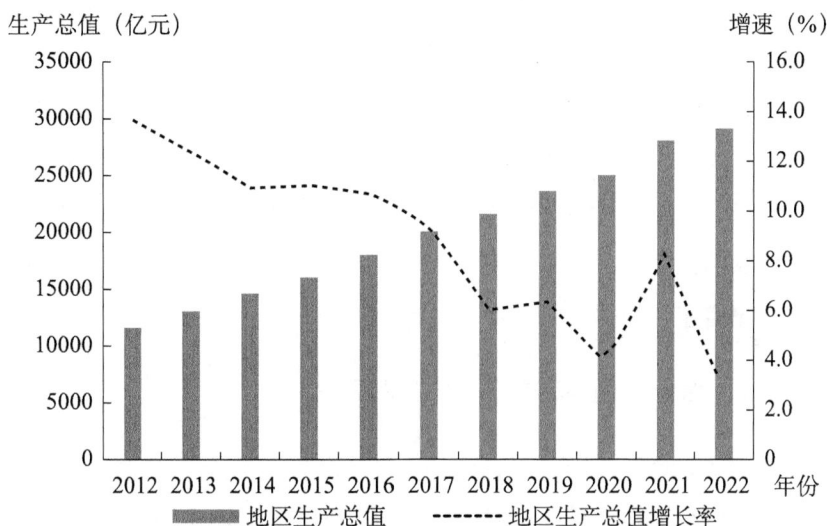

图 2 - 16　2012—2022 年重庆市 GDP 规模及增速变化

数据来源：重庆市统计局。

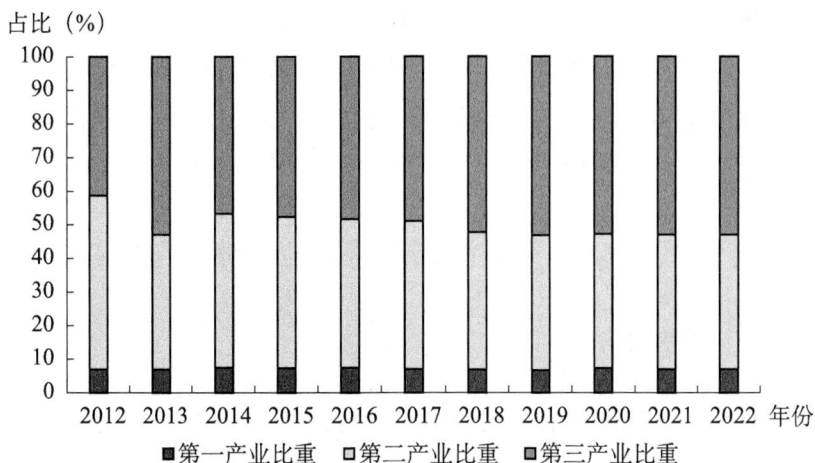

图 2 - 17　2012—2022 年重庆市产业结构变化

数据来源：重庆市统计局。

（二）新兴产业发展突出

2022年重庆全年规模以上工业战略性新兴产业增加值和高技术制造业增加值占规模以上工业企业增加值的比重分别为31.1%和19.0%。其中从产业细分领域来看，新能源汽车产业、新材料产业、生物产业、高端装备制造产业增加值分别比上年增长136.3%、12.3%、7.5%和6.5%，新能源车增势明显。[①] 此外，重庆已形成以长安汽车为首、以10多家整车企业为骨干、以上千家配套企业为支撑的"1+10+1000"优势汽车集群，智能网联新能源汽车产业发展总体处于西部领先水平。2022年重庆汽车产量达209.18万辆，位列全国第四，同比增速4.69%。[②]

（三）综合交通运输体系日益完善

截至2022年，重庆市铁路运营里程达2781千米（见图2-18），高速公路通车里程突破4000千米，高铁在建规模近1000千米，轨道交通营运里程463千米。建设西部陆海新通道辐射119个国家和地区，中欧班列累计开通5000多班次，覆盖50多个国家，超100个节点城市。国际贸易通关时间缩短30%，企业综合成本下降20%。累计开通国际航线109条，通航五大洲36个国家80个城市。国家级互联网骨干直联点建成，互联互通的基础设施支撑体系不断完善，为示范区承接产业转移打下良好基础。

三、典型案例：重庆沿江承接产业转移示范区打造

（一）经验做法

产业实现内部有序转移是我国破除地区经济发展相对困境、促进

---

① 数据来源：《2022年重庆市国民经济和社会发展统计公报》。
② 数据来源：国家统计局。

里程（千米）

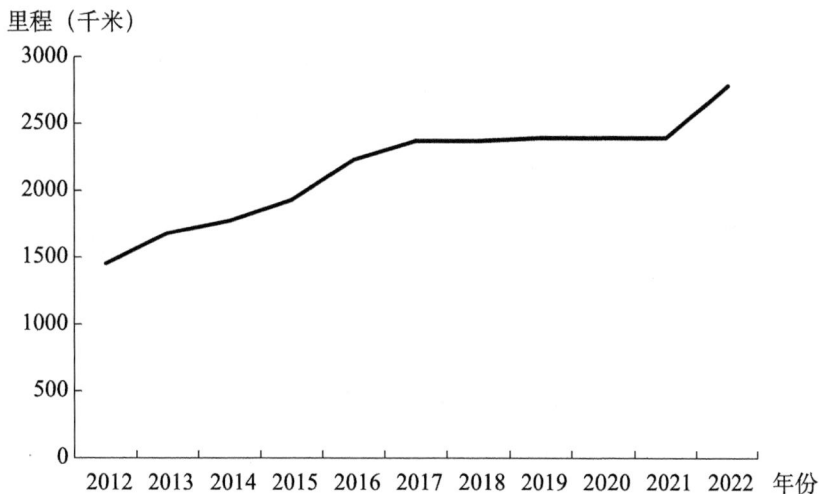

图 2-18　2012—2022 年重庆市铁路年里程数变化

数据来源：重庆市人民政府统计年鉴。

区域协调发展的关键举措。重庆沿江承接产业转移示范区为国家级承接产业转移示范区，具体包含重庆市涪陵区、九龙坡区、巴南区、永川区、大足区、荣昌区、璧山区 7 个区，2021 年示范区承接东部地区产业转移项目 347 个，完成投资 523 亿元，示范区地区生产总值增速高于全市约 3 个百分点。

在开发模式上，示范区以基础设施建设为先导，将畅通交通运输列为"头号工程"，为承接产业转移提供物流保障；同时，以平台建设为突破口，积极搭建空间载体和公共服务平台，全面夯实产业承载能力。此外，重庆市发展改革委还通过争取中央预算内资金 7840 万元支持园区配套设施等建设，进一步优化了园区服务保障功能。

在产业招商上，一是招引龙头企业打造"卫星效应"。如通过引入电子平板龙头企业惠科等生产项目，巴南区共带动 20 多家配套企业相继落户入驻，形成从玻璃基板、液晶面板、IC 绑定、显示模组到整机的全产业链。二是精准承接做大做强"本土特色"。以九龙坡区为例，聚焦商用车和摩托车产业链，九龙区现已集聚隆鑫通用、雅马哈等规上工业企业 117 家。荣昌区通过建设陶文化创意产业园，积聚了建卫陶瓷、日用陶瓷、先进陶瓷企业，引进玻陶企业 70 余家。三是承接新兴产业打造发展"新引擎"。瞄准新型高端、高附加值、机器人等领域，大足区先后引进科技型企业 56 家。依托首批国家级战略性新兴产业集群，巴南区着力打造医药制剂、医疗器械等产业链条，成功引入智飞生物、博唯生物、艾斯勒克斯等龙头企业。

在营商环境上，重庆市政府建立起市领导统筹协调、多部门分工协作的领导工作机制，高位推动产业承接转移，提升示范区服务效能。区级层面，九龙坡建立起项目信息快速报告初判、重大项目领导挂帅等十大运营机制；永川区在全国率先实现区级行政复议机构立、审、诉分离；涪陵区落实 117 名服务专员对辖区 200 余个企业全天候全覆盖服务；等等，全面提升服务企业能力、效率和实效。

（二）主要启示

产业梯度转移、生产力布局优化是我国现代化建设的重要任务之一，重庆沿江示范区过去 10 余年的实践探索也为我国深入推进承接产业转移带来深刻启示。

一是融入和服务全国区域大格局。加强面向东部沿海地区的招商引资和市场开拓，通过搭建合作平台，提升合作层次，招引重大项目转移承接，进而推动产业链优化布局。二是围绕地区产业特色，强化领头企业带动和新兴产业培育。示范区要把承接产业转移和引导资源优化配置结合，立足自身优势，引进龙头企业，带动上下游企业快速集聚，形成"龙头企业-重大项目-产业链-产业集群"的产业发展路径，培育形成一批具有重要影响力的产业集群。三是拓展产业发展空间，夯实产业承接载体。示范区要积极把握产业规模化、集群式转移趋势，前瞻性规划建设高承载力的产业转移承接区，完善配套设施，助力产业集聚、资源集约和功能集成。四是推动双招双引，打造优良营商环境。从顶层设计出发，积极围绕产业支持、人才引育、政务环境打造等编制政策方案和实施规划，纵深推进行政审批制度改革，营造开放、服务、创新、高效的发展环境。

第三章

成都市建设现代化产业体系的总体思路

新形势下，成都围绕建设践行新发展理念的公园城市示范区，围绕打造西部经济中心、科技创新中心、对外交往中心和全国先进制造业基地，持续推进新型工业化，努力构建现代化产业体系，坚定不移做强以开发区为主体的产业园区，以"建圈强链"全力提升产业规模和竞争力，推动成都实体经济朝着高端化、绿色化、梯度化、融合化四个方向重点发展。一是突出高端化发展，成都将持续深入推进产业结构调整，大力发展先进制造业、现代服务业和都市农业，以产业的现代化支持城市发展的现代化。二是突出绿色化发展，成都将以实现碳达峰、碳中和目标为引领，大力发展绿色低碳优势产业，做强清洁能源、清洁能源支撑和清洁能源应用产业，以产业转型促进经济社会发展全面绿色低碳转型。三是突出梯度化培育，成都将构建"支柱＋新兴＋未来"产业体系，重点推动支柱产业巩固发展优势、提升产业能级，新兴产业集群融合发展、扩大产业规模，未来产业前瞻赛道布局、培育新的引领，总体形成梯度递进、接力有序的城市产业支撑。四是突出融合化发展，推进先进制造业与现代服务业深度融合，促进农商文旅体融合发展，数实融合做强做优做大数字经济，以培育新经济接续发展新动能。

第一节　城市发展目标与产业发展基础

一、城市发展概况

九天开出一成都，万户千门入画图。成都市，简称"蓉"，有 4500
多年文明史、2300 多年建城史，是中国历史文化名城。在唐代，成都是
我国工商业最发达的城市之一，史称"扬一益二"。北宋时期，成都诞生
了世界上第一种纸币"交子"，蜀绣蜀锦历史上被称为上贡珍品，地区经
济文化十分发达。如今，成都市是四川省省会、国家中心城市、成渝极
核城市，市域面积 1.43 万平方公里，辖 20 个区（市）县和天府新区成
都直管区、东部新区、高新区。2022 年，全市常住人口 2126.8 万人，人
口城镇化率达 80%，步入超大城市行列；地区生产总值 20817.5 亿元、
人均地区生产总值 98149 元，居全国城市第 7 位。

成都是一座创新创造的城市。科教资源十分丰富，拥有 67 所高等
院校、450 万各类人才、国家级高新技术企业 11510 家。科技创新能力
提升较快，全球创新指数排名跃升至第 29 位，获批国家知识产权示范
市、国家数字经济创新发展试验区、国家新一代人工智能创新发展试
验区、"科创中国"试点城市。

成都是一座宜居宜业的城市。正在建设国内第一座"践行新发展
理念的公园城市示范区"，已连续 15 年荣获我国"最具幸福感城市"
榜首，连续 4 年荣获"中国营商环境标杆城市"。全市拥有天府新区
（国家级新区）、四川省自由贸易试验区、成都国际铁路港经济技术开
发区等众多产业发展高能级平台，已吸引世界 500 强企业 340 余家入
住成都，培育了成飞集团、新希望、通威、极米科技等数十家国内知
名企业。

成都是一座开放发展的内陆城市。成都是全国第三个建设双机场的腹地城市，现有国际航线 134 条，居全国第四位。国际班列联接全球 69 个节点城市。在蓉领事机构达 22 家，成为全国领馆"第三城"。

成都是一座有烟火气的人文魅力城市。有实体书店 3600 家，数量位居全国城市第一；博物馆 160 家，数量位居全国城市第二；大型音乐厅剧院 30 多所、著名遗址遗迹 50 多处；各类公园 200 多个……以创新创造、优雅时尚、乐观包容、友善公益为特质的天府文化正在从细微之处，释放着这座城市的自信和温度。

成都是一座城乡共同繁荣的城市。"大城市带大农村"是成都城市结构的典型特征，从统筹城乡到城乡融合发展，成都积极探索出了一条促进区域协调发展之路。当前，成都通过不断做强国家城乡融合发展示范区项目，大力发展县域经济，提升中心镇带动能力，加速重构乡村基础设施、产业体系、大地景观和城乡形态，城乡的二元结构特征发生了历史性转变，农村居民人均可支配收入达到 32500 元，城乡居民收入比缩小到 1.77∶1。

成都是一座治理有效的智慧城市。以"智慧蓉城"建设为引领，成都正在探索超大城市现代化治理新路径，全面推动城市经济、生活、治理的数字化转型，让城市运转更聪明、更智慧。如今，成都城市运行实现了"一网统管"，政务服务实现了"一网通办"，数据资源实现了"一网通享"，社会诉求实现了"一键回应"，建设中的"城市数据大脑"正在不断增强城市整体运行管理、决策辅助、应急处置能力。

二、城市发展目标

(一) 总体目标 (2022—2027 年)

全面建设践行新发展理念的公园城市示范区，在城市践行绿水青山就是金山银山理念、城市人民宜居宜业、城市治理现代化上率先突破，建设创新、开放、绿色、宜居、共享、智慧、善治、安全城市，国家中心城市核心功能和位势、能级明显跃升，城市有机生命体更加健康、更富活力，共同富裕扎实推进，市民获得感、幸福感、安全感显著增强，奋力打造中国西部具有全球影响力和美誉度的现代化国际大都市。[①]

（二）远景目标

到 2035 年，力争高水平实现社会主义现代化，创新型城市建设进入世界先进城市行列，成为美丽中国建设实践范例，世界文化名城影响力显著提升。基本公共服务、基础设施、人民生活达到东部地区水平，共同富裕走在全国前列，超大城市治理体系和治理能力现代化基本实现，成为具有国际影响力的活跃增长极和强劲动力源，全面建成践行新发展理念的公园城市示范区、泛欧泛亚有重要影响力的国际门户枢纽城市。[②]

到 2050 年，建成泛欧泛亚区域性的经济中心、科技创新中心、金融中心、贸易中心、文化中心，成为创新驱动、全龄友好、生活富裕、生态宜居的公园城市样板，全面建成社会主义现代化新天府，成为充分体现中国特色、时代特征、成都特质的可持续发展世界城市。

（三）分类发展目标

创新驱动发展取得新突破。科技创新能力和产业发展能级大幅提升，战略性新兴产业、数字经济核心产业增加值占地区生产总值比重分别超过 20% 和 15%，国家高新技术企业、科技型中小企业数量实现

[①] 引自中国共产党成都市第十四次代表大会报告《牢记嘱托 踔厉奋发 全面建设践行新发展理念的公园城市示范区》。

[②] 《成都市国民经济和社会发展第十四个五年规划和二〇三五年远景目标纲要》第 7 页，2021 年 2 月 7 日。

倍增，全社会研发经费投入年均增长 10％以上，经济总量冲刺 3 万亿元，加快建设具有全国影响力的重要经济中心和科技创新中心。

国际门户枢纽实现新跃升。四向拓展、全域开放牵引作用、服务国内国际双循环支撑作用不断增强，两场两港枢纽优势持续巩固，高能级开放平台体系和国际供应链体系更加完备，营商环境达到国内领先水平，高端要素资源集聚运筹能力显著增强，外贸进出口总额突破 1.2 万亿元，在世界城市网络体系中的节点地位和枢纽功能全面提升。

绿色低碳转型迈出新步伐。绿色低碳循环的生产生活方式和城市建设运营机制加快形成，城园相融、蓝绿交织的公园城市形态全面呈现，生态价值转化体系逐步完善，森林覆盖率达到 41％，年空气质量优良天数保持在 300 天以上，全市地表水优良率达 97％以上，中心城区绿色出行比例达到 70％以上，非化石能源消费比重提升至 52％以上，城市天更蓝、山更绿、水更清。

世界文化名城彰显新魅力。社会主义核心价值观深入人心，城市文化繁荣兴盛，文化创造活力持续增强，市民文明素质和城市文明程度全面提升，市民精神文化生活更加丰富，现代公共文化服务体系和文化产业体系更加健全，"三城三都"国际美誉度、全球影响力持续提升，人文成都更加彰显中华文明、巴蜀魅力、时代精神。

幸福成都品质得到新提升。优质均衡的公共服务体系基本形成，全面覆盖可持续的社会保障体系更加完善，居民收入和经济发展同步增长，努力实现幼有所育、学有所教、劳有所得、病有所医、老有所养、住有所居、弱有所扶，乡村振兴、城乡融合的美丽画卷加快绘就，使"雪山下的公园城市、烟火里的幸福成都"城市特质更加鲜明。

超大城市治理达到新水平。党建引领的城乡社区发展治理格局不断完善，法治、德治、自治体系更加健全，"智慧蓉城"赋能敏捷、科学的治理成效彰显，城市运行"一网统管"、政务服务"一网通办"、公共服务"一网通享"全面实现，重大突发公共卫生事件防控能力显著增强，安全韧性水平和抵御冲击能力全面提高，城市运行更安全、管理更高效、服务更优质。

三、城市产业发展基础

(一) 农业发达

民以食为天，农业稳则城市兴。成都平原自古以来地势平坦、河流纵横、物产丰富。种植业、畜牧业几千年来赓续不断，织锦业也非常发达，早在汉代就专设锦官管理，故有"锦官城""锦城"之称。农业的蓬勃发展，为成都这座西部城市的兴盛奠定了雄厚的物质基础。当前，成都市正在优化都市现代农业产业发展体系，从强保障、促供给、稳住粮食安全"压舱石"的层面，做实优质粮油、生猪畜禽、绿色蔬菜、特色水果四大保障型产业基础，在精深加工、物流配送、品牌营销、种业选育、数字化转型等高端环节，做优现代种业、数字农业、智能装备、冷链物流、休闲农业、农业博览六大都市农业引领性产业，着力构建"4＋6"成都都市现代农业发展格局。2022年，成都市粮食产量227万吨，生猪出栏428.7万头，肉类产量45.5万吨，成为名副其实的"天府粮仓"。

(二) 工商业兴盛

公元前316年，秦统一巴蜀，蜀郡太守张仪和张若不仅依照都城咸阳来筑造成都城池，而且在城内设置市场，发展经济。秦朝统一全国后，在其他地区采取重农抑商的政策，唯独在成都鼓励商业发展，由此可见蜀地在全国经济发展中的重要地位。汉代以后，成都市场规模巨大，商品种类繁多，货物堆积如山，远销全国各地，成为首屈一指的古代商业大都市。新中国成立不久，在苏联援建我国重大工业项目和社会主义工业化背景下，成都在东郊开辟了一个以电子、机械、仪表工业为主体的大型工业集中发展区，成为全国三大电子工业基地之一，跻身全国八大重点工业城市。三线建设时期，成都开启了以国防军工、电子信息、轻纺化工为核心产业的工业新时代。改革开放以后，成都向沿海地区积极学习，大力培育乡镇企业、发展民营经济、吸引境外投资，产业进一步多元化扩展，具备了发展汽车工业、医药制造、轨道交通、能源化工、材料工业、芯片封装等新型产业的基础。进入新时代以后，成都更是抓住"一带一路"经济地理重塑和产业转型升级的重大机遇，向战略性新兴产业和未来产业快速进军，进一步夯实了现代化产业体系形成与发展的物质基础。

（三）文化旅游繁荣

成都在自然与人文、封闭与开放、农耕文明与城市文明的碰撞中，孕育出创新创造、优雅时尚、乐观包容、友善公益的价值观，赋予了文旅产业发展的勃勃生机，使得文化旅游成为成都的支柱产业之一。文创文博、传媒影视、网游手游、创意设计、现代时尚、音乐艺术、会展广告、旅游休闲等现代文旅产业体系加快形成。文化产业占 GDP 比重已经突破了 10%，成都博物馆、成都音乐厅、成都熊猫国际旅游度假区、融创文旅城等文商体旅融合类大型项目相继建成，国际音乐之都、国际赛事名城已具影响力。

第二节　以科技创新引领成都现代化产业体系建设

习近平总书记来川视察时鲜明指出，要在推进科技创新和科技成果转化上同时发力，并对完善科技创新体系、积极对接国家战略科技力量和资源、优化完善创新资源布局、努力攻克一批关键核心技术、着力打造西部地区创新高地等方面提出了要求。当前，新一轮科技革命和产业变革正在重构全球创新版图、重塑全球经济结构，科学技术和经济社会发展加速渗透融合，加快建设以实体经济为支撑的现代化产业体系，关系到未来发展和国际竞争中赢得战略主动。成都作为国家中心城市、成渝地区双城经济圈极核城市，使命任务重大、科技资源富集、产业门类丰富，必须把加强科技创新摆在更加突出位置，坚持以科技创新引领产业体系优化升级，为推动城市高质量发展奠定坚实基础。

一、习近平总书记关于科技创新和经济发展关系的重要论述

（一）突出创新在现代化全局中的核心地位

科学技术为转变经济发展方式、调整经济结构、优化经济体系提供内生动力，科技创新已成为重塑全球和区域竞争格局的关键变量，必须把科技创新摆在国家发展全局的核心位置。当前，适逢新一轮科技革命和产业革命风起云涌，世界科学技术再次进入高度活跃期，技术交叉融合不断产生新领域新赛道，给中国带来了一次利用新技术"变轨"实现跨越和利用全球价值链"重构"实现跃迁的重大机遇，我们要把创新作为发展的第一动力，作为突破我国经济发展瓶颈、解决深层次矛盾和问题的重要抓手，让全面创新在提升社会生产力和综合国力上起到战略支撑作用。

（二）加快实施创新驱动发展战略

为加快实现高水平科技自立自强，我国提出"四个面向"目标：面向世界科技前沿、面向经济主战场、面向国家重大需求、面向人民生命健康。具体做法如下：一是以国家战略需求为导向，集聚力量进行原创性引领性科技攻关，坚决打赢关键核心技术攻坚战。二是加快

实施一批具有战略性全局性前瞻性的国家重大科技项目，增强自主创新能力。三是加强基础研究，突出原创，鼓励自由探索。四是提升科技投入效能，深化财政科技经费分配使用机制改革，激发创新活力。五是加强企业主导的产学研深度融合，强化目标导向，提高科技成果转化和产业化水平。强化企业科技创新主体地位，发挥科技型骨干企业引领支撑作用，营造有利于科技型中小微企业成长的良好环境，推动创新链产业链资金链人才链深度融合。

（三）以教育强国和人才强国夯实创新型国家发展基础

党的二十大报告指出，教育、科技、人才是全面建设社会主义现代化国家的基础性、战略性支撑。必须深入实施科教兴国战略、人才强国战略、创新驱动发展战略，开辟发展新领域新赛道，不断塑造发展新动能新优势。一是坚持教育优先发展。"办好人民满意的教育"既响应了民生福祉的诉求，也为创新发展提供原始动力，继续破除传统教育体制机制给创新带来的束缚和瓶颈，全面提升人的综合素养和创新思维，为高质量创新夯基垒台。二是为党育人、为国育才。坚持党管人才原则，坚持尊重劳动、尊重知识、尊重人才、尊重创造，实施更加积极、更加开放、更加有效的人才政策，引导广大人才爱党报国、敬业奉献、服务人民；完善人才战略布局，坚持各方面人才一起抓，建设规模宏大、结构合理、素质优良的人才队伍；加快建设世界重要人才中心和创新高地，促进人才区域合理布局和协调发展，着力形成人才国际竞争的比较优势。加快建设国家战略人才力量，努力培养造就更多大师、战略科学家、一流科技领军人才和创新团队、青年科技人才、卓越工程师、大国工匠、高技能人才。

（四）推动科技和经济深度融合

习近平总书记强调，"要深入推进科技和经济紧密结合，推动产学研深度融合，实现科技同产业无缝对接"。① 一是在技术赋能上，要把握世界科技和产业发展新趋势，大力推广应用互联网、大数据、人工智能等新一代信息技术，促进数字经济和实体经济融合发展，赋能传统产业转型升级，催生新产业新业态新模式。二是在组织形式上，要推动产学研深度融合，发挥企业在技术创新中的主体作用，支持龙头企业整合科研院所、高等院校等力量，建立创新联合体。三是在实施路径上，要推动产业链、创新链深度融合，培育发展新动能，塑造发展新优势。

二、成都市科技创新引领现代化产业体系发展目标

在新时代新征程的目标指引下，中共成都市委十四届三次全会确立了"坚持以科技创新引领现代化产业体系发展"的战略导向。明确到 2027 年，创新发展综合优势显著增强，科技成果本地转化能力有效提升，科技创新成为支撑产业高质量发展的关键引擎，初步形成具有较强竞争力的现代化产业体系。

一是科技创新平台加速集聚。西部（成都）科学城初步建成国内一流的创新策源高地，成渝（兴隆湖）综合性科学中心加快建设，高水平实验室体系全面运行，建成重大科技基础设施 10 个以上，集聚国家产业创新中心、技术创新中心、制造业创新中心等国家级科技创新平台超 170 家，全社会研发经费支出占地区生产总值比重达 3.6％。

二是科技创新成果高效溢出。在前沿优势领域和核能技术、航空航天、信息技术、生物医药、轨道交通等重点领域突破一批关键核心技术，每万人口高价值发明专利拥有量突破 20 件，技术合同成交额年均增长 10％以上，培育和引进市场化技术转移机构 100 家以上、国家

---

① 《习近平：主动把握和积极适应经济发展新常态　推动改革开放和现代化建设迈上新台阶》，《人民日报》2014 年 12 月 15 日。

级专精特新"小巨人"企业超 350 家、国家高新技术企业突破 1.8 万家，企业承接科技成果转化能力明显增强，科技成果转化和产业化水平显著提升。

三是产业链加速迈上中高端。制造强市建设取得突破，智能化、绿色化、融合化水平持续提高，信息化工业化融合发展指数超 70，规模以上工业企业研发投入年均增长 12% 以上。上市公司突破 220 家，国家级"绿色工厂"超 100 家，"灯塔工厂"超 5 家。产业结构优化提升，生产性服务业增加值占服务业增加值比重达 50% 以上，战略性新兴产业总产值占规模以上工业总产值比重达 45% 以上，数字经济核心产业增加值占地区生产总值比重达 15% 以上。

四是创新创业生态持续优化。科技体制机制改革取得突破，创新政策支撑体系不断健全，高端创新资源规模性集聚，产业建圈强链领军人才超 1500 人，专业技术人才超 260 万人、中高级专业技术人才比例超 50%，培育骨干人力资源服务机构 50 家以上，引进具有重大影响力的金融法人机构或区域性功能性总部 12 家以上，私募基金管理机构超 600 家、管理规模超 3000 亿元。

三、厚植科技创新四大优势，构筑起高质量发展支撑体系

党的十八大以来，成都市始终坚持创新在现代化建设全局中的核心地位，把握科技创新和产业发展阶段性特征，努力厚植技术创新、要素集聚、平台溢出、成果转化四大优势，形成了支撑引领高质量发展的科技创新体系。

（一）形成技术创新优势

1. 成都市技术资源概述

富集的科创资源是打造技术创新优势的坚实基础。成都历来就是

国家科技重镇，高校院所云集，创新基础较好，拥有"双一流"高校数量居全国第四和超过 30 家国家级科研机构，具有较强的基础研究和应用基础研究能力。近年来先后获得西部（成都）科学城、成渝（兴隆湖）综合性科学中心等国家战略科技力量布局，形成以 1 家国家级实验室为引领、12 家重点实验室为支撑、4 家天府实验室为补充的"1＋12＋4"实验室体系，落地 10 个国家和省级大科学装置，形成歼-20、华龙 1号、新一代"人造太阳"等一批成都造国之重器。服务战略大后方建设的创新策源地作用日益彰显，但科创资源对产业发展的支撑度还不够，8 个产业生态圈、28 条重点产业链中，仅航空航天产业生态圈与在蓉战略科技力量结合较为紧密，需要我们用好、用活富集的科创资源，加快塑造技术创新核心竞争力。

2. 聚焦国家战略需求打造技术创新优势

一是构建以西部（成都）科学城为核心的区域创新体系。成都加快构建"1＋4＋N"创新空间布局，打造成都科学城"一核"创新策源高地和新经济活力区、生命科学创新区、成都未来科技城、新一代信息技术创新基地"四区"创新成果转移转化基地，协同建设环高校知识经济圈、环科技领军企业创新生态圈，不断完善"核心＋基地＋网络"创新体系；正与都市圈其他城市联合打造天府大道科创走廊、成渝中线科创走廊，推动构建成渝绵"创新金三角"，拓展与京津冀、长三角、粤港澳大湾区等区域创新合作，努力建设具有全国影响力的科技创新中心。二是打造国家战略科技力量重要承载地。高质量建设成渝（兴隆湖）综合性科学中心，打造高端创新资源承载地和重大原始创新策源地；加快构建高水平实验室体系，集聚力量开展原创性引领性科技攻关，服务高水平科技自立自强；高水平建设运营天府实验室，打通从基础研究、技术攻关到产业化应用链条，服务国家重大战略需求、支撑地方高质量发展；推动在蓉科研机构发挥骨干引领作用，承担国家重大科技任务，建设国际一流科研机构。三是提升基础研究和应用基础研究能力。持续加强财政资金对基础研究及应用基础研究的支持，加大对国家科研机构、高水平研究型大学、科技领军企业在蓉设立分院、研究院等的支持力度；鼓励企业深化应用基础研究，支持科技领军企业联合产业链相关企业、创投基金组建面向行业共性基础技术、前沿引领技术开发的基础研究科研平台，推动破解制约行业发展共性问题。四是突破"卡脖子"关键核心技术。采用"揭榜挂帅""赛马制"和组建链主企业牵头的创新联合体等方式，开展关键核心技术攻坚，提升产业核心竞争力；统筹推进川藏铁路、成渝中线高铁等重大工程和科技攻关项目，构建业主单位牵头、高校院所支撑、各创新主体协同的现代工程技术攻关机制。

（二）放大要素集聚优势

1. 成都市创新要素集聚水平

要素集聚是提升创新体系，整体效能的潜力所在。作为国家中心城市、成渝极核城市，成都聚集了中西部地区最多的市场主体、资金总量和人才总量，是区域内各类创新要素汇聚的首选地。市场主体方面，总量居全国第二，仅次于深圳，培育国家级专精特新"小巨人"企业202家、独角兽企业10家，已形成一批推动创新发展的生力军。科创金融方面，天使投资、创业投资引导基金群加快组建，科创投资基金总规模达到409亿元。人才贷、成果贷、研发贷等服务企业5000余家，已成为支持科技创新的源头活水。创新人才方面，集聚市级以上重大人才计划专家5417人，人才总量达622.3万人，居全国城市第四，为创新发展筑牢了人才基底。但相较于先发城市，创新要素集聚水平还有差距。在蓉院士数量仅为北京的4%、上海的18%、南京的35%，私募基金管理人数量不到上海、深圳、北京等城市的10%，从更高水平集聚优质创新要素，从更大空间配置创新资源，充分发挥创新要素集聚和辐射效应，是开展创新活动的基本立足点。

2. 聚焦创新生态营造放大要素资源集聚优势

一是突出企业科技创新主体地位。大力推动科技型企业上规、上榜、上云、上市，加快打造一批拥有核心技术的领航企业、"隐形冠军"和专精特新"小巨人"企业，壮大高新技术企业集群。实施深化国企改革和民企创新提质行动。二是完善科技金融服务体系。充分发挥政府引导基金作用，通过市场化方式做大重产基金和科创投资基金规模能级，强化"重产＋科创"基金群招投联动。鼓励银行、证券、保险等金融机构设立科技支行、科创金融事业部、科创保险专营机构，大力推广"人才贷""成果贷""研发贷"等科技金融组合产品，支持发展科创类直接债务融资。三是筑牢教育人才基础支撑。深入实施顶尖科技创新团队"双招双引"和产业建圈强链人才计划、海外智力城市服务行动计划，重点引优育强一批科技领军人才、优秀青年科技人才和科技创新创业团队。推进职普融通、产教融合、科教融汇，构建现代职业教育和技能培训体系。四是做强新型基础设施底座。构建"超算中心＋智算中心＋云计算中心＋边缘计算"算力支撑体系，打造全国一体化算力网络国家枢纽节点，服务国家"东数西算"工程。全面发展融合基础设施，推进智慧交通、智慧能源、数字市政等建设，打造智慧蓉城应用场景，建设"数字孪生城市"。五是强化财税用地服务保障。深化财政科技经费分配使用机制改革，重点加大对优势产业赛道、研发初创环节支持力度；做好重大科技基础设施等用地保障，加快清理低效闲置用地，推行新型产业用地和新型科研设计用地管理，因地制宜推进"工业上楼"。

（三）发挥平台溢出优势

1. 成都市科技创新平台建设情况

创新平台是集聚创新资源、推动技术革新、支撑产业发展的重要载体，当前创新的一个重要趋势就是创新资源要素加速向重大创新平台汇聚，建好一个平台就可以吸引一批人才、落地一批项目、催生一批成果，从而实现对产业发展和城市提能的溢出效应。目前，成都拥有国家川藏铁路技术创新中心等各类国家级创新平台 145 个，建成运营天府国际技术转移中心、成都智算中心等功能性平台，联合国内知名高校、科研院所共建华西精准医学产业技术研究院等新型研发机构 22 个、高质量创新平台 80 个、产学研联合实验室 168 个，各类创新平台众多，但整体能级不高、创新引领力不强、用户效应还未显现，不少科技成果还只能躺在实验室里，服务科技创新和产业发展的溢出效应还不充分。如何发挥创新平台的引领带动作用，形成产业科技创新的比较优势，是推进创新驱动发展的关键所在。

2. 聚焦开放共享赋能发挥平台溢出优势

一是做强高能级产业创新平台。持续推动国家产业创新中心、国家技术创新中心、国家制造业创新中心在蓉落地；实施规模以上工业企业研发机构提升行动力，积极推进工业企业通过自建、联合高校院所共建等方式建设工程中心、研究中心、技术中心、产学研联合实验室等各类研发机构，申报创建国家和省级各类科技创新平台。二是搭建高校院所协同创新平台。制定市校（院）协同创新合作实施方案，推动高校院所优质学科、重点实验室、高层次人才与重点产业链精准对接。深化环高校知识经济圈建设，布局建设概念验证中心和成果转化小试、中试、技术转移服务等机构，增强承接溢出能力。三是围绕重大平台强化产业创新孵化。探索建立"实验室＋基金＋公司＋基地"转化模式，推进原创成果"沿途下蛋""沿途孵化"；鼓励产业园区对接重大创新平台，规划布局成果应用转化基地，承接转化先进技术成果。

（四）培育成果转化优势

1. 成都市科技成果转化情况

科技成果转化是提升产业现代化水平的重中之重，科技成果只有同市场需求和产业发展相结合，才能真正实现创新价值。当前，成都科技成果转化水平相比10年前已经取得了重大突破，2014年以来，成都市先后制定实施了科技成果转化"成都十条""成都新十条""科技成果转化30条"等系列改革举措，37家在蓉高校院所和国有企业出台职务科技成果权属改革政策，1000余项成果完成确权或赋权，3000余项成果在蓉实现转移转化。2023年1—6月，成都市挖掘、发布电子信息、智能制造、新材料等领域科技成果1200项；2023年1—7月，成都市技术合同登记成交额完成1037.46亿元，同比增长66.8％。但是，在转化过程中，我们发现：科技成果转化链条不够完善，既缺乏关联性强的产业支撑，主导产业布局与战略科技力量布局存在错位现象，尤其是在核应用、新能源与高效节能等领域缺少本土产业支撑，也缺乏能承接的市场主体；本地企业承接重大成果转化能力不足，手握成果的科研机构甲方往往找不到承接成果的乙方；还缺乏助推转化的服务平台，成果转化中介服务较弱，在蓉省级以上技术转移机构48家，仅为上海的16％，特别是重点产业链上的中试平台较为匮乏。研究表明，新科技成果经过中试后产业化的成功率可提升50％，但由于中试平台建设一次性投入大、回报周期长，往往是科技成果转化的真空地带，成为制约科技成果转化的关键短板。

2. 聚焦科技产业融合培育成果转化优势

一是健全科技成果发现和评价机制。完善市重大科技成果转化联席会议制度，定期发布企业技术需求清单、可转化成果清单，持续提升成果发现、挖掘、策划和转化服务专业水平。开展科技成果分类评价改革，完善科技成果评价与金融机构、投资公司联动机制，推动科技成果价值早发现、早实现。二是促进科技成果中试熟化。重点布局一批概念验证、中试熟化、小批量试生产等面向社会开放的中试平台，制定概念验证，小试、中试支持政策，开展中试平台申报备案。探索建立产业中试服务平台联盟，支持中试产业基地建设，构建各具特色、行业共享的中试服务体系。三是加快科技成果应用场景建设。加强城市机会供给，围绕智能生产、智慧治理等领域定期发布成果应用场景机会清单，打造具有示范引领作用的标杆场景。建立创新产品目录定期发布机制，支持首台套、首批次、首版次产品市场化应用。

第三节　加快构建以实体经济为支撑的
现代化产业体系

实体经济是大国发展的立身之本，是创造财富的根本源泉，是经济强盛的命脉所在。习近平总书记在二十届中央财经委员会第一次会议上指出，现代化产业体系是现代化国家的物质技术基础，必须把发展经济的着力点放在实体经济上，为实现第二个百年奋斗目标提供坚强物质支撑。党的十九大以来，成都市聚焦产业"建圈强链"支持实体经济高质量发展，注重突出高质量发展导向和产业生态构建，引导发展创新链、产业链、资金链、人才链四链融合的产业生态，破解实体经济高质量发展的痛点、堵点，实现质的有效提升和量的合理增长。

一、新时代推动实体经济发展的重大意义

（一）实体经济是构建新发展格局的必然要求

我国已经进入以新发展理念为引领的新发展阶段，构建新发展格局需要强大的内生循环的动力，归根到底是要建立起自主可控、安全可靠、竞争力强的现代化产业体系，以实现经济质的有效提升和量的合理增长。因此，我们需要进一步畅通经济循环、持续提升全要素生产率，在补齐短板的同时促使价值链向高端提升。

（二）实体经济是促进全体人民共同富裕的重要保障

改革开放以来，我国通过发展实体经济告别了计划经济时代的"短缺模式"，有效满足了人民群众日益增长的物质文化需求。进入新时代以后，在部分行业产能过剩的背景下，供给端实体应该从关注"有没有"转向"好不好"，通过供给侧结构性改革去调节新的供需矛盾，让市场成为资源要素配置的决定性力量。通过做强做优实体经济，创造更多丰富的就业岗位，把"蛋糕"做大分好，在高质量发展中实现人民对美好生活的向往。

（三）实体经济是增强国际竞争力的迫切需要

在过去200年的工业化变革中，英国、美国、日本、德国等发达国家都是依靠强大的实体经济实现了大国崛起和财富积累。如今，世界百年未有之大变局加速演进，新旧动能转换与治理格局重塑加剧了产业竞争和地缘风险，粮食危机、能源安全、供应链风险等问题十分突出，我们必须通过提高自主创新能力和实体经济韧性有效应对外部环境挑战，安全度过这风高浪急甚至惊涛骇浪的转折点。

（四）实体经济是把握未来发展主动权的重大举措

新一轮科技革命和产业变革深入发展。习近平总书记在新时代推动东北全面振兴座谈会上强调："积极培育新能源、新材料、先进制造、电子信息等战略性新兴产业，积极培育未来产业，加快形成新质生产力，增强发展新动能。"[①] 以战略性新兴产业和未来产业作为发展实体经济和新质生产力发展的主攻方向，有助于推动我国经济实力、科技实力、综合国力和国际影响力持续增强，牢牢把握发展主动权。

二、成都市实体经济发展成效

（一）我国的制造业强市比较研究

近年来，从珠三角、长三角、京津冀到成渝地区双城经济圈，几乎所有的重点城市群、都市圈和超大特大城市都把新型工业化和制造业（尤其是先进制造业）作为产业发展的核心进行重点培育，一大批制造强市、产业强市脱颖而出（见表3-1）。作为西部产业重镇，成都已按下打造"制造强市"的快进键。

表3-1　全国重点城市产业发展规划与先进制造业排名

城市	产业发展提法	"十四五"产业规划目标	先进制造业百强城市全国排名
深圳	工业立市、制造强市	经济总量超过4万亿元，战略性新兴产业超过1.5万亿元	1
广州	产业第一、制造业立市	工业增加值超过8000亿元，制造业增加值占GDP比重保证在30%以上	3

---

① 《习近平：牢牢把握东北的重要使命 奋力谱写东北全面振兴新篇章》，《人民日报》2023年9月10日。

续表

城市	产业发展提法	"十四五"产业规划目标	先进制造业百强城市全国排名
苏州	打造全球高端制造业基地	推动"苏州制造"向"苏州创造""苏州智造""苏州质造"迈进,制造业增加值占GDP比重在40%以上	2
合肥	工业立市、制造强市	加快打造信息技术、新能源汽车2个5000亿产业集群,培育壮大光伏、生物医药、新材料等产业集群	13
成都	制造强市、建设国家制造业高质量发展示范区	工业规模占GDP比重达26%以上,支柱产业集群规模突破4万亿,打造二大万亿级、十大千亿级产业示范区	9
武汉	强力推进制造强市战略,提升武汉制造影响力和竞争力	工业占比保持在27%左右,基本建成国家先进制造中心	10
南京	产业强市	2025年GDP总量实现2万亿元,制造业增加值占比稳定在30%	8
长沙	扛起制造强市大旗,实施强省会战略	成为中部地区制造业发展的"排头兵"和领军者	6

数据来源:各城市"十四五"规划和赛迪顾问先进制造业研究中心发布的《2023先进制造业百强市研究报告》。该百强市不包括北京、上海、天津、重庆四大直辖市。

(二)成都打造制造强市的优势与机遇

1. 制造业发展优势

经过多年培育发展,成都已构建起涵盖38个大类、184个小类的综合性工业体系,先进制造业城市发展指数居全国第九,获批"中国制造2025"试点示范城市。第一,从产业发展规模看,成都已形成电子信息、装备制造 2 个万亿级和航空航天、高端软件等 8 个千亿级特色优势产业集群，轨道交通、生物医药纳入国家战略性新兴产业集群发展工程，软件和信息服务、高端能源装备、电子信息先后入选国家先进制造业集群。第二，从科技创新资源看，成都拥有 65 所高校（其中"双一流"高校 8 所、居全国城市第 4 位）、30 余家国家级科研机构和 218 个国家级创新平台，近 3 年获得国家科学技术奖 80 项，国家高新技术企业、科技型中小企业分别达 9952 家和 8153 家。第三，从要素成本优势看，成都是国内企业迁移的重点目的地城市，产业发展成本在 15 城中位于第三梯队，即成本要素较低。第四，从营商环境建设看，成都市连续几年获批国际化营商环境标杆城市，近年加快市场化、法治化、国际化、便利化一流营商环境，从投资准入、跨境贸易、强化服务、新型监管、降低成本、优化法治环境等重要切口切实提升市场主体感受度，激发市场主体的信心与活力。

2. 制造业发展机遇

一是成渝地区双城经济圈战略带来的发展机遇。双城经济圈目标之一是将成渝地区建成全国重要的经济中心，先进制造业将成为双城经济圈发展的核心产业。二是"一带一路"倡议带来的通道机遇和贸易投资机遇。新丝绸之路经济带从陆地横跨欧亚，以西部沿线枢纽城市为节点，为制造业产品产能物流运输提供多式联运新范式与合作交往新契机。三是成都都市圈暨成德眉资同城化发展为成都扩大制造业空间、形成产业链供应链"协作共兴"新模式提供平台载体。四是国务院批复成都建设践行新发展理念的公园城市示范区，旨在探索山水人城和谐相融的城市发展模式，探索超大特大城市转型升级的新路径，使成都实现高质量发展、高品质生活和高效能治理的现代化城市目标，由此会产生实体和产业发展的海量机遇。

三、成都出台政策措施进一步聚焦产业建圈强链支持实体经济高质量发展

(一)培育壮大市场主体

1. 支持"链主"企业四链融合发展

聚焦产业建圈强链招引培育高能级"链主"企业,牵引带动创新链、产业链、资金链、人才链融合发展。包括支持招引高能级"链主"企业,对亩均投资大、实收资本高、创新带动强、人才吸引多的重大产业化项目,按"一事一议"原则给予支持,由"链长"组织专班全力保障服务。

2. 支持创新型企业集群式发展

着眼创新协同、生产配套、供销合作等,打造创新型企业集群,聚焦重点产业链推动"链主+配套"协同发展。支持企业上规、上榜、上云、上市,将创新型企业集群培育纳入全市经济社会发展重点工作先进区(市)县激励体系。

(二)精准配置资源要素

1. 发挥科创平台强链聚链功能

坚持创新是第一动力,紧密围绕产业链部署创新链,建立"技术-产业-资本"密切关联创新机制,推动产业迈向高端。支持新型科创平台建设,鼓励科创平台开放共享,强化重大创新平台引领,强化政产学研协同,聚焦重点产业链培育一批技术转移机构、技术经纪人,支持链主企业创建博士后科研工作站、博士后创新实践基地。

2. 强化重点产业资源能源保障

加速提升城市能源供给稳定性和韧性，全力保障项目能源资源供给，支持企业扩大投资和提升产能，增强企业用能保障稳定性，建设燃气调峰电站、抽水蓄能电站、分布式能源站等，集约节约精准项目供地，支持高能级项目。

3. 增强人才供给支撑圈链升级

坚持人才是第一资源，大力集聚产业领军人才，强化产教融合夯实技能人才支撑，即强化产业领军人才支持，强化产业技能人才培养，加大首席质量官、高级质量检验师等优秀质量人才培养支持。

4. 财金互动赋能重点圈链发展

发挥产业基金对做强主导产业、做大新兴产业、捕捉未来产业的重要作用，推动直接融资、间接融资服务重点产业链发展。建立企业全生命周期产业基金服务体系，优化基金评价体系和尽职免责机制，支持企业上市直接融资，支持成都已上市企业在资本市场再融资，支持金融机构优化间接融资。

5. 支持数字经济赋能圈链提质

大力推动工业互联网平台建设和企业数字化转型升级，促进数字经济与实体经济深度融合。在支持建设工业互联网平台上，提升平台设备接入、应用开发等支撑能力。同时，支持企业数字化智能化改造，鼓励企业开展数字化车间、智能工厂建设。

(三) 全力做优服务保障

1. 支持提升供应链安全稳定性

加强产业链供应链生态体系建设，提高产业链供应链稳定性和竞争力。具体来说，要支持畅通供应链物流通道，落实支持成都国际铁路港经开区高水平开放的政策措施，健全应急物流保障机制，支持建设供应链服务平台降低企业运营成本。

2. 打造应用场景支持市场拓展

大力推动企业、科研院所和市属国有企业等联合打造应用场景和营销平台，争创标准和品牌，拓展市场空间。应用场景方面，鼓励打造"0—1"的早期验证场景加速原始突破、"1—100"的中试试验场景加速产业孵化、"100—100万"的产品推广场景加速市场验证。在营销平台方面，推进市政园林、公共交通等领域市属国资运营主体与产业园区（功能区）合作。

3. 增强园区专业支撑服务功能

支持产业园区（功能区）推进智慧化建管、促进绿色化发展、提升专业化能力，增强重点片区对产业的支撑服务功能。包含鼓励引入市场化机制壮大专业化招商引资队伍，适度超前布局新一代通信网络、新能源汽车充电桩、人工智能、分布式能源、边缘计算节点等新型基础设施建设，鼓励产业园区（功能区）开展第三方减污降碳环境综合治理等。

第四节　加快推动产业园区现代化专业化特色化发展

党的十八大以来，以习近平同志为核心的党中央高度重视园区建设发展，作出系列重要指示，为成都做好产业园区工作提供了根本遵循和行动指南。中共四川省委着眼推进新型工业化、加快建设现代化产业体系，明确要求高质量建设现代产业园区，推动各类市场主体蓬勃发展、竞相成长。近年来，成都市以产业"建圈强链"引领园区发展，重大项目加快建设、产业规模加快壮大、设施配套加快完善，各项工作取得良好成效，为园区高质量发展奠定了坚实基础。对照成都肩负的职责使命，全市经济发展的质量效益还有待进一步提升，明确拼经济搞建设"关键在产业、重点抓园区、最终看质效"的思路，采取有力有效措施，坚决打好产业园区高质量发展的主动仗攻坚仗。

为深入贯彻党的二十届三中全会提出的深化经济体制改革的重要决定精神，成都市委召开了十四届六次全会，创新提出要进一步深化园区综合体制改革，开展"优化提质、特色立园、赋能增效、企业满园"行动。成都市将通过优化园区空间布局、功能定位、产业结构，提质园区基础设施、公服配套、风貌形象，推动实现"特色立园"；通过赋政策之能、科技之能、管理之能，增服务效率、要素效用、产出效益，推动实现企业满园，加快打造一批现代化园区。

一、注重精准定位、特色发展，优化园区整体布局

聚焦"3+22+N"园区发展体系布局，结合各地发展规划和功能定位，在保持基本稳定的基础上，进一步优化调整园区空间布局和产业定位，国家级园区要示范引领、省级园区要竞进争先、市级园区要突出特色，有效引导优势资源和优质企业向符合产业布局的园区集聚。其中，"3"是指1个国家级高新区和2个国家级经开区——成都经开区和成都国际铁路港经开区。"22"是指4个省级高新区、17个省级经开区和1个省级化工园区。"N"即以商务、商贸、文化、旅游、农业等为主导的市级特色园区，作为产业园区体系的重要组成部分。

二、注重圈链融合、集群发展，提升园区规模能级

持续深入推进产业建圈强链，聚焦优势突出、成长性好的重点领

域，巩固提升现有产业基础，紧扣"镇园之宝"抓龙头，聚焦"有根企业"重培育，深化协作配套强链条，积极前瞻布局育新机，引进培育百亿项目、千亿企业、万亿集群，努力推动产业高端化、绿色化、数字化发展。与此同时，为"瞪羚"、"独角兽"、"隐形冠军"、"单项冠军"、专精特新"小巨人"等企业提供场景示范、市场拓展、产业融通、上市辅导等专业化服务，推动实现企业满园。

三、注重产研联动、创新发展，激发园区澎湃动能

坚持将创新作为推动园区高质量发展的第一动力，强化企业科技创新主体地位，加快构建以成都科创生态岛为核心的园区创新体系，鼓励园区开展科技成果转化、孵化、产业化全链条服务，打通科技成果转移转化通道，全力促进科技创新赋能产业发展。

四、注重环境优化、舒心发展，增强园区保障能力

成都市各级领导及相关部门常态化开展"进万企、解难题、优环境、促发展"工作，定期举办"'蓉易见·民企会客厅'进园区"活动，推动现场解决企业个性问题、专题研究解决企业共性问题，同时筑牢基础设施"硬支撑"，做好金融、法律等"软服务"，统筹当前和长远做好土地、能源、资金、人才等要素保障，让园区生产服务更优质、生活配套更便利、生态环境更优美。健全企业问题诉求直报办理"啄木鸟"机制，形成"收集—办理—反馈—问效"工作合力和落实闭环；将全市重大招引项目纳入全生命周期管理平台统一管理、分级预警，提速化解困难问题。

五、注重改革赋能、高效发展，提高园区运营水平

坚持集中精简、灵活高效的原则，深化园区体制机制改革，积极

探索园区"管理机构＋运营公司＋N"管理模式，加快构建"小而精"的管理机构和"大而专"的运营公司，锻造高素质队伍，推动园区减负扩权，在管理效能和市场效率上实现有机融合，在功能发挥和激励效应上实现叠加放大。支持市、区（市）县两级服务园区发展的国有企业向产业孵化培育与集成运营商转变；锚定"园区事园区办、企业办事不出园"目标，探索将部分市级管理权限按程序下放园区。

第五节　统筹考虑培育支柱产业、新兴产业与未来产业

2023年习近平总书记来川视察期间，对如何构建富有四川特色和优势的现代化产业体系，提出要统筹考虑传统产业、新兴产业、未来产业，把发展特色优势产业和战略性新兴产业作为主攻方向，加快改造提升传统产业，前瞻部署未来产业，促进数字经济与实体经济深度融合等重要要求。成都市进而提出相应发展方略，出台了《成都市支持制造业高质量发展若干政策措施》，构建"支柱＋新兴＋未来"梯度支撑的现代化产业体系，推动支柱产业迭代升级、新兴产业培育壮大、未来产业前瞻布局，加快打造具有核心竞争力的优势产业集群。

一、突出发展支柱产业

瞄准世界级先进制造业集群建设目标，协同匹配城市功能定位，发展具有坚实基础和增长趋势的五大支柱产业，到2025年支柱产业集群规模突破4万亿，其中，打造电子信息、装备制造2个万亿级产业集群，集成电路、智能终端、高端软件、汽车制造、轨道交通、航空航天、生物医药、绿色食品、新型材料、能源环保装备等10个以上千

亿级产业集群，整体发展能级和竞争优势大幅提升，打造全市经济社会发展的重要支撑和参与全球产业竞争的主力军。

二、加快发展战略性新兴产业

成都瞄准新科技革命群体性爆发方向，着眼 5 年内有望形成增量突破的领域，重点发展人工智能、前沿医学、医美产业、时尚产业、柔性电子、卫星互联网、超高清显示等，形成 3—5 个全球、全国产业地标，打造成都未来发展的战略增长点。目前成都生物医药、轨道交通装备获批国家战略性新兴产业集群；无人机、北斗卫星等 12 个集群入选省级战略性新兴产业集群。同时，拳头产品的国际竞争力明显提升，钇炭微球注射液等材料突破"卡脖子"技术，实现了新突破；手术机器人打破国外垄断，晶硅光伏太阳能电池片出货量全球第一，多模信号识别技术、高精度信号追踪算法等填补了卫星互联网通信终端的市场空白。

三、超前布局未来产业，抢占发展新赛道

成都将瞄准中长期颠覆性技术的突破和产业化方向，培育发展区块链、量子互联网、分子诊断、光芯片、商业航天、合成生物、6G、脑科学与类脑研究、第三代互联网（元宇宙）等未来产业，到 2025 年，打造一批全市未来产业的突破口和增长点，以科技创新催生新产业、增强新动能，在未来竞争中赢得发展主动。

四、联动发展生产性服务业，形成"两业"融合发展优势

成都着力生产服务融合发展，大力发展总部经济，积极发展总集成总承包、工业设计、工业互联网、供应链管理、科技服务、产业金

融等，为生产提供核心能力服务和高附加值支持，增强产业体系能力。比如，成都经济技术开发区（以下简称成都经开区）实施四大融合改革，打造"两业"融合示范区（见专栏3-1）。

专栏 3-1

成都经开区实施四大融合改革 打造"两业"融合示范区

2020年8月，成都经开区获批国家首批、四川省内唯一的"两业"融合发展改革试点园区。

1. 建优融合载体平台，激活前端创新创业链

全区建成孵化载体4万平方米、高品质科创空间40万平方米，新增国家级企业技术中心1家、省级研发平台38家，新增国家高新技术企业179家、同比增长87.7%。建设各级各类孵化平台，建成投用汽车智创活力港等市级高品质科创空间40万平方米，聚集经开科技孵化园、同创谷等双创载体15家，其中国家级众创空间、孵化器3家，在孵企业644家，成功创建全国科普示范区、国家火炬特色产业基地、四川省双创示范基地。

2. 构建融合支撑体系，提升中端智能制造链

成都经开区聚焦数字化、智能化、服务化发展方向，推动先进制造业向价值链高端发展，极大建强了融合发展支撑体系。加快发展工业互联网，积极打造"5G＋工业互联网"融合应用先导区，秦川物联网智能创新平台、一汽铸造能源大数据平台入选2021年工信部工业互联网平台创新案例。积极推进制造业服务化，发挥链主企业带动作用，探索制造、研发、物流、销售等一体化发展机制，推动产业链垂直整合，成功培育一汽惠迪、集商等服务化平台，推动经开区孵化园转型成为信息链服务商，培育"两化融合贯标"企业45家，吉利BMA项目入选服务型制造示范企业，培育本土服务型制造业企业34家。积极开展低碳发展试点，全国碳能力建设中心

（成都）龙泉基地成功挂牌，成都经开区成功创建全省近零碳试点园区，神龙汽车及配套园获批成都市第一批近零碳排放试点。

3. 创新融合联动机制，拓展后端现代服务链

一是建立制造业与生产性服务业联动发展机制，定期动态评估生产性服务业发展需求，推动检测、认证、物流等生产性服务业加快发展；提升发展经开区物流产业园，鼓励物流企业向供应链一体化服务商转型升级，支持重点企业发展"互联网＋物流"，建设共享仓储设施，实现物流资源共享，打造智能物流配送体系。二是创新"产品-市场"联动机制发展后市场产业。引进仁孚奔驰等品牌4S店40余家，推动全区汽车4S店100％进入电商平台，促进汽车贸易博览产业加快发展。三是创新"工业-体验"联动机制发展文化旅游产业，支持工厂开展体验式、景点化改造，建设透明工厂等沉浸式场景，探索发展"工业旅游"，推动沃尔沃品牌体验中心建成运营，捷达品牌体验中心授牌"成都市工业旅游示范点"，成功举办第三届"汽车＋文创"国际设计周。

4. 健全融合保障机制，协同要素需求供应链

一是创新土地空间精细管理利用机制，探索推进国土空间规划领域改革，盘活利用国有资产10万平方米，"批而未供"土地5978亩、有效处置闲置低效用地5468亩，成功出让"标准地"700余亩。二是建立金融对接"双线"快速响应机制，"线上"升级经开产融合作平台功能，丰富金融产品超市，实现需求端、供给端、政策的信息互联互通；"线下"依托"蓉易贷"1266普惠金融服务体系，实行金融专员服务制度和"一企一银团"联动机制。三是创新人力资源服务机制，深入实施"龙泉驿英才行动"，设立院士（专家）工作站14家，建立博士后科研工作站和博士后创新实践基地25个，成立全区技工教育联盟，累计引育高层次人才300余人，技能人才达 20 万。全国首创"共享员工"模式，促进员工富余企业与员工紧缺企业灵活调配人力资源。

王凡：《成都经开区实施四大融合改革 打造"两业"融合示范区》，人民网四川频道，http：//sc.people.com.cn/n2/2023/1107/c409261−40631572.html。

第六节　实施产业建圈强链，积极服务国家产业链供应链安全

产业链供应链安全稳定是构建新发展格局的基础。成都市第十四次党代会报告提出，打好产业基础高级化和产业链现代化攻坚战，以产业建圈强链理念变革产业发展方式，推动产业链、创新链、供应链深度融合，提升现代产业体系区域带动力和发展竞争力。自实施产业建圈强链行动以来，成都聚焦产业生态"建圈"、围绕重点产业"强链"。产业强，则城市强，在超大城市可持续发展的赛道上，产业建圈强链正源源不断为成都提供加速动力。

一、成都市产业"建圈强链"背景

（一）国家战略视角

党中央明确要求成渝共建具有全国影响力的重要经济中心和科技创新中心，打造带动全国高质量发展的重要增长极和新的动力源。成都能否担负好这一国家使命，其核心在城市功能、关键靠产业支撑。

（二）城市发展视角

产业是城市发展的物质基础和动力源泉，对经济发展具有长效驱

动作用，这就要求成都始终保持产业兴城立城的战略定力，以产业的高质量发展来夯实城市发展的动能。

（三）产业变革视角

产业"融合化"发展深入推进，"生态化""集群化"发展趋势日益明显。这需要成都加快促进产业上下游就地布局、生产要素集中集聚，全面降低协作配套成本，提升产业核心竞争力。[①]

二、成都推进"建圈强链"的主要内容

2023年4月，成都市根据中央和四川最新精神出台了《成都市产业建圈强链优化调整方案》。重组了产业生态圈，细化了产业链（见表3-2），进一步明晰了成都下一轮的产业主攻方向和产业发展趋势。此次成都市产业建圈强链优化调整，还全新配套制定了确保产业建圈强链有力有效的"评估问效工作方案"，以便动态评估重点产业链建设进展和工作实效，客观分析全国竞争位势和标兵追兵，及时发现短板弱项和存在问题。

表3-2　成都市"建圈强链"产业部署表

产业生态圈名称	重点产业链构成
电子信息产业生态圈	集成电路、新型显示、智能终端3条重点产业链
数字经济产业生态圈	高端软件与操作系统、大数据与人工智能（含车载智能控制系统）、工业互联网、卫星互联网与卫星应用、金融科技5条重点产业链
航空航天产业生态圈	航空发动机、工业无人机、大飞机制造与服务3条重点产业链
现代交通产业生态圈	汽车（新能源汽车）、轨道交通、现代物流3条重点产业链

---

① 《从2.0版"建圈强链"方案再看成都高质量发展的"舍"与"得"》，搜狐网，https://www.sohu.com/a/667703211_100011338。

产业生态圈名称	重点产业链构成
绿色低碳产业生态圈	生态环保、新能源、新材料3条重点产业链
新消费产业生态圈	旅游业、文创业（含数字文创）、会展业、体育产业、音乐产业、美食产业（含绿色食品）6条重点产业链
现代农业产业生态圈	现代种业、都市农业2条重点产业链

三、产业"建圈强链"的重点任务

（一）培育创新型企业集群，提升市场主体质量

包括实施企业"上规、上榜、上云、上市"攻坚行动、实施"四链融合"链主培育行动、实施"链主＋配套"融通发展行动、打造先进制造业和战略性新兴产业集群等4项具体任务。

力争新增规上（限上）企业数量不低于2022年水平，其中新增规上工业企业300家以上、规上服务业企业500家以上；全年培育国家级专精特新"小巨人"企业50家以上、高新技术企业2000家以上；启动1000家企业数字化改造、建成100个智能工厂和数字化车间，新增上云企业2万家、总数突破10万家；全年新增上市企业后备库入库企业100家以上、新增上市公司15家以上；加快推动生物医药、轨道交通装备2个国家级战略性新兴产业集群建设，软件和信息服务、高端能源装备、电子信息3个国家级先进制造业集群建设，加快培育集成电路等12个省级战略性新兴产业集群，全力创建国家高端航空航天装备先进制造业集群等。

（二）全力攻坚重大项目，精准推动强链补链延链

包括落实"八个清"要求动态梳理目标企业（项目）、实施产业建圈强链招商引智百日攻坚、健全产业项目全生命周期管理服务机制、

推动省市重点产业化项目多投快建等 4 项具体任务。

2023 年力争新招引重大项目和高能级项目 380 个；创建国家、省、市级引才引智示范基地 10 个以上，引进高层次创新人才团队不少于 100 个；明确 72 个省重点产业化项目、438 个市重点产业化项目 2023 年度投资目标、工程进度目标，并逐一分解落实到全市各条重点产业链上，"一链一清单"加强动态跟踪和进度通报等。

（三）围绕产业链部署创新链，增强产业发展动能

包括加快建设高能级科技创新平台、加强产业关键核心技术攻关、推动科技成果本地转移转化 3 项具体任务。

2023 年开工建设 TH 实验室、国汽智联车载智能终端平台，为航空发动机、智能网联汽车等产业链创新赋能；加快推进国家川藏铁路技术创新中心、国家高性能医疗器械创新中心四川分中心，提升轨道交通、高端医疗器械等产业链创新能级；积极争创国家高端航空装备创新中心、四川省新药临床前技术创新中心，增强航空航天、生物医药等产业创新能力等。

（四）强化财金互动赋能，服务企业全生命周期

包括构建全生命周期产业基金体系、优化重点产业链融资服务、推动产融精准对接等 3 项具体任务。

截至 2023 年 9 月底，设立成都天使投资引导基金，支持开展"投新、投早、投小、投硬"；持续推动"蓉易贷"白名单企业更新，进一步解决实体经济特别是产业链配套企业融资难题，力争 3 年内支持信贷规模超过 1000 亿元等。

（五）引育产业领军人才，推动产业高质量发展

包括实施产业建圈强链人才计划、实施产业建圈强链人力资源协

同提效工程、实施产教融合工程等 3 项具体任务。

截至 2023 年 10 月底，遴选培育产业领军人才 260 余名；建立顶尖人才服务"一事一议"机制，精准制定资金资助、人才安居、子女入学、交流培训等综合支持；4 月底前，编制发布《成都人才开发指引（2023）》，对重点企业引进博士等急需紧缺专业人才给予安家补贴和引才奖励等。

（六）提升专业服务水平，推动融合集群发展

包括发挥产业联盟资源整合作用、大力提升供应链安全稳定性、打造产品宣传营销推广平台等 3 项具体任务。

加快开拓新货运航线，确保国际（地区）客运航线航班数量居全国第四，推动国际班列货源结构优化，确保 2023 年国际班列开行 4500 列以上；聚焦各条重点产业链，推进市政园林、公共交通等国资运营主体与产业园区（功能区）合作，在绿道、机场、地铁、车站等场所，建设一批企业和产品推广窗口、体验场景等。

（七）精准匹配资源要素，提升服务保障能力

包括加强产业项目用地支持、提升集约节约用地水平、提升电力稳定供给能力等 3 项具体任务。

持续深入推进工业用地"标准地"改革，确保 2023 年底前园区新增工业用地全部实行"标准地"出让；支持有产业园区运作经验的企业建设标准厂房和"链主"企业自建多层厂房，积极探索"工业上楼"新模式，6 月底前出台《关于推动"工业上楼"的实施意见》；加快实施"蓉耀工程"，建设成都负荷中心 500kV "立体双环"坚强网架及配套送出工程，增强电力保障能力；推进金堂整县屋顶光伏试点，新增光伏发电装机容量 100MW；开展电解水制氢加氢一体化试点，投运 6 个分布式综合能源服务项目，确保电网承载能力适度超前经济社会发展需求等。

（八）建设现代产业园区，夯实产业承载能力

包括加大园区承载能力建设、强化智慧化园区建设、推动市场化园区运营 3 项具体任务。

实施全国一体化算力网络国家枢纽节点建设工程，建设"天府数据中心集群"，加快推进工信部面向区域化人工智能应用发展的公共服务平台项目建设；推进产业园区（功能区）通过引入市场化机制壮大专业化招商引资队伍，使用政府购买方式为入驻企业提供行业研究、品牌包装、知识产权等专业化产业服务；支持产业园区（功能区）管委会积极探索岗位管理制度，打破身份界限，建立灵活用人机制，构建优绩优酬的分配激励机制等。

（九）完善推进机制，强化跟踪问效

包括完善"链长制"工作推进机制、完善产业建圈强链政策体系、实施产业建圈强链跟踪问效、建立建圈强链通报激励机制等 4 项具体任务。

健全"链长＋牵头市级部门＋主要承载地和协同发展地"为架构的重点产业链工作推进机制，明确责任主体工作清单，构建部门协同、上下联动的工作格局；聚焦深入实施产业建圈强链，围绕企业全生命周期服务、全要素覆盖，构建形成"1＋28"产业政策体系；加强可复制、可推广的先进经验案例提炼总结力度，围绕产业建圈强链评选年度 10 大典型案例等。①

---

① 成都市人民政府：《成都市产业建圈强链 2023 年工作要点》。

第四章

成都市在发展支柱型产业上精准发力

作为世界制造第一大国，我国拥有全球最为齐全的产业门类，培育了以电子信息、汽车制造、电气机械、生物医药为代表的众多万亿级产业，造就了众多千亿级乃至万亿级产业大市。但是长期以来，万亿产业俱乐部一直都为东部城市所垄断。直到最近 10 多年来，以成都、重庆、武汉为代表的中西部制造强市崛起，最终改写了这一格局。2020 年，成都电子信息产业率先突破万亿大关，不仅成为成都和四川省第一个万亿级产业，也打破了中西部地区万亿级产业长期缺位的尴尬。根据《成都市"十四五"制造业高质量发展规划》，到 2025 年全市的支柱产业集群规模要突破 4 万亿，打造电子信息、装备制造 2 个万亿级产业集群，集成电路、智能终端、汽车制造、轨道交通、航空航天、生物医药等 10 个以上千亿级产业集群。如今，在赛迪顾问发布的 2023 先进制造业百强市名单中，成都位列全国第九、西部地区首位。同时，成都已拿下 9 个国家级产业集群，包括 3 个国家级先进制造业产业集群、2 个国家战略性新兴产业集群、4 个中小企业特色产业集群。千亿级、万亿级支柱产业的崛起，不仅给成都经济带来新的增长动力，带动成都在全国经济位次的不断提升，而且通过"人随产业走"的集聚效应，带动人口回流和高学历人才的持续涌入，成为西部地区最大的人才"蓄水池"。① 过去 10 年，成都 GDP 总量连续跨越 12 个千亿台阶，从不足 1 万亿元到跻身 2 万亿元俱乐部，并向着 3 万亿元继续迈进。努力发展支柱型产业、在经济规模与质量效益上不断争先进位是成都高质量发展的核心要旨。在建设践行新发展理念的公园城市示范区目标下，支柱型产业的发展水平决定了成都这座超大城市转型升级成功与否，也是区域现代化产业体系建设的重要支撑。

第一节　电子信息产业发展模式与发展成效

一、成都电子信息产业发展概况

成都是国家重点布局的电子信息产业基地，聚集电子信息类规上企业超 1800 家、高校院所及国家级创新平台 130 余个，先后获批建设国家电子信息先进制造集群、国家软件和信息服务集群、国家网络安全产业园区和超高清视频国家制造业创新中心，形成以"芯屏端软智网安"为支撑的产业体系。2022 年，成都电子信息产业实现营收超 1.2 万亿元，其中电子信息制造业实现营收 6262 亿元，增加值增速 12％（全国同比增长 7.6％）。

二、成都电子信息产业发展模式及成效

（一）智能终端产业

成都以智能终端产业为重要支撑的成渝地区电子信息先进制造集群获批全国首个跨省域先进制造业集群后，成渝地区已逐步发展成全

---

① 澎湃新闻：《万亿级产业崛起，这座国家中心城市剑指制造强市》，百度网百家号，https：//baijiahao.baidu.com/s? id＝1784960984152578108&wfr＝spider&for＝pc。

球最大智能终端生产基地。2022 年，在全球电脑、手机等出货量创历史最大跌幅情况下，成都智能终端产业克服高温限电、疫情冲击等因素逆势增长，实现营收 4200 亿元，位列全国第七；聚集规上企业 324 家，培育国家专精特新"小巨人"企业 39 户，占全省总数 19%；个人计算机等领域拥有较强优势，年产量居全国第二，其中，iPad 产量占全球一半以上；投影机全国市场占有率 20%，位居全国第一；智能穿戴设备产量约占全国 4%，位居全国第八；智能电视产量同比增长 4.8 倍。

1. 企业培育方面

成都市重点巩固计算终端、通信设备、视听终端三大支柱赛道优势，鸿富锦、仁宝、纬创 3 家链主平均营收增速 12%。拟培育链主企业鼎桥、天邑康，其营收分别增长 48%、29%，TCL 增资 15 亿美元打造西部智能制造基地和欧亚供应链中心。布局智能穿戴、行业终端等五大新型赛道（见专栏 4-1），链主企业鸿富成投资 100 亿元建设智能穿戴产品研发制造基地；拟培育链主企业西门子投资 71.7 亿元建设工业自动化产品中国智造基地，打造 PLC 产品海外最大研发中心，产值增长 37.2%。发展智能传感器、精密器件等六大关联配套赛道，链主企业捷普投资 150 亿元实施二期工程建设，产值增长 9.5%。发挥链主聚合作用，推动富巴压力传感器中国总部及生产基地等 10 余个链属项目落地。

2. 公共平台方面

建成以安全无线路由器逆向光通信技术地方联合工程研究中心为代表的省级以上高能级创新平台 58 个。其中，支柱赛道 23 个，新型赛道 12 个，关键配套赛道 14 个，综合服务平台 9 个。7 项创新成果荣获省科技进步奖，其中多功能激光光谱分析仪等 2 项获一等奖。

3. 产业基金方面

坚持资本赋能企业，依托市重产基金，联合国家级、省级政府引导基金，撬动社会资本组成投资方阵。现有 14 只政府引导基金投资易迅光电、易瞳科技等项目 32 个，投资金额 7.56 亿元，齐碳科技获得美团领投的社会资本融资 7 亿元。

4. 人才引育方面

围绕细分赛道，编制高端人才及急需人才目录，大力推动多个具有重大原始创新能力的产业领军人才及团队来蓉发展。实施产业建圈强链人才政策，对极米、西门子等企业的 10 名人才在资金、住房、教育等方面给予综合支持。

5. 中介机构方面

整合工信部赛迪研究院、省智能终端联盟、重庆智能终端协会、成都电子信息生态圈联盟等国家、省市十余家机构资源，深度开展产业发展趋势、城市竞争力等专题研究，全年组织供应链、金融对接活动 20 余场，成功举办中国（西部）电子信息博览会、成渝电子信息产业链协同发展交流会等品牌展会。

专栏 4-1

崇州市消费电子产业园全力推动智能终端产业建圈强链

成都崇州市以"融圈入链、协同发展"为工作思路，持续做强"精密功能性器件和柔性显示材料"产业特色，重点拓展"新型显示应用端及系统集成"产业环节，依托"链主"企业，做好强链补链延链文章，打造智能终端产业链重要协同发展地。主要做法为以下两点。

1. 做好产业研究，促进产业集群发展度提升

按照成都市新型显示产业发展定位和目标，绘制并动态更新电子信息产业现状图谱。通过厘清头部企业的供应链关系，为搭建精准对接平台，提高产业本地协作配套率等提供工作指引。

2. 促进区域协同，产业集群协同体系逐步搭建

一是全力引进电子信息企业。消费电子产业园先后引进了捷普科技、日东电工、领益科技、鹰诺电子等150余家电子信息企业。二是推动园内企业上下游配套。园区电子信息企业与成都富士康、京东方等"链主"企业建立了配套关系，是成都市电子信息产业重要的协同配套地。其中，福蓉科技为捷普科技和成都富士康配套铝制结构件。领益科技为成都捷普、成都业成配套电子元器件和零组件，为成都富士康配套胶带。日东材料为成都京东方配套OLED光学薄膜，其e-mask产品是京东方唯一供应商。

（本专栏内容由崇州市经济科技和信息化局提供）

崇州消费电子产业园打造千亿级先进制造业产业集群①

---

① 刘湘、宿箭：《开辟新赛道 培育新动能 推动崇州工业经济稳步增长》，澎湃政务网，https://m.thepaper.cn/baijiahao_22106627。

（二）高端软件产业

成都软件产业链结构相对完整，汇聚规上企业 1368 家，拥有久远银海、成飞集团、中电科 29 所等一批链主企业，入选国家重点支持软件企业 16 家，加快建设先进制造业（软件和信息服务）集群、工业软件协同攻关平台、特色化示范性软件学院 3 个国家级平台，综合实力居中国软件名城第一方阵。成都软件产业总体偏应用型，基础软件、工业软件产业化能力相对较弱，聚焦工业软件、基础软件、嵌入式软件、行业应用软件、新兴平台软件五大领域，打造 CAD、CAE、CFD、操作系统等 20 余条细分子链，五大领域 2022 年实现软件业务收入 2502.6 亿元，占成都的 52.9%。2022 年，实现营收 6585 亿元，同比增长 11.1%，其中，软件业务收入 4732 亿元，居副省级城市第五位。

1. 企业培育方面

2022 年，成都软件产业市场主体累计约 23.2 万家，增长 10.4%。软件行业统计平台注册企业 2400 余家，规模以上软件企业 1368 家，入选国家重点支持软件企业 16 家，其中：已评定成飞集团、民航二所、久远银海、宏华电气、中电科 29 所、核动力院 6 家链主企业，共计实现软件业务收入 381.3 亿元，同比增长 4.6%，其上下游软件企业本地配套率分别为 70%、34%、30%、62%、50%、40%。

2. 平台建设方面

涉软国省级创新中心 12 个（见专栏 4 - 2）、重点实验室 32 个，共44 个。其中，工业软件 13 个、基础软件 4 个、嵌入式软件 5 个、行业应用软件 17 个、新兴平台软件 5 个。同时拥有市级及以上工程/技术研究中心/实验室 208 个、企业技术中心 471 个；其他检验检测、知识产权交易等软件强相关公共服务平台 114 个。

3. 金融赋能方面

在蓉注册并在中基协登记备案的私募基金机构 386 家。2022 年，47 家软件企业获得基金投资，已在境内外上市的软件企业达 57 家，其中，A 股 47 家，境外 6 家，新增 4 家，累计融资约 98.9 亿元。"蓉易贷"支持软件企业 3865 家，累计金额约 49.4 亿元。

4. 人才建设方面

"蓉贝"人才所在企业近年来引进海外留学生近 100 人。电子科大国家级特色化示范性软件学院首批工业软件专业招生 160 人；9 家单位新入选成都市中国软件名城人才基地。发布第四批《成都市软件人才榜单》，包括"蓉贝"技术领衔人 3 名、"蓉贝"资深工程师 79 名；评选建圈强链人才 19 名。成都软件从业人员超过 60 万人。

5. 中介机构方面

与赛迪研究院、国家工业信息安全发展研究中心等国家级智库机构合作，开展成都软件产业园区高质量发展、天府软件园软件产业高质量发展规划等研究工作（见专栏 4-2）。成都市软件行业协会、成都鲲鹏计算产业联盟、成都物联网产业发展联盟等 10 余家行业协会，举办第二十届中国国际软件合作洽谈会、第十六届中国成都国际软件设计与应用大赛等活动营造软件发展氛围。

专栏 4-2

成都高新区天府软件园打造领航产业园区

天府软件园按照专业化、平台化、国际化的发展思路，通过做平台、做链接，进一步整合产业资源、打造产业生态、推动产业创新，助力成都高新区打造我国西部地区创新高地、高质量发展重要增长极和新的动力源，连续多年荣获领航产业园区称号。

1. 聚焦细分领域，推动招商引智

天府软件园及姊妹园区已吸引包括 IBM、SAP、EMC、飞利浦、阿里巴巴、腾讯、宏利金融等众多国内外知名企业及财富世界 500 强落户，总入驻企业超 1000 家，形成了涵盖工业软件、应用软件、通信技术、IC 设计、大数据、数字娱乐、网络信息安全、人工智能等多领域的产业集群。

2. 注重科技创新，梯度培育企业

已有专精特新企业近百家（其中"小巨人"企业 15 家），独角兽及潜在独角兽企业 18 家，省级以上企业技术中心 23 家（其中国家级 4 家），高新技术企业近 400 家。

3. 着力企业赋能，提升服务能力

天府软件园致力于向入驻企业提供一站式企业招商、金融、人力资源、创业孵化、品牌营销等全方位的服务，助力企业高质量发展。对于中小微企业，园区打造了"创业苗圃—孵化器—加速器—产业园"的梯级孵化链条模式，形成了覆盖资金、人才、圈子、市场、创业辅导等方面的全方位"5C"培育计划。

4. 关注高层次需求，加强人才引育

天府软件园通过"天府人才行动""天府软件园大讲堂"等人才服务平台，为企业提供人才招聘、人才培训等全方位的人才服务。已建立 12 个离岸创新创业基地及工作站，平均每年为园区企业达成就业意向约 5000 人次，累计培训学员 10 万人次。

（本专栏内容由成都市高新区管委会提供）

天府软件园成功培育上百家领军企业①

（三）工业互联网产业

成都大力推进工业互联网发展，加快国家级成渝工业互联网一体化发展示范区建设，落地国家"星火·链网"超级节点，上线工业互联网标识解析顶级灾备节点融入国家"5＋2"体系布局。涵盖工业数字化装备、工业软件、工控安全、工业互联网平台、融合应用的产业体系基本形成，核心产业规模突破 500 亿元。赋能制造强市效应日益显现，2023 年成都"两化融合"指数（66.9）较全国高了 6.6，数字化研发设计工具普及率、关键工序数控化率、企业上云率分列副省级城市第五、第六、第六，成都工业互联网创新发展工作获国务院通报表彰。

1. 规划布局方面

成都紧扣国家战略和制造强市部署，编制工业互联网 3 年行动计划，重点做强数字化装备、平台和工业软件，巩固提升安全、网络的全国领先优势，拓展深化行业应用，推动产业成链发展。围绕成都新经济活力区等 7 个承载地，打造具有全国影响力的产业聚集区，建成

---

① 《这些专精特新"小巨人"扎堆天府软件园产业聚集区》，百度网度看四川，ht-tps：//baijiahao.baidu.com/s？id＝17112197716105594678&wfr＝spider&for＝pc。

成渝地区标识群（节点突破 20 个），上线成渝工业互联网公共服务平台，合力打造成渝工业互联网资源池，发布成德眉资数字赋能先进制造机会清单，搭建供应链协同平台，进一步拓展工业互联网建圈强链深度。

2. 企业培育方面

聚焦企业引育做强产业链，2022 年引进埃斯顿智能工业机器人等产业链关键项目 9 个，投资超 160 亿元。做好企业梯度培育，培育 8 家链主潜力企业、43 家专精特新"小巨人"企业、8 家上市企业，打造工控安全、密码产品等处于国内一流水平的核心产品，普什宁江数控滚齿机、卡诺普机器人控制器（见专栏 4-3）均占国内 50% 以上市场。聚焦基础支撑厚植产业链，建成 5G 基站 6.5 万余个，落地中国广电 5G 西南节点等重大项目，实现工业园区"双千兆"全覆盖，标识解析量居全国第五，将成都 3500 余家工业企业纳入安全监测，确保企业网络安全。

3. 要素集聚方面

抓公共平台深化赋能，落地国家级工业软件协同攻关平台、华为（成都）智能制造创新中心、SAP（四川）产业赋能中心等高能级创新平台 28 个。引育航天云网、安睿智达等 30 余个特色工业互联网平台，积微物联 CⅢ 平台服务企业超 10 万家，智网在线能源大数据平台为接入企业每年节约电力成本近 2 亿元。抓产业基金持续支撑，设立成渝工业互联网产业投资基金等 10 只产业基金，支持 43 家企业融资 3.9 亿元。抓领军人才引育，研究制定产业链人才标准，梳理领军人才招引清单。支持四川大学等建设工业互联网研究院，在智能制造、工控安全、工业软件等领域聚集孙林夫、董贵山等一批国家级权威专家。抓中介机构专业服务，加强与中国工业互联网研究院等国家级智库合作，开展工业互联网规划、两化融合发展等研究。支持市智能制造产业生态圈联盟等行业协会，开展政策宣讲、数字化转型培训、产品供需对接等活动60余场，服务企业千余家，300余个对接项目近半数达成合作。

4. 生态构建方面

持续推动数字化改造，围绕企业"不会转"难题，近3年累计争取上级资金近4亿元、市级安排资金2.5亿元，免费为150家企业开展诊断，支持1068家企业通过"两化融合"贯标认证，推动8.2万家企业上云，引导640余家企业实施数字化改造，3年内成都两化融合水平提升了3.6。突出试点示范引领，围绕重点产业，培育一批典型应用场景，打造了西门子、富士康2家全球"灯塔工厂"，星云智联等88个国家级试点示范项目，50家市级智能工厂和数字化车间，试点企业生产效率平均提高30%。

专栏4-3

成华区龙潭工业机器人产业功能区全力推动人工智能、工业互联网产业建圈强链工作

龙潭工业机器人产业功能区不断深挖功能区产业链资源禀赋和发展优势，围绕增强链主及龙头企业对产业链的整合力、供应链的掌控力、创新链的溢出力，推动功能区链主企业深耕本地，形成"链主"带动、集群发展积厚成势格局。功能区已聚集人工智能产业关联企业70余家，数字通信产业关联企业近300家，工业互联网产业关联企业近50家，入驻企业达到2600家。2022年，全年实现全口径税收22亿元人民币，稳定税收4.6亿元，为成华区构建竞争优势突出的现代产业体系夯实了基础。

(本专栏内容由成都市成华区经济科技和信息化局提供)

龙潭工业园内卡诺普机器人公司生产车间内一景①

第二节　装备制造业发展模式与发展成效

一、成都装备制造业发展概况

成都装备制造产业聚焦航空航天、新能源与智能网联汽车、智能制造装备、轨道交通、节能环保等领域，推进先进装备制造业能级提升，航空装备、轨道交通领域产业核心竞争力进入国际先进行列，初步形成光伏、氢能、动力电池、储能等清洁能源产业集群。2022年营业收入1054亿元，航空制造综合竞争力排位全国第二（西安第一、沈阳第三），防务整机研制能力全国第一位。

---

① 红星新闻彭惊：《探访龙潭工业机器人产业功能区》，搜狐网，https：//baijiahao. baidu. com/s？id=1740318611773931686&wfr=spider&for=pc。

二、成都装备制造业发展模式与发展成效

(一) 航空装备产业

成都是我国重要的防务整机研制基地，航空发动机预研、试验和生产基地，民机大部件国际转包生产基地，航空工业、航发集团、中国商飞三大央企集团在蓉均有重要战略布局，在国家航空工业战略布局中具有重要地位。2022年，成都91家航空规上企业营业收入1054亿元、同比增长11.9%，首次突破千亿元。航空发动机产业链营业收入242亿元、同比增长22.8%，在全国排名第三（沈阳第一、西安第二），预研试制水平国内先进。成都充分发挥链主企业带动功能，建立"链主聚链属、主链拓辅链"发展模式（见专栏4-4），航空产业园集聚永峰科技等优质项目42个，大幅提升产业配套效率，有力支撑成都航空产业高质量发展。国家部委高度肯定成都航空产业发展，国家高端航空装备技术创新中心、TH实验室正式获批在蓉建设，成都航空装备获批工业和信息化部首批产业链供应链生态体系建设试点。

1. 链主企业方面

坚持增量带动与存量优化并举，加快构建"4+2+3"链主企业体系，推动产业链上下游、左右岸集群发展。依托成飞（132厂）、成发（420厂）、涡轮研究院（624所）、川西机器厂（5719厂）4户军工航空链主企业，推动某主力型号整机、发动机批量化生产，持续增产拓能。培育空客、商飞2家企业成为民用航空领域链主企业。差异化推动四川国际、中科翼能、航天中天等发挥特色优势，成长为细分领域链主企业。

2. 公共平台方面

国防工业科技成果西部转化中心落户成都。建设全国首个民航科技创新示范区，打造具有国际影响力的民航工程技术创新及应用验证基地。与涡轮研究院共建航空发动机科创中心，已引育高能级科创团队32个，转化应用技术50余项。成都海特高新先进航空发动机控制技术重点实验室、成飞民机大飞机机头工程技术研究中心等24个航空领域省级以上技术创新中心、重点实验室、工程技术研究中心持续赋能产业高质量发展。

3. 产业基金方面

发挥重产基金、科创基金牵引作用，与市场化基金统筹联动，引导成立四川航空产业发展股权投资基金、成都交投航投基金航空产业基金8个、规模达128.5亿元，已投资航发科技、裕鸾航空、成都航空等29个项目。推动"壮大贷"支持企业发展，2022年向17家航空企业放款29笔、共计金额2.64亿元。

4. 领军人才方面

推行"企业提需求＋政府给支持"模式，联合引育行业领军人才、"高精尖缺"人才，依托成飞、成都飞机所、北航创新研究院等机构，聚集了6名院士及10余名主要学术带头人。聚焦国家级和行业顶尖人才深入实施"产业建圈强链人才计划"，新培育产业链领军人才14人。

5. 中介机构方面

发挥航空航天产业联盟、航空发动机产业链专委会等中介机构功能，开展主题沙龙、应用推广、讲座培训等活动，搭建链主企业、配套企业、科研院所对接交流平台。编制成都航空航天产业建圈强链蓝皮书并发布产业机会清单。2022年主办航空产业促进活动9场，其中航空发动机供需采购洽谈会促成3家成都企业承接省外订单；组织产业人才培训和招聘会，成飞等20余家单位累计发布700余个需求岗位，促成企业顺利招聘上千名员工。

专栏 4－4

新都区依托链主企业，夯实航空产业高质量发展的核心支撑

新都区依托关键链主航空工业成飞（以下简称"成飞公司"），厚植航空产业发展土壤，探索形成"链主聚链属，主链拓辅链"的建圈强链模式，构建起"头部引领、集群支撑、链式互补"的航空产业生态。

1. 联合链主企业，做优顶层设计

一是联合做规划。联合成飞公司对园区进行专业策划和设计，科学布局了柔性机加、智能钣金、数字化装配、航空工艺装备四大制造基地，由政府平台公司出资建设，充分保证园区运营和产业布局的专业性。二是联合定政策。成飞公司制定入园激励机制，入园企业可优先获取成飞订单权、技术转移权、数据共享权和协同创新权；政府围绕航空产业量身定制招商政策和产业政策，最大程度契合企业的政策敏感性，提升园区吸引力。三是联合建链条。坚持"链主选企，政府招商"，由成飞公司"举旗帜"，梳理重点企业招商清单，与政府合办供应商大会，充分保证招商的精准高效；同时由成飞公司"当考官"，对配套企业进行全方位考核，遴选出30%左右的优质企业入园，真正实现了招商选资、优中选优。

2. 紧扣链主企业，构建集群生态

一是订单撬动强吸附。成飞公司主动释放产能，以订单优先权为指挥棒，吸引了长之琳、永峰科技等一大批行业"隐形冠军"

"单项冠军"落地新都，入园企业100％为高新技术企业，80％以上成长为上市公司，50％以上成长为专精特新"小巨人"，形成了优质企业集聚效应。二是协同创新提能级。成飞公司输出优势技术和先进管理经验，成立代表室对入园企业一对一辅导、全过程质量监控，并与企业协同创新，入园企业工艺水平实现从工序加工到零部件完整交付的跨越；为成飞公司构建起"一小时"全链条配套圈，实现了上下楼就是上下游、产业园就是生态圈。三是以链引链拓格局。

3. 服务链属企业，建优生态圈环境

一是定制标准厂房。建设标准厂房100余万平方米，匹配商业公寓、高品质科创空间20万平方米，企业实现拎包入驻、轻资产运营，把有限资金用在技术攻关、设备采购、人才培养、市场拓展等能力提升上，项目供地模式由以亩为单位调整为以平方米为单位，投资强度是传统方式的3倍以上，实现了土地资源的集约节约利用。二是搭建共享平台。围绕航空智能制造专业需求，成飞公司制定了技术服务共享平台方案并进行专业设计，政府平台公司按规划投资20亿元建设热表处理中心、检验检测中心、产品交付中心、智能物料中心，并交由专业公司运营。三是发挥国企作用。一方面，发挥国企融资能力强、渠道多、利率低、周期长的优势，采取专项债、银行授信、组建基金等方式募集资金120亿元以上，在推动园区建设和产业发展的同时实现了国资增值；另一方面，发挥国企综合协调能力强的优势，创新构建"指挥部＋管委会＋国有企业"机制，为重大项目建设开辟绿色通道，实现了项目的高效率推进，项目投产时间由过去3年以上缩短为1年以内。

（本专栏内容由成都市新都区经济和信息化局提供）

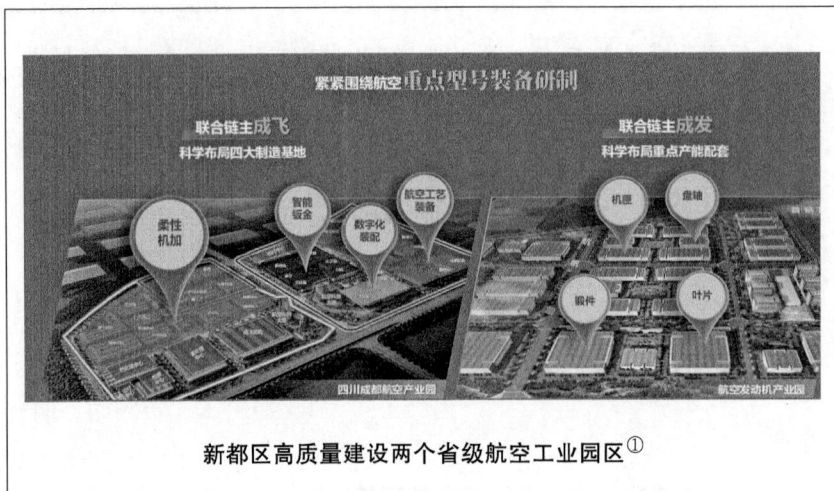

新都区高质量建设两个省级航空工业园区①

（二）轨道交通产业

当前，轨道交通面向智慧化、绿色化、高速化发展趋势明显，川藏铁路等国家级工程建设提速，成都轨道交通产业进入高质量转型发展关键期。从产业能级来看，成都吸引上下游企业 483 家，培育 6 家高能级链主企业，具备动车、城轨及各类新制式车辆全谱系生产能力，全产业链主营收入突破 2000 亿元，装备制造达 423.2 亿元。从创新资源来看，基础雄厚，硬核实力加持，拥有国家川藏铁路技术创新中心等 7 个国家级研发平台，数量占全国同类 50%，云集西南交大等一批知名高校和科研机构，研发实力居全国前列。从行业格局来看，集群集聚，成功跻身头阵，国内已形成北京、株洲、成都等五大产业集聚区，成都是全国首批战略性新兴产业集群、西部唯一具备城际动车组制造和高级维修业务的城市。从市场空间来看，前景可期，发展潜力巨大，川藏铁路、成渝中线等重大项目总投资约 4000 亿元，成都城轨运维费用投入预计可达 300 亿元，市域线路"十四五"累计投资预计

---

① 图片由成都市新都区政协提供。

800 亿元，市场空间巨大。

1. 链主企业方面

推动链主引领突破发展，提升轨道交通产业规模能级。建立链主遴选培育机制，链主企业 6 家、拟培育链主企业 5 家，中车成都公司获批 CRH6A/CRH6A-A 城际动车组新造资质，成都中车长客下线全球首列氢能源市域车。聚焦链主以商招商，新签约重大项目 21 个，总投资约 200 亿元，服务 16 个重大项目促建，完成投资 21 亿元。加快企业梯度培育，支持企业"六上"，培育新上规企业 22 家，专精特新"小巨人"企业 9 家。

2. 公共平台方面

发挥科研资源优势，做强创新平台支撑功能。推动技术联合攻关，指导成都市城轨产业协会与川藏铁路技术创新中心等企业建立"产业创新联合体"，围绕新制式轨道交通等核心技术开展创新研究。着力孵化新型产业技术研究院等一批创新研发平台，累计打造各类创新平台 32 个，覆盖勘察设计、车辆工程等主要产业技术方向。

3. 产业基金方面

强化基金要素赋能，打造"产融双驱"新动能。促成成都轨道集团、成都产业集团组建成都首支 2 亿元规模的专项基金，筛选入库 6 个补链强链项目。依托四川发展产业投资引导基金，实现投资成都轨道交通产业项目共 2 个，累计投资金额 1.18 亿元。

4. 人才引育方面

开展靶向引才聚才，夯实高端人才支撑。以市场主体实际需求为切入点，推动科研院校深度参与产业人才培育，遴选 2022 年产业领军人才 14 人。依托西南交大、中铁二院、二局等行业领军单位，吸引高技术人才及研发团队聚集，汇聚轨道交通产业两院院士 16 人。

5. 中介机构方面

发挥中介机构服务效能，助推轨道交通产业高质量发展。加强产业供需对接，依托市城轨产业协会等中介机构，组织开展产业链多层次供需对接活动，促成中科龙芯与微迪智控等签约合作。提升企业服务效能，举办成都轨道交通产业建圈强链企业座谈会，回应企业困难诉求。

（三）新能源汽车产业

成都汽车产业具备一定基础，集聚了 32 家整车企业和 1000 余家零部件配套企业，初步形成了车辆全系列产品体系，整车产能达到 147 万辆，产量连续 8 年位居全国前 8。2022 年，成都汽车产业营收 2101 亿元、利税 191 亿元，分别占比五大先进制造业的 16.9%、14.1%，连续 8 年生产整车超 100 万辆。但是，当前成都汽车产业正处于深度调整期和发展阵痛期，2022 年在全国的产销占比有所下降，与上海、深圳、合肥、西安等城市相比，传统整车转型滞缓，正面临增长乏力的重大挑战，在增长潜力、发展质效等方面处于明显落后地位。2022 年，全国新能源汽车产、销量分别增长 96.9%、93.4%，新车市场渗透率已达 25.6%；深圳、西安、合肥等产销量实现 1—3 倍高速增长。成都新能源汽车整车产量、产值分别为 4.3 万辆和 83 亿元、同比下降 25.8% 和 5.7%，全国产销占比与 2021 年相比均下降 1 个百分点，新车市场渗透率为 31%，与全国汽车总销量排名第三、保有量排名第二的位次明显不符。

1. 产业政策方面

印发《成都市促进新能源汽车产业发展实施意见》，已制定《成都市新能源汽车换电模式应用试点实施方案》《成都市智能网联汽车道路测试与示范应用管理规范实施细则（试行）》，正在编制《成都市新能源和智能网联汽车产业发展规划（2023—2030 年)》。

2. 链主企业方面

推动与比亚迪、长城签署战略合作协议，促成四川发展重组成都客车、一汽大众分转子和捷达品牌总部落地，推动沃尔沃极星 3、吉利极氪 3、重汽成商新能源重卡项目落地，新签约落地沃尔沃纯电新车型及成都基地升级（见专栏 4 - 5）、丰田全新 SUV 等 8 个高能级项目，总投资近 200 亿元。

3. 公共平台方面

已聚集研发、测试、认证等公共平台 38 家，其中国家级 11 家。新落户一汽大众数字化研发中心、重汽新能源重卡研发生产平台。支持国家汽车零部件质量监督检验中心、国家环保机动车污染控制实验室、通标标准、超凡知识产权等公共平台发挥产品准入、质量鉴定、标准认证等方面功能。

4. 产业基金方面

谋划组建总规模 100 亿元、首期 15 亿元的汽车产业专项基金。引导成都产业集团、四川发展、成都交投集团、经开龙雏基金、一汽产业基金等参与产业链项目招引培育，已参与中创新航、蜂巢能源、成客重组、金琥汽车等项目。

5. 人才引育方面

评定成都产业链人才 28 人，建立产业专家库。聚焦智能网联、"三电"、芯片等核心领域，梳理出行业国内领军人才 85 人重点招引，高新区引入院士领衔的国家智能网联创新中心，中关村高端领军人才宣奇武博士在龙泉驿区成立阿尔特汽车公司。

6. 中介机构方面

推动汽车产业联盟在政企沟通、供需对接、区域合作、市场拓展等方面发挥作用，吸纳德眉资重点汽车企业"入群"，帮助大运、重汽成商签订 3000 辆轻卡订单，推动 200 辆重汽电动重卡外销蒙古矿业公司，开展产业链供需对接活动。

7. 产教融合方面

依托 11 家本土高等、高职院校开展创新研发、成果转化、人才培养等合作，推动川大钛双极板在燃料电堆领域应用，电子科大"车包包"项目在检验检测领域应用，交职院与车企建立"工匠大师"工作站。

8. 区域联动方面

推动成渝和都市圈城市建立协同发展机制，成渝零部件企业进入对方配套体系，德眉资零部件企业进入成都整车配套体系。推动成渝氢走廊建设，建成 22 座加氢站，推广一批燃料电池汽车示范应用。

专栏 4-5

成都经开区（龙泉驿区）新能源汽车产业发展经验

成都经开区已经聚集一汽大众、一汽丰田、东风神龙、沃尔沃等整车企业 10 家，零部件企业 500 余家。2022 年，龙泉驿区整车产量 98 万辆、汽车产业产值 1541 亿元，其中新能源汽车 4 万辆、同比增长 36%。在汽车"引擎"的推动下，全年完成地区生产总值 1545.7 亿元，区域经济总量连续 10 年位居全省县级行政区首位。

1. 优化产业空间布局，南北错位协同共进共兴

龙泉驿汽车城片区作为全区制造业载体空间，也是最具竞争力的产业核心功能区，正加快推进产业建圈强链、转型升级。南区通过"腾笼换鸟""清低清闲""筑巢引凤"，为产业转型提供承载空间。北区以发展智能网联汽车和车载电子信息为主，并预留重大项目承载空间。同时，围绕"三横"（驿都大道、成龙大道、机场高速）"两纵"（汽车城大道、五环路）"一带"（东风渠）沿线重要城市节点，进行系统策划规划，打造产业布局清晰、城市形态优美、识别度高的现代产业园区。

2. 加快导入新车型，助推汽车产业绿色转型

大力引导支持现有整车企业导入新能源车型，推动多品牌新车型投产上市，力争全年实现新能源汽车产量突破 10 万辆。极氪等 4 款新能源车型成功导入。"一汽丰田全新 SUV 项目"签约，一汽丰田将对成都工厂进行绿色制造工厂升级改造，并导入搭载丰田最新混合动力系统的 SUV 车型，预计年产量可达 3.6 万辆。沃尔沃汽车纯电新车型及成都基地在产车型优化升级项目签约，沃尔沃汽车将在成都基地投放一款全新的高端纯电车型。

3. 加快推进重大项目，奋力打造制造强区、开放高地

全面建成中德智能网联四川试验基地封闭测试场，完成约 160 公里智能网联汽车开放测试道路改造，开展首批自动驾驶车辆测试，获批车联网直连通信频段运营授权、车联网身份认证和安全体系建设试点。秦川物联网获评国家级智能制造示范工厂，领吉汽车获批工信部"数字领航"企业，国家"两化"融合贯标试点企业达45 家。

（本专栏内容由成都市经济技术开发区汽车产业发展局提供）

第三节　生物医药产业发展模式与发展成效

一、成都生物医药产业发展概况

成都全力推进创新药产业链高质量发展，获批国家首批生物医药战略性新兴产业集群，产业规模达 683 亿元，在国内主要城市中大约排第 10 位，利税占高技术制造业的 42.2%，利税率高于成都工业 13.8 个百分点。五大专业园区加快发展，成都高新区在中国生物医药园区竞争力排名大幅跃升至第 3 位（见专栏 4-6），成都医学城获批国家新型工业化产业示范基地。落户阿斯利康等 6 家世界 500 强企业，3 家企业跻身中国医药工业百强，上市（过会）企业累计达 16 家、位居中西部第一，大输液、血液制品等拳头产品位居全国第一。建成国内首个重大新药创制国家科技重大专项成果转移转化试点示范基地，国家级创新平台达 37 个，平台齐全度名列国内前茅，新药安全性有效性评价、DNA 编码化合物筛选等技术达到国际先进水平。

二、成都生物医药产业发展模式及成效

（一）创新药产业

1. 体制机制方面

优化工作机制，全面落实"链长制"，按照"6 个 1"要求，制定落实年度推进方案，召开工作调度会、现场办公会，积极研究协调产业链推进中的重大事项和困难问题。深化产业研究，坚持国际化视野，对标波士顿、上海等国内外先进地区，分析国内外产业链现状和趋势，明确主攻领域，按照"8 个清"要求，编制"1+3+5"产业图谱。完

善政策体系，市级层面出台产业高质量发展实施意见、专项支持政策等，全生命周期支持创新药发展，相关区（市）县出台各自生物医药产业政策，构建起市区两级扶持政策体系。拓展圈链生态，落实唱好"双城记"、打造"都市圈"等重大战略，推动相关功能区与重庆生物城互派干部交流合作，与广安共建"双飞地"园区，与眉山共建成眉同城大健康产业先行示范园。

2. 创新策源方面

打造高能级创新平台集群。坚持争取国家布局和引育龙头机构双轮驱动，新增生物靶向药、同位素及药物、精准医学中心等国家级创新平台，转化医学国家重大科技基础设施、华西海圻、药明康德等重大创新平台建成投运，新引进查士利华等创新链重大项目，全国领先的新药研发服务中心加速构建。全力推进重大成果转化。依托重大新药创制国家科技重大专项成果转移转化试点示范一期项目，聚集 81 个Ⅰ类新药在内的在研药品 139 个，突破新药研发及转化核心技术 29项，获批生产创新药 52 个。瞄准高校院所搭建成果转化平台，支持企业技改创新，推动川大生物治疗国家重点实验室 20 余个成果在蓉转化，2022 年成都 139 个药品获批生产、占全省 69.2％，154 个药物加快临床试验、占全省 85.6％。

3. 强链补链方面

着力锻长板。聚焦血液制品、疫苗等优势领域，坚持存量企业提能与增量项目引进并重，推动蓉生、蜀阳扩能项目投产，成都成为国内最大血液制品生产基地，聚集中生、科兴等 9 家疫苗企业，产品覆盖肺炎、狂犬病、破伤风、流脑、宫颈癌、超级细菌、新冠病毒等多个领域。抢占前沿赛道。瞄准抗体药、细胞/基因治疗、核医药等领域，抢先布局，精准发力。科伦 9 款抗体偶联药物与默沙东达成 118 亿美元合作，创下创新药"出海"中国纪录，优赛诺异体通用型 CAR－T 细胞治疗药获国家颠覆性技术创新大赛优胜奖，康弘、至善唯新等企业的基因治疗药获批临床试验，全球第二条万居里级钇－90〔90YCl3〕核素生产线在纽瑞特公司建成投产。

4. 企业引育方面

全力招大引强。瞄准高端制造、重大平台、区域总部等关键环节，赴北京、上海、深圳、苏州等地拜访波士顿科学等目标企业，新引进科兴等 26 个项目、总投资额 512.1 亿元。促建重大项目。开展重点项目"送服务，解难题，促建设"专项行动，实施了总投资 684.1 亿元的 51 个重大项目，硕德药业等 7 个项目竣工投产。强化企业培育。实施链主链属企业梯度培育工程，倍特药业在全国医药工业百强榜中排名跃升 21 位，新绿色药业等 10 家企业成为首批四川省制造业"贡嘎培优"企业，近 3 年上市（过会）企业 10 家，营收、利税增长 30% 以上企业分别达 38 家、49 家。

5. 要素聚集方面

引育产业人才。围绕创新药的人才需求，加强领军人才引进和技能人才培养，"蓉漂计划"医药类人才达 318 人，占成都人才总数的 1/3；推动企业与四川现代职业学院联合培养技能型人才，已完成首届招生。突出资本赋能。推动组建医药类基金，支持科创投等基金投资创新药企业，成都创新药产业基金达 26 只，总规模 421.7 亿元，已投资威斯克、至善唯新等 22 家企业。做优专业服务。发挥国家级机构（协会）以及成都医药健康产业生态圈联盟、生物产业专家联合会等行业组织作用，助力项目引进、企业合作、研发创新，在蓉举办中国生物技术创新大会、成都国际医美产业大会等重大展会活动，带动一批项目签约落地。

（二）高端医疗器械产业

成都高端医疗器械产业规模 64 亿元，在体外诊断、生物医用材料、电生理、医疗设备、医疗人工智能等领域形成一定优势，迈克生物进入全国体外诊断行业前三强，南格尔等 9 家企业成为专精特新"小巨人"企业。建成国家生物医学材料工程技术研究中心、国家医疗器械监管科学研究基地、国家高性能医疗器械创新中心四川分中心等一批高能级创新平台。

1. 强链补链方面

围绕体外诊断、医疗设备、生物医用材料、医疗人工智能等重点领域，深化"链主聚链属，主链拓辅链"，着力锻长板补短板。体外诊断领域，迈克生物 IVD 产业园建成后，将新增多条生产线，进一步巩固行业龙头地位；国内体外诊断龙头东方基因项目开工，带动维康生物等链属企业落户成都。医疗设备领域，电生理龙头企业锦江电子完成超 7 亿元融资及交易，成为国产电生理行业规模最大的一级市场交易；美创医疗等离子手术体系获国家科技发明二等奖，通过扩大产品线布局，带动上海莱诺等企业来蓉发展；国内超声刀行业开创者厚凯医疗落户成都。生物医用材料领域，张兴栋院士团队研发的骨诱导性人工骨生物材料、国纳科技的纳米生物医用材料、青山利康的生物膜等产品国内领先；美益达可吸收颅骨锁实现产业化，填补高值耗材市场空白；奇璞生物、赛拉诺加快研发进程，推动心脏瓣膜领域国产替代。医疗人工智能领域，微识医疗获批上市中国首个消化内镜 AI 辅助诊断产品；博恩思打破手术机器人国外垄断，入选工业和信息化部"新一代人工智能产业创新重点任务"优胜单位；布法罗外骨骼机器人入选工业和信息化部人工智能与实体经济深度融合创新项目。

2. 企业引育方面

狠抓项目招引促建。瞄准链主企业和补链强链项目，组建招商专班，持续与国际医疗器械龙头企业波士顿科学、罗氏诊断等目标企业对接洽谈，"链长"带队赴深圳等地拜访迈瑞医疗等龙头企业，新签约世界 500 强 GE 医疗、国内体外诊断龙头企业金域医学检验、国内呼吸设备龙头企业航天长峰等 22 个高端医疗器械产业链项目，协议总投资 129.7 亿元。加快建设总投资 278.6 亿元的 24 个重大项目，推动世界 500 强企业美敦力胰岛素泵实现量产。梯度培育市场主体。以推动企业上市上榜、项目投产达产为抓手，落实专班服务机制，积极帮助企业协调解决困难问题。迈克生物营业收入突破 40 亿元，营收、利税增长 30% 以上的企业分别达 19 家、21 家，港通医疗、沃文特等 4 家企业上市（过会），美创医疗、青山利康、联邦医疗新获批专精特新"小巨人"企业。

3. 创新发展方面

突出高端平台引领。以国家战略与市场需求为指引，围绕产业链部署创新链，新获批同位素及药物国家工程研究中心等国家级创新平台。支持国家高性能医疗器械创新中心四川分中心联合企业实施 6 个重点研发项目，四川脑科学与类脑智能研究院实施 2 项科技部科技创新 2030 "脑科学与类脑研究"重大项目。支持企业研发创新。引导企业加大研发投入力度，促进成果转化，支持齐碳科技、质谱生物等企业实施纳米孔基因测序仪、体外诊断试剂及样本释放剂等重大科技创新和成果转化项目，2022 年，荧光 PCR 分析系统等 580 个医疗器械获批生产，占全省 76.7%。

4. 要素保障方面

强化人才支撑。聚焦细分领域靶向引进领军人才和核心团队，新引进戴尅戎院士等 9 个领军人才团队，遴选支持 10 名高端医疗器械产业建圈强链领军人才。强化金融支撑。成都高端医疗器械产业基金达 26 只，总规模 362.2 亿元，已投资倍益康等 7 家企业。强化载体建设。五大重点承载区域 2022 年完成基础设施投资超 35 亿元，在建医药健康类标准厂房面积约 183 万平方米，可入驻面积约 34 万平方米；在建孵化器约 101.92 万平方米，建成约 73.9 万平方米。

专栏 4 - 6

打造具有国际竞争力的生物医药产业新高地

　　成都高新区生物医药产业规模已连续 5 年保持 20％增长，2022 年产业规模达 1200 亿元，聚集了阿斯利康、海创药业等医药企业 3000 余家，累计上市及（过会）企业 10 家，聚集在研及上市 1 类新药 150 余个，已构建涵盖靶点发现、临床研究、中试生产到产业化的全生命周期功能平台 159 个、市场化程度超 80％。力争到 2025 年，创新药产业链规模突破 2000 亿元，成为成渝地区双城经济圈创新药物研发生产的核心聚集区和重要增长极、国内创新药物研发的重要创新策源地和主要人才栖息地、全球具有影响力和竞争力的创新药物研发新高地；高端医疗器械产业链企业超 1000 家，成为国内高端医疗器械研发制造高地。

（本专栏内容由成都市高新区生物产业局提供）

第四节　新材料产业发展模式与发展成效

一、成都新材料产业发展概况

成都新型材料产业链深入实施产业建圈强链，一方面围绕产业基础高级化加快培育高端产业的创新竞争优势，另一方面围绕产业链现代化持续提升对电子信息、新能源等重点产业的支撑能力，呈现出创新驱动引领、竞争力增强、规模持续扩大的发展态势。产业能级稳步提升。2022年，新型材料规上工业企业达766家，实现营收2207.85亿元，同比增长10.3%，规模稳居全国第二方阵前列。特色领域优势突出。拥有银河磁体、光明光电、泰美克、科美特等一批"隐形冠军"企业，培育专精特新"小巨人"34家、制造业单项冠军企业3家，数量居全国前十。产业竞争持续增强。电子特气四氟化碳市场占有率全球第一，粘结钕铁硼永磁材料全球市场占有率超25%；芳纶纤维、超高纯稀散金属等"卡脖子"材料实现进口替代，大面积碲化镉发电玻璃技术水平世界领先。创新资源加速聚集。国家级创新平台累计22个；国家新材料测试评价平台四川区域中心正式通过验收；在蓉材料领域两院院士8人，排名全国第六。

二、成都新材料产业发展模式及成效

1. 企业培育方面

制定"链主"标准，评选确定巨石集团、达威科技等12家链主企业以及玉龙化工、易态科技等6家上下游关联配套企业，制造业单项冠军和专精特新"小巨人"企业数量占成都新增数量的1/5以上，优势特色细分领域规上企业近800家。深入实施"六个一批"项目攻坚行动，围绕链主企业发展需求吸引一批关键配套型项目落地，2022年新签约引进重大项目33个，协议总投资809.1亿元，均位居成都重点产业链前3名，亿元以上重点项目70个，完成投资126.9亿元，超出全年计划的19.2%。

2. 公共平台方面

建设高分子材料工程等国家重点实验室和研究中心13家，省级创新平台 68 家。发挥在蓉高校院所富集优势，校企共建院士工作站 44 家，国家技术创新示范企业和省制造业"贡嘎培优"企业 13 家。加快中试基地建设，推动青白江文澜智谷中试平台和彭州大连理工成都研究院转化科技成果 50 余项。成都新材料产业功能区获批成都首家省级化工园区（见专栏 4-7），高端精细化学品承载能力不断增强。

3. 金融赋能方面

加大企业融资支持力度，已有 21 个包含了新型材料领域投资方向的专业基金，2019 年至今成都市新材料领域企业成功融资数量达 18 家，累计金额 333.6 亿元，数量和金额在成都主导产业中排名第一。支持企业上市融资，达威股份等 12 家 A 股上市企业市值占成都工业上市企业的 1/4。

4. 人才引育方面

深入实施"产业建圈强链人才计划"，依托在蓉新型材料领域两院院士，培育电子信息材料、高性能纤维及复合材料等细分领域产业领军人才 20 人，引进知名高校院所创新团队 24 个。编制发布《成都市人才开发指引》，动态发布人才需求清单，落实好人才住房、子女入学等服务保障。

5. 中介机构方面

组建成都市新型材料产业联盟，全年组织产业供需对接会等活动 10 余场。国家新材料测试评价平台区域中心通过资源整合，汇聚设备价值超 20 亿元，为成德眉资地区约 500 余家企业提供测试评价服务，开展技术服务专题培训。

专栏 4-7

成都彭州市高质量推进新材料产业建圈强链

彭州市做强新材料产业极核，充分发挥主要承载地引领示范作用，打造中国有机新材高地，催化激发新材料产业生态圈新动能。

1. 全力推动制造业招大培优，巩固产业发展"强链"

组建新材料产业链招引专班，依托彭州市特色资源禀赋、现有标准厂房、人才公寓开展产业链精准招商。2022年，彭州市新签约引进亿元以上先进制造业项目 24 个，总投资 323 亿元。强化重点企业培育，深入实施"链主企业带动工程"和专精特新中小企业培育行动，造就一批链主企业和行业领军企业，推动本土企业不断做大做强。推动华融化学在深交所成功上市；累计培育工信部国家级专精特新"小巨人"企业 3 家、省级专精特新企业 26 家。

2. 大力推进"校院地"协作创新，打造行业发展"新链"

瞄准全国一流大学，大力推进与大连理工大学、北航成都研究院等院校的合作，共建高品质创新平台。累计建成成都市级以上企业创新平台 54 个，其中国家级 2 个，省级 30 个。探索"先中试、后孵化"模式，加快实施锂电氢能、智能制造等高能级项目，助推国家新一代人工智能创新发展试验区建设。

3. 奋力突破断点堵点卡点，连接行业发展"断链"

指导企业开展各级科技创新项目 80 余项。推动华融化学研发生产电子级氢氧化钾、电子级盐酸等湿电子化学品；推动绿氢电极与材料技术领跑者莒纳科技成功研发核心产品"碱液催化电极"，"彭州造"碱液电极正式诞生，为碱液制氢降本提效提供了解决方案。

（本专栏内容由成都彭州市经济科技与信息化局提供）

"彭州芯"电解水制氢系统填补国内空白①

第五节　美食餐饮产业发展模式与发展成效

一、成都美食餐饮产业发展概况

成都美食餐饮产业依托郫都、新津、邛崃等产业核心区域，做强方便休闲食品、调味品、优质白酒、健康饮料、农副食品加工等领域，不断提升产业规模能级。2022年，成都绿色食品规上工业企业营业收入1492亿元，居副省级城市第四；实现利税523.4亿元，居五大先进制造业首位，增幅达19.1%，高于成都工业10.5个百分点；调味品等特色领域居全国第一方阵。新希望控股集团成为四川本土首家世界500强，3家企业进入中国食品百强榜，4家企业获评国家级绿色工厂，居副省级城市第三。

---

① 张晓舟：《"成都氢谷"再添硕果，"彭州芯"电解水制氢系统填补国内空白》，红星新闻网，https://baijiahao.baidu.com/s? id=1762952281674365209&wfr=spider&for=pc。

二、成都美食餐饮产业发展模式及成效

1. 企业引育方面

强化链主企业培育，聚焦细分领域，遴选中粮（成都）粮油、天味食品、白家阿宽、水井坊、新华西、中粮可口可乐和希望食品等7个链主企业，建立服务专班，实施"一企一策"培育，2022年，链主企业营收平均增速超过10％。开展中小企业能力提升行动，推动圣恩生物、环太生物等26家企业获评省级专精特新企业，顺牛酒业、蜀之源酒业等5家企业获评"首届四川省原酒生产企业20强"。强化优势项目招引促建，建立目标企业招引清单，实施上门招商，引进元气森林、联拓全国总部等高能级项目50余个；同时，加快推进40个重大项目建设，完成投资101.3亿元，同比增长74％。

2. 创新平台方面

坚持以创新链促进产业链发展，推动高校院所与龙头企业深入开展产学研合作，推动设立川菜产业研究院、预制菜研究院等研发机构，打造重点实验室、技术中心等省级以上创新平台46家，建成中国首个食品腐败微生物数据库。支持企业开展关键技术攻关，液氮瞬时锁鲜技术、小榨浓香菜籽油加工工艺等专利技术达到国际国内领先水平，传统特色肉制品标准化加工关键技术与装备研发等创新成果获省科技进步奖。促进研发成果转化，推动新希望乳业公司与省乳业重点实验室合作开发明星菌株，支持科技成果在蓉转化，相关乳酸菌已应用于10余款产品。

3. 要素聚集方面

提升人才保障水平，实施"绿色食品产业建圈强链人才计划"，遴

选出 20 名产业领军人才，29 名食品产业人才被授予"成都工匠"荣誉称号，支持龙头企业创建博士后科研工作站、博士后创新实践基地，每年培养研究生人才近 200 名。提高资金赋能作用，组建首期 21 亿元的产业发展基金，推动成都 10 家机构投资 12 家食品企业，支持 19 家绿色食品企业进行股权融资 7.1 亿元。发挥成都市食品工业协会、四川省预制菜产业联盟、成都酒庄联盟等中介组织的作用，支持举办糖酒会、方便速食博览会等展会活动，组织企业赴德国、日本等地"出海抢单"，助力企业拓展市场。

4. 生态培育方面

抢抓成渝地区双城经济圈建设等多重战略，在更大范围构建绿色食品产业生态体系（见专栏 4-8）。推动食品企业在巴基斯坦、俄罗斯等地建成约 30 万亩原辅料种植基地，在东京、洛杉矶等城市建立川菜海外推广中心。与重庆共同打造成渝特色美食产业带，共建川式调味品协同创新中心等公共平台。编制成都都市圈白酒产业发展规划，合力打造白酒优势产区、白酒融合发展区和白酒文化中心。支持发展"食品＋农业""食品＋旅游""食品＋文创"等新业态，建成川菜小镇、中国白酒文化主题村落等产业融合项目。推进食品产业数字化改造升级，完成 50 家传统食品企业数字化免费诊断，支持企业打造数字化车间和智能工厂，天味食品、杨国福食品等建成智能工厂，元气森林建成首座数字化碳中和工厂。

专栏 4-8

瞄准预制菜赛道　成都新津绿色食品工业产值超 180 亿元

新津区作为成都市绿色食品产业链的主要承载地，聚集了中粮食品、新希望食品等绿色食品上下游链主、链属企业 70 余家。2022 年新津全区绿色食品行业产值达到 167 亿元，占成都市食品工业产值的 11.4%，规模以上工业企业达到 35 家。经过多年发展，在新津初步构建形成了"综合种养-食品加工-冷链运输-展销体验"的绿色食品全产业链。

1. 携手链主企业完善产业链条

发挥中粮集团等绿色食品产业的"龙头链主"汇聚作用，通过供应链共享，吸引了桃李面包、麦王食品、沈师傅等上下游、左右岸企业集群集聚、"链式"发展，诞生了以美好、伍田为代表的一批知名本土食品企业，成功跻身成都市绿色食品产业的重要承载地，绿色食品作为新津重要优势支柱产业，也成了川渝地区乃至全国绿色食品产业的一张亮丽名片。

2. 搭建"一系列公共平台"

加快推进天府农博岛高品质科创空间建设，积极争取国家级重大产业技术创新平台建设，促进校企地深度合作。启动"成都绿色食品海归创新工作站"，旨在搭建绿色食品产学研用深度融合平台和招才引智平台，从新津起步、引领全市从事绿色食品产业的海归人才，借助中农大四川研究院全国一流的研发平台、中试场景，链接全球资源，畅通科技成果转化渠道，持续推进"川字号"农产品在川转移转化。

3. 构建"数字赋能＋反向定制"生产模式

打造绿色食品加工新方式，着力打造一批"共享工厂""开放车间"，新津绿色食品企业的产业链和价值链也正在"智能制造＋工业互联"战略下不断得到提升。研发数字化，研发时间、口味更可控。生产数字化，生产过程更透明。菊乐大力推动"智慧工厂"的建设，旨在实现表单 100% 无纸化、设备维护率降低、业务流程自动化等目标。质量管理数字化，食品安全更有保障。希望食品通过在 Oracle 系统里打通销售、采购、制造、仓储等数据，实现了产品"一批一码"全过程可追溯。

4. 建立"一揽子产业基金"

新津已参与设立新消费基金、肆壹伍基金等多只基金。其中新消费基金由新津区与新希望旗下草根知本合作成立，总规模 10 亿元，主要投向绿色食品行业及泛食品饮料行业的成长期、成熟期企业；肆壹伍基金总规模 13.5 亿元，由深圳网聚发起设立，主要投向泛食品饮料行业的成长期、成熟期企业。

（本专栏内容由成都市新津区委宣传部提供）

新津积极培育壮大绿色食品及供应链系统[①]

第六节　文创旅游产业发展模式与发展成效

一、成都文创旅游产业发展概况

成都坚持强链条、育企业、建平台、优金融、重服务等多向发力，

---

① 图片由新津区融媒体中心提供。

推动文创产业蓬勃发展。成都文创产业增加值从 2018 年的 1172.9 亿元增长到 2022 年的 2261.3 亿元，年均增幅达 17.8%，占 GDP 的比重由 7.6% 提升至 10.9%，已成为成都新兴支柱产业。规上文创企业近 3 年年均增长近 200 家，达 2798 家，招引了腾讯未来中心、字节跳动创新业务中心等一批优质文创项目，培育了乐狗科技、艾尔平方等一批优质文创企业，涌现出《王者荣耀》《哪吒之魔童降世》等一批现象级作品。总的来看，成都文创产业发展潜力巨大，增长势头强劲，处于全国同类城市第一方阵。

成都旅游业围绕建设世界旅游名城目标，大力实施产业建圈强链，总体实力始终保持全国第一梯队，城市旅游竞争力位居副省级城市前列，国际影响力和美誉度显著提升。2021 年成都旅游总收入 3085.19 亿元（副省级城市第一）；成都旅游接待总人次 2.05 亿人次（副省级城市第三）；成都高能级旅游龙头企业达到 25 家，位居副省级城市第四；高能级旅游资源品牌 23 个，位居副省级城市第一，获评首批国家文化和旅游消费示范城市（全国 15 个，西部仅成都、重庆、昆明入选），文旅产业高质量发展情况被国务院办公厅督查激励（全国 15 个，西部仅成都和重庆入选）。"中国古都城市国际影响力"位居第三，仅次于北京、西安；被世界旅游联盟评为"中国最受全球旅客欢迎的十大旅游目的地"，入选美国《国家地理旅行者》杂志推出的 21 个"全球最佳旅游目的地"。

二、成都文创旅游产业发展模式及成效

（一）文创产业

1. 项目招引方面

坚持以传媒影视、创意设计、音乐艺术、动漫游戏等八大领域为

重点，梳理国际国内链主企业战略布局、产业基金分布和项目承载地资源现状，编制"两图一表"（产业链全景图、产业生态发展路径图、重点企业和配套企业名录表），促进产业链稳定发展。近 3 年先后招引网易成都研究院、A8 网文影视视听基地等高能级项目 60 余个，建成西部文化产业中心、网络视听高品质文创空间等项目 10 余个，重大项目招引保持快速增长。

2. 企业培育方面

坚持引优育强，积极开展文创企业上市培育，用好天府文创云平台，推动更多企业"上规、上市、上云、上榜"。截至 2022 年底，成都有标上（含规上）文创企业 7500 余家，有腾讯科技（成都）、索贝数码等文创链主企业 20 家，川网传媒、迅游科技等上市企业 21 家，入选全国文化企业 30 强 1 家（四川新华出版发行集团有限公司），形成头部企业引领、骨干企业支撑、中小微企业协同的产业集群。

3. 空间打造方面

坚持打造高能级产业载体，推动产业集群成链发展，初步构建以天府数字文创城等 3 个主要承载地、三国创意设计产业功能区等 3 个协同发展地为支撑的"3＋3"产业承载地，成功打造青羊绿舟文化产业园等 17 个国家级、锦江文化创意产业园等 23 个省级、瞪羚谷数字文创园等 40 个市级园区（基地），形成以集聚区、园区为引领的文创产业新格局。

4. 金融赋能方面

坚持构建高效金融服务体系，赋能文创产业高质量发展。成立文创银行，创新推出"文创通"贷款产品，累计支持企业 340 家，授信额度超 33 亿元。每年安排 1.75 亿元的文创产业专项资金扶持文创优质项目。设立市文创产业投资基金，签约子基金 10 只，撬动资金规模近 40 亿元，连续 2 年荣获"中国文化产业十佳政府引导基金"。

5. 服务效能方面

强机构，成立成都数字文创产业联盟、成都市版权协会等文创业协会机构 7 个，专业服务水平大幅提升。育人才，组织企业申报各级人才专项计划，1 人入选四川省天府文化领军人才，10 人入选成都市文创业领军人才，累计培训各类文创从业人员 12 万余人次。优环境，出台《成都市文化创意行业"促发展保运转"纾困扶持若干措施》等政策，千方百计为企业搭平台、聚资源、降成本，成立企业服务专班，深入园区 76 个、帮助 343 家企业解决融资难题。

(二) 旅游产业

1. 企业引育方面

聚焦文旅"新赛道"，引进德国途易、中旅集团等国内外链主龙头企业 10 余家，培育四川旅投、明宇实业等 6 家企业冲上"全球酒店集团 50 强""中国旅游集团 20 强"等高能级榜单。全省 17 家省级文旅优秀龙头企业有 12 家在成都注册。

2. 平台建设方面

聚焦提升创新功能，推动李冰创意旅游产业功能区建设国家级旅游科技示范园区试点，建成四川沉浸式旅游创新发展研究中心等 4 个区域级创新平台，搭建成都国际文化和旅游展、成都创意设计周等 9 个国家级和区域级文旅公共平台。

3. 金融赋能方面

聚焦企业投融资需求，引导成都交子产业基金等政府投资基金加大对文旅项目投入，利用资金规模达 10 亿元；依托成都市文化产业发展促进中心等 3 个市级文旅金融服务中心，释放合作机会 100 亿元以上；安排市级旅产资金 8100 万元，撬动投资 20 亿元以上；争取地方政府专项债、国家政策性金融补贴资金约 9.2 亿元。

4. 人才引培方面

聚焦高端人才支撑，实施旅游产业建圈强链人才计划，引进携程副董事长张国强、华侨城西部董事长张靖等领军人才 13 人。创新开展项目制培训，培训文旅技能人才 2.84 万人次。

5. 中介机构方面

聚焦优质资源整合利用，成立成都文旅运动产业联合会，搭建政产学研用融服务平台；促进中国文化艺术政府奖第四届动漫奖等高能级节会项目落地成都。

6. 产品构建方面

聚焦游客高品质消费需求，成功创建安仁国家 AAAAA 级旅游景区、大邑县西岭雪山国际旅游度假区（见专栏 4-9）、梵木国家级文化产业示范园区等 10 个高能级文旅品牌，建成成都融创文旅城等 3 个市级文旅消费新业态示范区和云顶水乡旅游度假区等 10 个示范项目，推出各类新场景及主题旅游目的地 457 个。

专栏 4-9

聚焦"庄园文博、雪山温泉"品牌效应

成都大邑全力打造文旅发展新标杆

大邑县以获评"天府旅游名县"为新起点，深入挖掘特色文旅资源，增强优质旅游产品供给。西岭雪山成功入选全国首批国家级滑雪旅游度假地，安仁古镇成功创建国家 AAAAA 级旅游景区。2022 年，共接待国内游客 1464.65 万人次，国内旅游收入 85.08 亿元。"天府旅游名县"这块金字招牌，不断推动着大邑文旅高质量发展。

安仁古镇通过实施"博物馆＋实境演艺＋旅游消费体验"策略，打造"今时今日安仁"沉浸式实境演艺、"川•乐安仁"公馆实景秀等演艺体验消费博物馆综合体；此外，还打造了方知书房、杨薇的茶等生活美学体验博物馆综合体，华公馆精品博物馆、《国家宝藏》首个线下体验馆文博展示交流体验综合体等系列文旅体验综合体，以推动大邑文博、文创、文旅"三文融合"发展。

西岭雪山-花水湾旅游度假区是川西旅游环线和龙门山功能区重要的旅游目的地，依托西岭雪山景区丰富的冰雪资源，借助"窗含西岭千秋雪"的文化影响，大邑大力发展冰雪运动、冰雪演艺、冰雪文化产业，着力打造"冰雪＋"旅游消费场景，引进雪地摩托车、雪上飞碟等雪季游玩项目。

围绕古海温泉资源，打造温泉旅游产品。聚焦花水湾温泉度假区古海水温泉资源，以家庭亲子、商务群体为两大核心客群，引入温德姆等国际品牌，实施"温泉＋亲子乐园""温泉＋康养美容"等项目，建成中铁温泉度假酒店、豪生温泉酒店等 3 家国际高端酒店。

《聚焦"庄园文博、雪山温泉"品牌效应 成都大邑全力打造文旅发展新标杆》，四川省文化和旅游厅网，https://wlt.sc.gov.cn/scwlt/hydt/2022/9/1/a9b22e131d70421e9ebbbb4bc3353254.shtml。

第五章

成都市在发展战略性新兴产业上
精准发力

　　战略性新兴产业，是以重大前沿技术突破和重大发展需求为基础，对经济社会全局和长远发展具有重大引领带动作用的产业。在《国务院关于加快培育和发展战略性新兴产业的决定》中把节能环保、新一代信息、生物、高端装备制造、新能源、新材料、新能源汽车等作为现阶段重点发展的战略性新兴产业。

　　习近平总书记指出，战略性新兴产业是引领未来发展的新支柱、新赛道。党的十八大以来，我国战略性新兴产业蓬勃发展，新兴产业增加值在国内生产总值中占比已超过13％。锂电、光伏、新能源汽车等重点领域创新突破不断加快，成为经济高质量发展的重要支撑。习近平总书记多次作出重要指示要求：在陕西，要求当地要勇于开辟新领域、新赛道，培育竞争新优势；在江苏，指出要不断以新技术培育新产业。2023年12月召开的中共中央政治局会议再次指出，要大力推动现代化产业体系建设，加快培育壮大战略性新兴产业、打造更多支柱产业。工业和信息化部启动国家先进制造业集群培育提升工作，推动战略性新兴产业集群式发展。国务院国资委部署央企产业焕新和未来产业启航等专项行动，聚焦新一代移动通信、人工智能、新材料等15个重点产业领域方向的布局建设。

　　成都市将突出新型工业化主导作用，坚持增量存量两端发力、规模质量同步提升，推动优势产业高端化、传统产业新型化，着力提升制造业产业竞争力、区域带动力、品牌影响力，加快建设制造业高质量发展示范区。产业培育上，成都将持续壮大轨道交通、航空航天、绿色低碳、现代种业等战略性新兴产业规模，持续培育无人机、北斗卫星等 12 个省级战略性新兴产业集群，用 5～10 年时间培育为战略性新兴产业，塑造产业引领新优势。

第一节　集成电路产业发展模式与发展成效

一、成都集成电路产业发展概况

在国家集成电路产业规划布局中，成都重点发展特色工艺、化合物半导体和封装测试等领域。2022 年，成渝地区电子信息先进制造集群获批全国首个跨省域先进制造业集群，成渝正联合打造"中国芯"高地。成都拥有集成电路企业超过 270 家，培育 29 家国家专精特新"小巨人"企业，数量居全国第三，在通信计算、化合物半导体、网络安全等领域国内领先，初步形成 IC 设计、晶圆制造、封装测试、装备材料等较为完整的产业体系。2022 年成都集成电路产业按照"补制造、强设计、扩封测、延链条"的思路，实现营收 516 亿元，同比增长 17%，保持全国第八。其中，设计业实现营收 213 亿元，居全国第八，增速 55%居全国第二；制造业实现营收 71 亿元，未进入全国前十；封装测试业实现营收 201 亿元，保持全国第五。

二、成都集成电路产业发展模式及成效

（一）企业引育方面

着眼"头雁引领群雁飞"，以 6 个现有和拟培育链主企业为主抓

手，推动全产业链做大做强。"补制造"有序推进，聚集企业 6 家，某半导体正加快建设 12 英寸数模混合芯片制造产线，某半导体首批具有国际先进水平的存储晶圆顺利出片。"强设计"初显成效，聚集设计企业 208 家，其中营收过亿元企业新增 10 家达到 35 家，成都海光营收近 50 亿元，同比增长 50%，锐成芯微等 4 家企业产品入选 110 个"中国芯"。"扩封测"蓄势待发，聚集企业 22 家，德州仪器顺利扩产，营收增长近 50%。"延链条"加快布局，聚集装备材料、模组企业 30 余家，莱普科技成功研发世界首台 12 英寸 3D NAND 激光退火设备、国内首台 12 英寸 DRAM 激光退火设备。2022 年成都新引进重大项目 19 个，投资额超过 600 亿元。

（二）公共平台方面

以成都芯谷（见专栏 5-1）、国家集成电路产教融合平台等 3 个国家级平台为核心，56 个高能级创新平台为支撑，形成"3+N"公共平台体系，其中综合类平台 47 个、设计类 7 个、制造类 1 个、封测类 4 个。推动建设西南交大-中车时代微电子学院，丁荣军院士出任首任院长，着力打造国内顶尖、国际一流的大功率半导体器件科研创新平台。"揭榜挂帅"引进科学家团队，功率半导体研究院、先进封测研究院等新型研发机构启动运营。

（三）产业基金方面

坚持资本赋能企业，以成都重产基金为龙头，联合国家、省及区县基金组成方阵，近 3 年投资项目 40 余个近 200 亿元，战略参与紫光集团重整。强化金融服务支撑，通过"流片贷""壮大贷"向近 30 家企业投放贷款 4.5 亿元。思科瑞微电子、海光信息成功登陆科创板，成都华微科创板 IPO 首发过会。

（四）领军人才方面

遴选支持产业链领军人才 20 名。成功策划举办"蓉芯人才"深圳行、上海行等活动，预计将为电子科大、微光集电等近 60 家企业、高校院所签约引进紧缺人才超过 300 名，同时积极促成国家人才计划专家陈少强等领军人才团队来蓉建设硅光技术研究院等产业载体。

（五）中介机构方面

依托成都集成电路行业协会、电子信息产业生态圈联盟，积极对接赛迪研究院、中国半导体行业协会等机构，联合编制产业白皮书、人才白皮书。成功举办成渝电子信息协同发展研讨会（半导体）等品牌展会，组织开展供应链、资金链等活动。全面梳理企业流片的工艺、线宽、数量等需求，抱团出海争取中芯国际、华虹等上游产能，缓解企业流片问题。

> **专栏 5-1**
>
> ### 成都芯谷打造具有国际竞争力的创智生态芯城
>
> 位于成都市双流区的成都芯谷规划面积 37.6 平方千米，是国家级"芯火"双创基地，是全市电子信息和人工智能产业生态圈的重要承载地，深耕集成电路、高端软件及工业互联网、网络安全和人工智能 4 个细分领域。成都芯谷拥有"四上"企业 58 家、高新技术企业 24 家、国家专精特新"小巨人"企业 2 家、省级专精特新企业 4 家、创新平台 16 个。成都芯谷的发展路径：一是围绕"人城产"发展逻辑，塑造产城空间形态。二是围绕"新赛道"战略布局，深化产业强链补链。三是围绕"产学研"深度融合，构建

产业创新生态。四是围绕"专业化"服务导向，重组政企共营机制。

成都芯谷引进瓴盛科技制造 SoC 芯片 JA310

（本专栏内容与图片均由成都市双流区芯谷管委会提供）

第二节　新型显示产业发展模式与发展成效

一、成都新型显示产业发展概况

成都市新型显示产业近几年持续保持年均不低于20％的增长态势，构建起了从玻璃基板、掩膜版、偏光片到面板制造，再到手机、平板电脑、车载显示等终端应用的产业链，实现产业链完善度71％、同比增长21％，产业配套率38.9％、同比增长17％。全球一半以上的 iPad 和近一半的高端柔性屏在成都生产，主营收入占全国15％，是国内新型显示产业"十字形"空间布局构架上的重要一极。2022年，实现营收623亿元、同比增长3.5％，占全国15％。据赛迪研究院发布的《中国新型显示产业高质量发展指数（2023年)》，成都凭借"柔性屏出货领先，产业链健全"，跻身全国前三强，同时人才供给位列第四，为我国新型显示产业培育了大量人才。此外，成都出台了《新型显示产业高质量发展规划》，还制定了新型显示产业专项政策及其实施细则、申报指南，获批了国家级"超高清视频制造业创新中心"，获得了以新型显示为重要内容的国家级"成渝地区电子信息先进制造集群"，签约了全球首条 TFT 基 Micro - LED 生产线等重大项目，成功举办了 2022 世界显示产业大会，吸引了全球 85% 以上的企业参会参展，实现了项目签约和上下游交易 2 个"一千亿元"。

二、成都新型显示产业发展模式及成效

（一）链主企业方面

扩大产业规模，加快推进链主企业的京东方大尺寸 OLED 显示面板产线项目落地（见专栏 5 - 2），项目建成后成都的显示产业规模将进一步壮大。强化配套，促进亚通达（光学胶）、中嘉微视（光学检查设备）、拓维高科（掩膜版清洗）、路维光电（掩膜版）等 50 余家企业进入京东方供需体系，链主企业的供应链将进一步提升。聚焦短板，着力推动瑞波科 OLED 高机能材料项目（总投资 30 亿元）、思越智能显示及半导体 AMHS 国产化装备生产及 IPO 总部项目（总投资 30 亿元）等链属企业落地，加快推进京东方车载显示基地项目（总投资 100 亿元）建设，链主企业的产业链将进一步完善。

（二）创新平台方面

依托国家级"超高清视频制造业创新中心"及"世界柔谷"建设（见专栏 5 - 2），打造共性技术平台、测试验证平台、中试孵化平台、行业支撑服务平台，联合京东方、索贝、中科院光电所、峨眉电影等开展"空天地海"等多场景应用研究，加强行业赋能。协同专业技术平台建设，围绕

京东方等链主企业及极米科技等国家级专精特新企业，建成 OLED 工艺技术、平板显示玻璃基板（TPT）制备技术、新型显示器件超精密工程技术、新型功能光学薄膜制造等关键共性技术平台，夯实创新协同载体。

（三）基金赋能方面

强化"技术＋资本"的融合，发挥产业基金作用，与芯动能、鼎兴量子等 10 余家知名投资机构合作，全面推进招投一体，促进辰显光电、瑞波科、思越智控等 9 家企业落户成都。促进银行向企业贷款，通过金融产品"壮大贷"支持中小微企业降本增效，向奥希特、蓝景光电、晶华光电、艾宇光电 4 家企业贷款 8071.1 万元，协调晶华光电、超纯应用、菲斯特 3 家企业股权融资 1.1 亿元。引导企业挂牌上市，路维光电、翰博高新、奥希特、冠石科技 4 家专精特新企业，均以成都为主要生产基地而成功上市。

（四）人才引育方面

出台《成都市进一步促进新型显示产业高质量发展的若干政策》，对年收入超过 100 万元、200 万元、300 万元的新型显示技术人才，分别给予 20 万元、60 万元、100 万元的奖励，引导专业人才汇聚成都。围绕链主企业、链属企业和招商引智企业 3 个方面，遴选出京东方杨国波等 11 名新型显示产业领军人才，形成"引进一名领军人物、落地一个重大项目，集聚一批优秀人才、带动一个产业发展"的良好态势。通过"岷山行动"开展招才引智，促成"有机电子与信息显示国家重点实验室"执行副主任赖文勇（国家万人计划科技创新领军人物）与成都京东方达成合作意向，来成都开展柔性电子技术研究。

（五）中介机构方面

发挥专业机构作用，全方位服务产业。联合成都显示行业协会，召开"成都新型显示企业座谈会"，切实解决天马、虹宁等 15 家企业在生产经营活动中的各类问题困难。会同四川超高清产业联盟开展"全国'百城千屏'活动推进会"，形成超高清显示产品的应用场景，满足显示产品无处不在的社会需求。支持柔性电子发展联盟举办"全球柔性电子产业创新创业大赛"，吸引美国、英国等 6 个国家和地区的 228 个项目参赛，对超薄柔性玻璃一次成型技术等 6 个创新获奖项目给予"启动资金支持、风投机构股权投资"等落地政策扶持，激发产业创新氛围。

专栏 5 - 2

聚力科技自立自强打造世界级"柔谷"

柔性电子是国家实现高水平科技自立自强的重要一环，也是成都高新区重点开辟发展的"新领域新赛道"。成都高新区新型显示产业龙头企业柔性面板在全球柔性终端产品市占率超 20%，柔性显示产业发展水平居全国第一、世界前列。

1. 以赛为媒，推动优质项目落地见效

举办第四届"金熊猫"全球柔性电子产业创新创业大赛，给予获奖团队包括"启动资金支持、风投机构股权投资、创业空间支持、落地配套奖励、竞赛衔接、人才引进、入驻专项创新中心"等落地政策扶持，吸引北京、上海、广东、深圳、浙江等国内省市以及英国、新加坡、俄罗斯、美国等海外地区的 228 个项目参赛，涉及新材料、柔性传感器、柔性印刷、终端应用、柔性智能穿戴等柔性电子产业链相关环节。

2. 发挥"链主"作用，做强新型显示产业

围绕京东方、天马、莱宝高科、路维光电等新型显示龙头企业，以链主企业为引领，推动上游供应商来成都投资建厂，共同壮大成都高新区新型显示产业朋友圈。发挥京东方等链主企业主引擎作用，打造以柔性显示为核心的上下游产业项目集群，吸引了出光电子、LG 化学、中光电、华兴源创、TCL、OPPO 等一大批上下游企业。

3. 塑造发展新动能新优势，打造世界级"柔谷"

围绕柔性电子产业不断塑造发展新动能新优势，聚力科技自立自强，充分聚集柔性电子产业链上的技术、项目、人才等资源，经过多年发展沉淀，已形成自主创新特色明显的新型显示产业生态。成都高新区抢占技术制高点，加速完善柔性电子产业生态圈，形成由上游原材料和零部件、中游显示面板和模块、下游显示应用组成的创新产业集群。在新兴显示技术赛道，这里已落地辰显光电、创显光电等 Micro - LED 细分领域领军企业，并形成以极米、菲斯特为主的激光显示产业集群。

（本专栏内容由成都市高新区管委会提供）

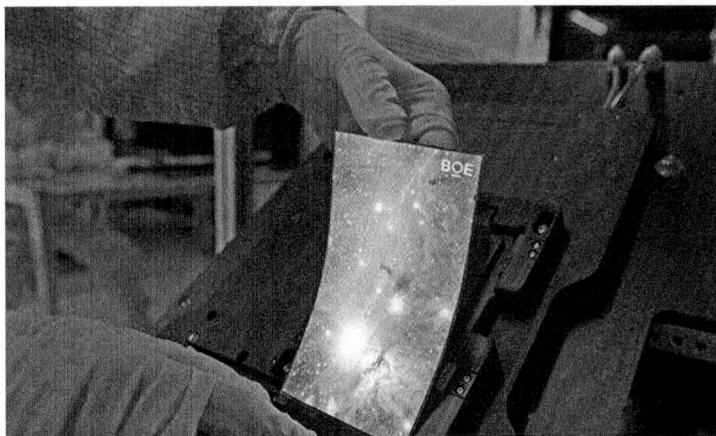

京东方成都第六代柔性 AMOLED 产线①

---

① 《京东方成都第 6 代柔性 AMOLED 生产线点亮投产》，百度网，https：//baijiahao. baidu. com/s? id=1581744707210060156&wfr=spider&for=pc。

第三节 人工智能产业发展模式与发展成效

一、成都人工智能产业发展概况

成都围绕建设国家新一代人工智能创新发展试验区和国家人工智能创新应用先导区，深入实施人工智能产业建圈强链行动，产业链呈现出规模快速增长、生态逐步完善的良好态势。产业能级稳步提升。2022年成都人工智能企业共768家，稳居全国前五；产业规模616亿元，居全国第七；产业增速达49%，居全国第一；产业综合实力居全国第六；人工智能产业获批四川省战略性新兴产业集群。创新能力持续增强。成都共有4个人工智能相关国家级创新平台，居全国第四；8家企业入选2022年工信部人工智能产业创新任务揭榜挂帅入围单位名单，居全国第三；16家单位入围国家人工智能医疗器械创新任务揭榜挂帅，居全国第四。要素资源不断汇聚。成都拥有超算和智算双中心，超算中心主机性能峰值达170P，性能位列全球第七、全国第三，智算中心主机性能峰值达300P；汇聚政府、企业和社会753类60亿条数据资源，全国首创公共数据授权运营机制；累计建成5G基站超5万个，落地中西部唯一的全球IPv6辅根服务器。

二、成都人工智能产业发展模式及成效

（一）企业培育方面

编制链主企业标准体系，遴选出3家链主企业和9家准链主企业、50家重点培育企业，推进落地腾讯智能网联、埃斯顿智能制造等链主企业项目。联合腾讯、华为举办"第二届腾讯STAC科创联合大会"

和"2022 昇腾 AI 开发者创享日·成都"等活动，开展供需对接等专题活动，推动链主企业与潜在链主企业建立起产业配套协作体系。

（二）平台建设方面

新落地国家精准医学产业创新中心、国家超高清视频创新中心 2 个人工智能相关国家级创新平台。推进产学研合作共建四川省人工智能研究院、四川省脑科学与类脑智能研究院（国内首个数字孪生脑模型平台）。支持和辅导电子科大人工智能安全检测平台、考拉悠然人工智能云平台入选工信部人工智能产业创新任务揭榜挂帅名单。

（三）资本赋能方面

会同交子金控设立成都新经济产业股权投资基金，首期规模 10 亿元；新经济天使投资基金及其子基金投资人工智能项目 10 个、资金 3900 万元。充分发挥产业投资基金的引导作用，协助晓多科技、启英泰伦等企业在 2022 年多次获得风险投资。全方位保障不同生命周期的人工智能企业融资需求，新经济专业化银行累计实现信贷投放 2.67 亿元。

（四）人才引育方面

组建"成都市人工智能专家智囊团"，汇聚 18 位院士、专家、知名企业家。组织开展 2022 年度"成都市产业建圈强链人才计划"人工智能产业链项目申报，遴选 10 位人工智能产业领军人才，编制形成《成都数字经济建圈强链人才发展报告》。引导和鼓励在蓉高校调整和新增人工智能相关学科专业，成都 16 所高校设置人工智能本科专业，高校数位列全国第二，仅次于北京。

（五）中介机构方面

指导组建成都市人工智能产业生态联盟，2022 年围绕信息共享、技术协作、项目对接开展产业交流活动 8 场；对接中国信通院、赛迪、36 氪、雨前顾问等智库和中介机构，围绕招商引智、品牌塑造等链接产业高端资源。截至 2022 年底，实现成都新签约引进人工智能产业链强链补链项目 22 个，总投资额约 544 亿元。

（六）生态构建方面

制定"一体两翼"算力政策体系，发布全国首个算力产业专项政策，首创"算力券"供给机制，获得国务院官网转载。支持成都智算中心共享产业链信息，联合考拉悠然等优秀本土人工智能企业孵化出超过 10 个优秀解决方案并实现规模商用落地。成功举办成都人工智能产业 CEO 大会，全面展示先导区建设成果。

第四节　绿色低碳产业发展模式与发展成效

一、成都绿色低碳产业发展概况

成都作为全球锂电、光伏重要生产基地，充分发挥区域能源、资源优势，逐步形成绿色低碳产业规模化发展格局。工作统筹和政策集成效果显著。创新"十个一"工作机制，坚持"周通报、月调度"，出台《成都市支持绿色低碳重点产业高质量发展若干政策措施》，共 25 条。深化与"一市三州"区域协作，达成"研销在成都、共建产业链、绿电齐共享"跨区域合作模式。绿色低碳产业发展势头迅猛，产业规模跻身全国前列。2022 年，成都光伏实现营收 234.35 亿元，同比增长 39.3％；动力电池及储能实现营收 688.23 亿元，同比增长 108.4％；氢能实现营收 59.94 亿元，同比增长 20.9％。2022 年成都市绿色低碳产业规模约 2500 亿元，同比增长 21％，产业规模仅次于常州、上海、苏州,位居全国第四。产业链条不断完善,锂电成群、光伏成链、氢能起势。锂电产业积极推进设备、负极、隔膜等项目落地,基本形成了以电池总装为核心,基础锂盐、关键材料、电池回收全产业链发展的产业集群。光伏产业成功推动通威16GW组件项目开工建设,引进导电银浆、光伏玻璃等重要配套项目,补齐产业链关键短板,形成了相对完善的产业链条。氢能产业汇聚产业链企业22家,基本形成"制-储-加-运-用"的产业体系,是国内第四个实现百台以上规模燃料电池公交车商业运营的城市。

二、成都绿色低碳产业发展模式及成效

(一)企业引育方面

强化链主企业招引。针对锂电隔膜、电解液、光伏组件等缺失环节确定重点招引目标,现已成功引进重点企业37家,其中亿纬锂能、蜂巢能源等投资金额超百亿元的项目4个,2022年累计完成投资255亿元,并与锂电龙头企业宁德时代签署战略合作协议。加强本土链主培育。评选以通威、中创新航、川开电气、东方氢能为代表的8家本土链主企业,组织工作专班协助企业纾难解困,成功推动融捷锂业二期项目落地、中创新航二期项目开工、璞泰来隔膜项目投产、亿纬锂能二期项目签约、通威金堂三期开工建设(见专栏5-3)。持续增强关键配套产业。着力弥补产业链缺失环节,强化产业链薄弱环节,提升产业链价值环节,精准开展配套产业外引内培。通威本地配套企业290家,融捷锂业本土配套企业91家,东方电气本土配套企业35家。

(二)公共平台方面

加强公共平台建设。现已形成各类创新平台共47家,其中国家级创新平台12个。天府永兴实验室组建了雷宪章、石碧院士领衔的首批

30 人科研团队，已组织开展 7 个省级科研项目课题研究；机动车重点实验室完成主体建设。强化技术服务功能。依托大连理工成都研究院建设氢能研发创新中心，已取得 CMA 检验检测机构资质认定书，为成都及西南地区 10 余家企业提供技术研发、检验检测支撑。提升科技成果转化。推动成都市推荐的智能油烟净化系统等 7 项技术工艺正式纳入国家生态环境科技成果转化综合服务平台技术成果库。

（三）资本赋能方面

成都产业集团和成都环境集团联合组建成立成都绿色低碳产业投资集团有限公司，成都产业集团已投资蜂巢能源、中创新航等绿色低碳产业项目 5 个，投资额 28 亿元。成都产业集团与中创新航合作设立总规模 20 亿元，首期凯博产业链基金 8 亿元。积极推动企业发行 13 只绿色债券，融资规模达 173 亿元。

（四）人才支撑方面

建立绿色低碳产业人才库。围绕光伏、动力电池等产业链上下游，遴选成都市第一批绿色低碳领军人才 20 人。建立人才培育开发平台。建立以通威太阳能博士后创新实践基地为代表的绿色低碳产业人力资源开发平台共 9 个，为成都市绿色低碳产业持续输出高质量产业人才。

（五）交流平台方面

打造一批会展论坛盛会。举办三届中国环博会成都展、成都生态环境科技创新大会、中国国际光伏论坛。筹建成都绿色低碳产业创新联盟。由绿色低碳产业集团牵头，10 余家在蓉高校院所支撑，76 家绿色低碳骨干企业共同参与筹建绿色低碳产业联盟，在技术研发、生产制造、示范应用、市场开拓等方面开展产学研用深度合作。

专栏 5 - 3

绿色低碳引领金堂县淮州新城拔节生长

淮州新城目前已拥有国家级绿色设计产品 1 个、国家级绿色工厂 4 家、国家级绿色园区 1 个，绿色低碳产业占比达到近 90%，绿电比重超过 70%，已聚集成都巴莫科技有限责任公司、宁德时代新能源科技股份有限公司、深圳市德方纳米科技股份有限公司等一批行业龙头。其中，巴莫科技已成为金堂县首家产值超百亿元企业。2022 年单位工业增加值能耗下降 16.7%，工业总产值增长 106.6%。

(本专栏内容由成都市淮州新城管委会提供)

成都市金堂县整县屋顶分布式光伏开发试点县项目[①]

第五节　卫星互联网与卫星应用产业发展模式与发展成效

一、成都卫星互联网与卫星应用产业发展概况

卫星互联网是未来通信技术，也是下一代新型基础设施，涉及航

---

① 图片由金堂县融媒体中心提供。

空航天、装备制造、人工智能、电子信息等领域。产业规模上，成都卫星互联网产业 2022 年达 113.12 亿元，排名全国第七。企业能级上，成都入库企业 114 家（上市 6 家、专精特新 14 家、规上 78 家），5 家企业入选 2022 中国商业航天企业百强榜单，位居全国第四。行业准入上，19 家企业获得 25 张行业资质牌照，其中国腾电子拥有西部地区第一张北斗运营服务资质。产业结构上，实现了从卫星制造、卫星发射、地面设备到卫星运营及服务的全产业链覆盖。

二、成都卫星互联网与卫星应用产业发展模式及成效

（一）企业培育方面

成都在全国率先印发《成都市卫星互联网产业统计分类（试行）》，开展行业统计和监测。按照"生态引领型、技术创新型、平台服务型"三个维度，遴选中电天奥、中电科 29 所、航天七院、国星宇航 4 家链主企业和 37 家重点企业。其中，中电科 29 所是国内最大的商业卫星载荷研制单位，中电天奥时频设备市场占有率全国第一。建立重点企业问题台账，适时收集更新，实施精准服务。

（二）公共平台方面

建立《卫星互联网创新平台名录》，纳入 50 余家国家、省、市创新平台，涉及光电通信、高分子材料、牵引动力等领域。国星宇航、电子科技大学等成立全国首个卫星互联网领域省级制造业创新中心。

（三）金融赋能方面

建立《卫星互联网投资机构目录》，涵盖 129 家金融机构。成都新经济天使投资基金、新经济产业股权投资基金投放额度达 3400 万元，其中被投项目国星宇航已实现估值增长 8 倍。联合中国建设银行成都

分行制定《卫星互联网企业融资白名单》。

（四）人才支撑方面

成都卫星互联网相关从业人员约 1.4 万人。建立"卫星互联网产业人才库"，入库学术专家、企业技术带头人近 100 人，其中包含 6 位院士，5 位人才入选产业建圈强链领军人才。

（五）中介机构方面

筹建成都市卫星互联网产业发展联盟，汇聚金牛区卫星互联网产业联盟、链主企业、高校院所等 35 家。建立国家级智库链接机制，对接中国科学院空天信息创新研究院、中国星网网络应用公司等，夯实产业研究能力。

（六）生态构建方面

推进产业集群化发展，建立"2＋5＋N"的产业载体格局，推动成都市北斗卫星应用产业集群于 2023 年 1 月获批四川省战略性新兴产业集群（见专栏 5 - 4）。实施资质牌照名录管理，编制《卫星互联网企业牌照资质名录》，涵盖四大环节、10 个类别 200 余个。

专栏 5 - 4

成都市金牛区卫星互联网与卫星应用产业高质量发展

金牛区作为成都市卫星互联网与卫星应用产业的主要承载区，聚焦产业链上游的卫星载荷研制，中游的新基建配套，下游的导航授时、遥感测绘及终端产品研制等重点领域，建平台、抓项目、聚集群，推进产业链高质量发展。在链主企业培育方面，现有中电科 10 所、29 所两家市级链主企业，航天二院成都分院、天奥电子、蓉威电子等 5 家区级链主企业。在经济指标方面，2022 年，全产业链营收 281 亿元，同比增长 15.1%，R&D 经费投入同比增长 17.5%。

全区着力构建"双核一带三基地"的产业发展格局："双核"即四川卫星资源中心和西部转化中心。充分发挥两个中心在卫星数据资源整合应用、科技成果创新转化等方面的极核作用，辐射带动产业链能级加快跃升。"一带"即链主企业引领＋链属企业配套的产业生态带。支持航天二院成都分院、中电科 10 所、中电科 29 所提质发展，发挥头雁领航作用，鼓励九洲北斗、南方测绘等链属企业错位发展，发挥群雁协同作用，共同做强卫星互联网产业生态带。"三基地"即新基建研发基地＋两个产业承载基地。在交子智谷云锦布局地面接收站、信关站等新基建研发基地，在卫星互联网（北斗＋）产业园、人工智能产业园布局智能制造基地，为卫星互联网企业精心"筑巢"，提升产业发展承载力。

（本专栏内容由成都市金牛区经济和信息化局提供）

成都市金牛区西部北斗产业园一景①

---

① 图片由金牛区融媒体中心提供。

第六节　现代物流产业发展模式与发展成效

一、成都现代物流产业发展概况

成都聚力做优做强国际空港经济区和成都国际陆港片区（见专栏5-5），已开通国际（地区）航线131条，国际航线开行数量及质量稳居全国第四，中西部第一；成都国际班列累计开行超2万列，实现连接境外100个城市、境内30个城市；已形成"2+9"口岸功能体系和"三区（四园）两中心"海关特殊监管区域体系，高新综合保税区进出口额连续5年、发展绩效评估连续3年居全国同类第一。立足物流产业建圈强链招大育强，成都在营物流企业7800余家，其中落户顺丰、DHL、准时达等领军型物流综合服务商120家（含全球物流100强企业24家、中国物流50强企业33家）；已建成高标仓615万平方米、位居全国第三，其中冷链仓达135万平方米；先后获评"陆港型空港型国家物流枢纽""国家骨干冷链物流基地""全国供应链创新与应用示范城市"等国家级试点示范。

二、成都现代物流产业发展模式及成效

（一）企业引育方面

聚焦航空物流、铁路物流、电商快递、医药冷链等产业细分领域，研究梳理递四方、中远海运、万纬冷链等62家重点招商目标企业，推动爱派克斯区域总部、顺丰西部航空货运枢纽、成都国际铁路港多式联运等重点项目加快建设投运；依托"天府蓉易享·政策找企业"智

能服务平台，会同相关市级部门、区（市）县遴选川航物流、中外运等 17 个重点物流供应链项目入库培育，策划云集医药、德邦物流等 24 个优质项目纳入省级专项培育。

（二）公共平台方面

围绕制造强市、国际消费中心城市建设，引导支持"云港物贸通跨境电商供应链公共服务平台""成都市物流供应链公共服务平台"2 个省市公共服务平台建设投用，支持推动链主型企业建设京东智慧、川流天下等 21 个供应链综合服务平台，连接和服务的企业总量超过 20 万家，有效保障电子信息、智能制造、商贸流通等重点领域企业国际供应链需求。

（三）中介机构方面

市供应链协会（市物流产业联盟）顺利获评社会组织评估等级 5A 级行业协会，形成西部陆海新通道川桂合作、成渝地区物流供应链商协会合作、成都-新加坡物流人才培养合作 3 个跨区域协作机制，进一步发挥"聚资源、搭平台"作用，与中国交通运输协会顺利举办第十二届中国物流投融资大会暨成渝供应链论坛，召开物流产业建圈强链沙龙、助企纾困、联盟党建等活动。

（四）产业基金方面

在已具备 1 只物流基础设施基金的基础上，推动四川商投集团及其所属的成都商投锦盛加快组建成都市物流产业股权投资引导基金，围绕空港陆港物流枢纽、国家骨干冷链基地等六大板块，持续与意大利维龙、京东、天地汇等潜在合伙人对接，通过"以投促招"推动优质物流项目落户成都，助力物流企业加快数字化智能化发展和孵化上市。

（五）人才支撑方面

按年度开展物流产业建圈强链领军人才遴选工作，按照产业细分领域已累计评选物流领军人才17名；推动组建市供应链行业职业教育教学指导委员会，专家库成员已达69名；立足"人才＋项目"推动顺丰速运、传化物流、运荔枝冷链等重点项目加快建设，会同省政府口岸物流办推动举办四川省首届"天府工匠"杯货运代理技能竞赛。

专栏5-5

成都青白江打造面向全球的内陆枢纽

青白江，作为中欧班列·蓉欧快铁的起点，是成都国际铁路港的所在地，四川自贸区三大片区之一和成都13个中心城区之一，坐拥亚洲最大的铁路集装箱中心站，是中国内陆地区联通丝绸之路经济带的西向国际贸易大通道重要支点。

打造"一港"，即成都国际铁路港，将坚持"国际领先、亚洲一流、国内第一"目标，紧抓自贸试验区建设机遇，打造集装箱年吞吐能力达400万标箱以上的内陆铁路枢纽，构建通达全球、功能强大、陆海内外联动的铁公空水多式联运中心。充分利用自贸区制度优势，引导港投集团走出国门，收购或共建中欧班列海外重点场站，拓展海外物流网络，争取通过3～5年，建成全国首屈一指的陆路商贸物流枢纽。

建设"三城"，一是欧洲产业城，以承接适铁适欧产业为重点，规划建设以先进材料、智能制造、加工贸易为主导的产业新城；二是智慧产业城，以国际中央商务区为定位，重点布局总部办公、国际会议等功能；三是凤凰新城，建成体现人性化、包容性、宜业宜居

的国际品质生活城区。

（本专栏内容由成都市青白江区委宣传部提供）

青白江国际铁路港全景图①

第七节 金融服务业发展模式与发展成效

一、成都金融服务业发展概况

成都以服务实体经济为本源，积极推动金融业高质量发展，产业链发展态势持续向好，能级大幅跃升，生态显著改善。2022年，成都金融业增加值达2445.21亿元，同比增长6.6%，占GDP比重11.7%。本外币存款、贷款余额分别为5.32万亿元、5.31万亿元，同比分别增长10.9%、14.3%，增速均创近10年来最高，其中贷款增速全国城市第一，贷款增量全国城市第四。保费收入1061亿元，同比增长5.7%。

---

① 图片由青白江区委宣传部提供。

证券市场交易额 17.15 万亿元，同比增长 9.6%。第 32 期"全球金融中心指数"显示，成都排名第 34 位，创历史最高水平，在内地城市排名第 5 位，仅次于沪京深广。

二、成都金融服务业发展模式及成效

(一) 企业引育方面

导入富邦华一银行西部地区首家分行、世界 500 强友邦保险四川分公司、全省首家公募基金华西公募等一批持牌机构资源，壮大金融机构集群优势，成都共集聚银行业机构 88 家、保险业机构 102 家、证券业机构 339 家、地方金融组织 300 余家，各类金融机构及相关服务机构 2750 余家，是中西部金融机构最多的城市。

(二) 公共平台方面

打造高能级金融研究公共平台，探索产业创新发展新路径，已先后落地成都创新金融研究院、成都天府金融科技研究院（央行合建）、复旦西部国际金融研究院等一批金融研究平台，正在争取设立中国资本市场学院分院。

(三) 基金赋能方面

推动成都发展基金等 8 只市级投资基金设立或参股子基金 42 只，参与设立规模 50 亿元的国家中小企业发展基金（成都）交子创业投资合伙企业，成为国家基金布局四川省的第一只、西部地区规模最大的基金。支持基金和银行双向奔赴、相互赋能，成都银行成为西部首家获得证券投资基金托管资格的法人银行。

(四) 中介机构方面

充分利用毕马威、德勤等中介资源为企业上市、融资等金融活动提供专业服务，成都会计师事务所、律师事务所等中介机构超 1300 家。在中介专业辅导和服务下，2022 年成都新增上市公司 16 家，增量居中西部第一。26 家中介深度参与的"成德眉资金融顾问服务团"累计开展 100 余场活动，融资与授信上百亿元。

（五）人才支撑方面

成立全国第三家区域性 CFA（特许金融分析师）协会，会员超 300 名。增强人才集聚效应，金融梦工场聚集国家级领军人才 30 人、地方级领军人才 90 人，科技金融大厦入驻"四派人才"445 人、金熊猫人才 23 人。截至 2022 年底，成都金融从业人员达 19 万人，金融人力资源排名全国第 4 位。

（六）大力发展普惠金融

普惠金融服务乡村振兴试验区获国务院批复，《四川省成都市普惠金融服务乡村振兴改革试验区总体方案》正式印发。创新实施"蓉易贷"普惠信贷工程，信贷规模累计 726.48 亿元，共为 4.2 万家中小微企业（含个体工商户）提供贷款 11.53 万笔，贷款平均利率降至 3.61%。

（七）加快发展数字金融

印发《成都市持续深化数字人民币试点工作方案》，发放 8000 万元数字人民币线上消费券，首创养老特色场景类硬钱包，创新研发数字人民币智能合约监管平台，数字人民币用户数和试点场景数在首批试点区域中排名第一。深化成都金融科技创新监管试点工作，首批项目中已有 2 个"出盒"。

（八）创新发展自贸区金融

落地本外币账户合一试点、高新技术企业和专精特新企业外债便利化试点，推动川渝贸易外汇收支便利化试点企业互认互惠，成为全国首个跨地区开展外债便利化试点的地区，成都连续 3 年在第三批自贸区"金融管理与服务创新"中排名第一。

（九）积极发展科创金融（见专栏 5－6）

成绵联合申建科创金融改革试验区总体方案提交中国人民银行总行研究局。推进天府基金小镇建设，已引入 IDG 资本等相关创投机构 485 家。成都科创板上市企业 17 家，居中西部第一。2022 中国"双创"金融指数显示，成都排名全国第六、中西部第一。

专栏 5－6

成都探索科创金融精准服务新模式

成都创新金融服务新模式，针对高科技企业贷款痛点，市科学技术局联合银行、机构共同开发的"科创贷"产品通过线上申报贷款，无需抵押物即可享受。2023 年实现放款近 60 亿元，同比增长 4.24％。

"科创贷"是面向成都科技型中小微企业，特别是入驻各类创新创业载体的初创企业，通过政府资金帮助企业增信，联合银行（包括经成都市金融办批准设立的科技小贷公司）、担保公司、保险公司开发的一种信贷产品。"科创贷"主要围绕解决"高科技、高风险、轻资产、无抵押物"的科技型中小企业贷款难的问题。"科创贷"通过引入市区两级政府、保险公司、担保公司与银行共同设立风险补偿资金池，并确立了政府最高分担 50％、银行最多承担 50％的风险分担比例，还建立了"银行＋政府""银行＋政府＋保险""银行＋政府＋担保"等多元化信贷融资模式，实现多元化风险缓释模式。"科创贷"的研发团队还在借助数据化、信息化等手段，不断创新和改进，针对科技型企业的不同需求和特点，提供更加精细化、个性化的金融产品和服务，为推动成都科技创新与科技成果转化贡献金融力量。

陈科：《成都探索科技金融精准服务新模式》，《科技日报》2023年11月17日。

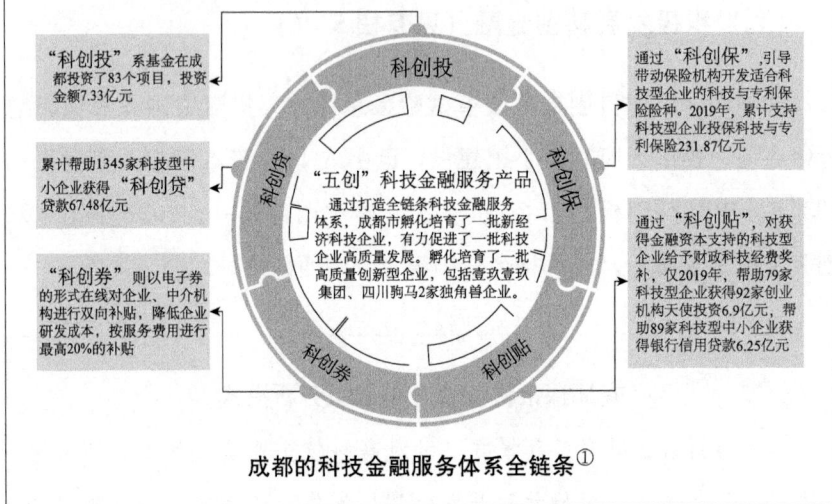

"科创投"系基金在成都投资了83个项目，投资金额7.33亿元

累计帮助1345家科技型中小企业获得"科创贷"贷款67.48亿元

"科创券"则以电子券的形式在线对企业、中介机构进行双向补贴，降低企业研发成本，按服务费用进行最高20%的补贴

通过"科创保"，引导带动保险机构开发适合科技型企业的科技与专利保险险种。2019年，累计支持科技型企业投保科技与专利保险231.87亿元

通过"科创贴"，对获得金融资本支持的科技型企业给予财政科技经费奖补，仅2019年，帮助79家科技型企业获得92家创业机构天使投资6.9亿元，帮助89家科技型中小企业获得银行信用贷款6.25亿元

科创投

科创保

科创贷

科创券

科创贴

"五创"科技金融服务产品

通过打造全链条科技金融服务体系，成都市孵化培育了一批新经济科技企业，有力促进了一批科技企业高质量发展。孵化培育了一批高质量创新型企业，包括壹玖壹玖集团、四川驹马2家独角兽企业。

成都的科技金融服务体系全链条[①]

———————————

① 图片由成都科技融媒体中心提供。

第六章

成都市在发展未来产业上精准发力

2020 年 4 月，习近平总书记在浙江考察时首次提出未来产业，强调要"抓紧布局数字经济、生命健康、新材料等战略性新兴产业、未来产业"。2020 年 10 月，习近平总书记在深圳经济特区建立 40 周年庆祝大会上的讲话中指出，"要围绕产业链部署创新链、围绕创新链布局产业链，前瞻布局战略性新兴产业，培育发展未来产业，发展数字经济"。《中华人民共和国国民经济和社会发展第十四个五年规划和 2035 年远景目标纲要》提出，前瞻谋划未来产业，在类脑智能、量子信息、基因技术、未来网络、深海空天开发、氢能与储能等前沿科技和产业变革领域，组织实施未来产业孵化与加速计划，谋划布局一批未来产业。2023 年，习近平总书记在四川、黑龙江等地考察时均就培育发展未来产业作出了重要指示。积极培育未来产业，加快形成新质生产力，是我国抢占未来竞争制高点、构筑竞争新优势的关键。

第一节　未来产业的内涵特征与发展方向

一、未来产业的基本定义

未来产业是指有前沿的科技创新驱动，但是目前处于发展的孕育期或者成长期，具备成长为先导性产业或者支柱性产业发展潜力，对于未来经济社会发展具有巨大的带动作用和推动作用的前瞻性新兴产业。

二、未来产业的特征

未来产业发展的特征体现在四个新领域：一是依托新科技。未来产业的快速发展主要是基于颠覆性技术的突破和产业化，并依托于技术之间、技术与产业之间的深度融合。二是引领新需求。未来产业不仅可以更好满足人们现有需求，还将创造新的应用场景和新消费需求。三是创造新动力。未来产业将引导市场主体向更先进的生产力聚集，催生新技术新产业新业态新模式。四是拓展新空间。未来产业将帮助我们不断突破认知极限和物理极限，提升社会生产力水平，拓展新的发展和生存空间。

三、培育未来产业的重要意义

一是从国际经济视角看，新一轮科技革命和产业变革突飞猛进，国际科技创新进入空前密集活跃期，科学技术和经济社会发展加速渗透融合，未来产业将成为世界经济激烈竞争的战略要地。积极培育未来产业，有助于我们有力有效应对国际科技竞争、抢占全球产业发展制高点，持续提升国际影响力和话语权。

二是从国内经济视角看，实现中国式现代化关键在科学技术现代化和产业现代化领域。以科技为第一生产力，前瞻性布局未来产业，有利于进一步提升自主创新能级，支撑我国中长期经济增长，推动我国经济结构优化升级，实现新旧动能的顺利转换和质量效益的提升，巩固经济大国竞争优势。

四、我国前瞻性布局未来产业

(一) 国家部委出台未来产业培育政策

大力发展未来产业,是引领科技进步、带动产业升级、培育新质生产力的战略选择。党中央、国务院高度重视未来产业发展。为贯彻落实党的二十大精神和《中华人民共和国国民经济和社会发展第十四个五年规划和 2035 年远景目标纲要》,把握新一轮科技革命和产业变革机遇,围绕制造业主战场加快发展未来产业,支撑推进新型工业化,国家相关部门近年来陆续出台系列扶持政策 (见表 6-1),以使我国成为世界未来产业重要策源地。

表 6-1　国家未来产业培育政策列表

发文机关	文件名称	出台时间	政策内容
科学技术部、教育部	《未来产业科技园试点及培育名单》	2022 年 11 月	批准北京市、上海市、江苏省、湖北省、广东省、四川省、陕西省、黑龙江省等 8 个省市的 10 家未来产业科技园成为首批未来产业科技园建设试点,依托地方优势,重点培育空天科技、信息安全、未来网络、生物医药、未来交通等领域
工业和信息化部	《关于组织开展2023 年未来产业创新任务揭榜挂帅工作的通知》	2023 年 9 月	面向元宇宙、人形机器人、脑机接口、通用人工智能等四个重点方向,聚焦核心基础、重点产品、公共支撑、示范应用等创新任务,突破一批标志性技术产品,加速新技术、新产品落地应用

续表

发文机关	文件名称	出台时间	政策内容
工业和信息化部等七部门	《工业和信息化部等七部门关于推动未来产业创新发展的实施意见》	2024年1月18日	围绕技术供给、产品打造、主体培育、丰富场景、支撑体系等方面，构建未来产业的发展生态。前瞻部署我国未来产业六大重点新赛道：未来制造、未来信息、未来材料、未来能源、未来空间、未来健康

（二）重点省市出台未来产业培育政策

我国各省（市）积极培育未来产业，深圳、上海、北京、浙江、成都、苏州等地相继出台了培育未来产业的重要政策文件（见表6-2），京津冀、长三角、珠三角、成渝地区等区域未来产业发展取得阶段性进展。

表6-2　重点省（市）未来产业培育政策列表

地区	文件名称	出台时间	政策内容
深圳市	1.《深圳市人民政府关于发展壮大战略性新兴产业集群和培育发展未来产业的意见》 2.《深圳市培育发展未来产业行动计划（2022—2025年)》	2022年6月	1.培育路径：以深化完善全过程创新生态链，推进产业链、创新链、人才链、教育链"四链协同"为主线，突出强主体、促融合、分梯度、聚空间，抢占新一轮科技革命和产业变革制高点。 2.重点领域（4＋4）：合成生物、区块链、细胞与基因、空天技术等产业出现爆发性增长；脑科学与类脑智能、深地深海、可见光通信与光计算、量子信息等产业形成技术研发优势。梯次成长、接续发展的产业发展格局基本形成。

地区	文件名称	出台时间	政策内容
上海市	《上海打造未来产业创新高地发展壮大未来产业集群行动方案》	2022年10月	1. 培育目标：到2030年，在未来健康、未来智能、未来能源、未来空间、未来材料等领域涌现一批具有世界影响力的硬核成果、创新企业和领军人才，未来产业产值达到5000亿元左右。 2. 重点领域（5个）：未来健康产业重点发展脑机接口、生物安全、合成生物、基因和细胞治疗；未来智能产业重点发展智能计算、通用AI、扩展现实（XR）、量子科技、6G技术；未来能源产业重点发展先进核能、新型储能；未来空间产业重点发展深海探采、空天利用；未来材料产业重点发展高端膜材料、高性能复合材料、非硅基芯材料。
北京市	《北京市促进未来产业创新发展实施方案》	2023年9月	1. 培育路径（八大行动）：原创成果突破、中试孵化加速、产业梯度共进、创新伙伴协同、应用场景建设、科技金融赋能、创新人才聚集、国际交流合作。 2. 重点领域（6个）：未来信息，重点发展通用人工智能、第六代移动通信（6G）、元宇宙、量子信息、光电子等细分产业；未来健康，重点发展基因技术、细胞治疗与再生医学、脑科学与脑机接口、合成生物等细分产业；未来制造，重点发展类人机器人、智慧出行等细分产业；未来能源，重点发展氢能、新型储能、碳捕集封存利用等细分产业；未来材料，重点发展石墨烯材料、超导材料、超宽禁带半导体材料、新一代生物医用材料等细分产业；未来空间，重点发展商业航天、卫星网络等细分产业。

续表

地区	文件名称	出台时间	政策内容
浙江省	《省政府关于培育发展未来产业的指导意见》	2023 年 11 月	1. 培育路径：加强科技创新攻关、推动成果加速转化、打造融合应用场景、强化企业梯队培育、完善人才引育体系、营造良好发展生态、加强组织推进。 2. 重点领域（9＋6）：一是优先发展 9 个快速成长的未来产业，即未来网络、元宇宙、空天信息、仿生机器人、合成生物、未来医疗、氢能与储能、前沿新材料、柔性电子；二是探索发展 6 个潜力巨大的未来产业，即量子信息、脑科学与类脑智能、深地深海、可控核聚变及核技术应用、低成本碳捕集利用与封存、智能仿生与超导材料。
成都市	1.《成都市人民政府关于前瞻培育未来产业构筑高质量发展新动能的实施意见》 2.《关于前瞻培育未来产业的政策措施》	2024 年 1 月	1. 培育路径：建立天使基金投向未来产业机制、创新未来产业新型研发模式、引育未来产业新锐创业团队、激励引导竞相发展未来产业、提供未来产业高水平智力咨询和专业服务。 2. 重点领域（6 个）：前沿生物，近期重点发展基因及细胞治疗、数字诊疗、核医药产业；先进能源，近期重点发展绿色氢能、新型储能产业；未来交通，近期重点培育飞行汽车、新一代无人机、空天动力、商业航天产业；数字智能，重点培育人形机器人、类脑智能、元宇宙、柔性电子、先进计算及数据服务；泛在网络，近期重点培育卫星互联网、光芯片等细分领域，攻关低轨卫星、高精度导航、光子集成；新型材料，重点培育高性能纤维及复合材料、先进碳材料等产业；前沿交叉融合新赛道，重点培育深地深海深空、认知型人工智能、超导技术。

续表

地区	文件名称	出台时间	政策内容
苏州市	《苏州市人民政府关于加快培育未来产业的工作意见》	2023年9月	1. 培育路径：优势产业"强基行动"、关键技术"攻坚行动"、创新主体"引培行动"、发展空间"优化行动"、生态伙伴"共建行动"。到2030年，重点突破一批填补国内空白的关键核心技术，未来产业与战略性新兴产业、优势主导产业形成有效衔接，全市未来产业总产值突破5000亿元。 2. 重点领域（8个）：前沿新材料，发展第三代半导体等宽禁带半导体材料、3D打印及粉末冶金先进结构材料、高性能碳纤维及复合材料、纳米材料、高温超导材料；光子芯片与光器件，应用于光制造、光通信、光传感、光医学、光显示等领域的光子芯片；元宇宙，发展类脑智能、新型显示、虚拟数字人、沉浸式人机交互、AR/VR、图像渲染引擎、智能算法、三维化、虚实融合沉浸影音技术；氢能，重点突破低成本高效绿氢制备、高压气态和低温液态氢能储输、加氢站建设运维、大功率长寿命氢燃料电池电堆及其核心材料等产业链；数字金融，数字人民币、金融科技、数字征信、金融大数据、金融制造业；细胞和基因诊疗，重点发展高通量基因测序、全基因组合成物、细胞治疗等细分赛道；空天开发，发展新一代重型运载火箭、载人航天、深空探测、国产大飞机、无人机等重大工程；量子技术，开展高性能量子计算机、超导量子芯片、量子-电子协同算力网产业化探索。

第二节　成都市前瞻培育未来产业的政策举措

　　为前瞻培育未来产业，成都市借鉴先进城市经验，在现有科技创新、成果转化和产业发展政策基础上，结合全市未来产业培育特点，按照市场主导、企业主体、政府服务、精准施策的原则，针对性补充关键环节支持方式，在五大领域制定了重要的具体政策措施。

一、建立天使基金投向未来产业机制

（一）鼓励成都天使母基金重点投向未来产业

将未来产业纳入成都天使母基金的重要投向，按照市属国企基金管理，发挥天使投资基金对未来产业发展的撬动引导作用。鼓励有条件的区（市）县政府（管委会），在未来产业前沿生物、先进能源、未来交通、数字智能、泛在网络、新型材料六大重点领域方向，结合自身主攻的未来产业细分领域，设立区级层面的未来产业天使母基金，市和区（市）县两级协同打造未来产业天使母基金群。

（二）组建未来产业天使子基金

建立天使子基金精准发榜机制，根据未来产业细分赛道特点和基金管理机构关注重点，精准设置发榜条件，吸引全球顶级早期或创业投资管理机构参与子基金组建。建立天使子基金分类遴选机制，依据投资管理机构的投资记录、行业或综合排名，分优先、特色、普通三类精准制定量化筛选细则，综合评定、择优选择子基金合作机构。

（三）创新天使基金管理运营模式

灵活设置天使子基金返投标准，根据投资项目的类型、阶段、能级、落地区域，加权认定返投完成金额。探索拉长天使投资基金考核周期，建立年度评价与3～5年考核相结合的考核体系。成都天使母基金不以营利为主要目的，结合长期整体平衡要求，合理确定整体考核目标，不对单一项目进行考核。允许国有创投企业建立高管和项目管理团队以自有资金强制跟投、普通员工自愿跟投的项目投资激励约束机制。严格落实"三个区分开来",制定成都市天使投资基金管理办法,实行尽职免责。

二、创新未来产业新型研发模式

(一)高水平组建新型研发机构

推广"岷山行动"计划模式,聚焦前沿生物、先进能源、未来交通、数字智能、泛在网络、新型材料等未来产业重点领域,未来5年以"揭榜挂帅"方式,在每个领域至少组建1家以顶尖团队为核心、成果转化为导向、具有行业影响力的新型研发机构,给予综合支持。鼓励各区(市)县政府(管委会)聚焦自身重点发展的未来产业细分领域组建相应的新型研发机构。

(二)增强新型研发机构孵化功能

围绕揭榜的未来产业具体领域,引聚包含技术专家、管理专家、产业专家等在内的创新创业团队,提升揭榜领域相关未来产业前沿技术成熟度,搭建概念验证、小试、中试等技术熟化公共平台,孵化具备市场竞争力、投资机构认可的科技型企业。

(三)完善新型研发机构工作机制

建立新型研发机构精准发榜工作机制,重点围绕企业、创业团队的工艺节点和创新需求明确发榜领域,灵活设置载体扶持、成果确权、资金回馈等支持激励条件。建立科学评估揭榜机制,重点从团队背景、战略需求契合度、技术成熟度、拟孵化企业情况、潜在市场需求等方面,综合评估团队揭榜实力。建立新型研发机构扶持资金使用负面清单制度,严格按照项目里程碑式考核进度执行资金拨付。建立专业化评价考核机制，强化项目实施的过程、结果管理和目标考核。

（四）支持成熟企业开展前沿技术攻关

支持链主企业联合高校院所、上下游企业组建创新联合体，采取"揭榜挂帅""赛马"等方式开展未来产业前沿技术攻关。鼓励市和区（市）县国有企业通过投入资金、技术、管理等多种模式参与未来产业培育发展，对市和区（市）县国有企业承担市级以上前沿技术研发、投资新型研发机构、组建概念验证中心等符合在当期确认的研发费用，按规定在经营业绩中视同利润加回。

三、引育未来产业新锐创业团队

（一）鼓励未来产业天使子基金管理机构招引新锐创业团队。

未来产业子基金管理机构新引荐（非天使投资项目）的外地未来产业创业团队、初创企业来蓉落户，按落户企业的实缴注册资本和资本公积金予以返投认定。若企业形成固定资产，可按在蓉完成固定资产投资总额的 20% 予以返投认定。

（二）鼓励未来产业新型研发机构招引新锐创业团队

鼓励未来产业新型研发机构以"揭榜挂帅"形式招引未来产业顶尖创新创业团队、新锐初创企业在蓉落户。

（三）加强未来产业人才政策支持

深入实施"蓉漂计划""蓉城英才计划""产业建圈强链人才计划"，对支撑未来产业发展成效明显的科研单位、高校、重点企业、新型研发机构，建立与平台能级、科创投入、成果转化挂钩的人才计划定向单列支持机制，支持用人主体"带指标、带政策"靶向引才。对符合条件的未来产业领军人才及新锐创业团队,在资金、住房保障、教育、职称申报、医疗等方面给予政策支持。运用成都市人才专项事业编制"周转池",支持新成立的市级新型研发机构使用专项编制招引人才。

四、激励引导竞相发展未来产业

(一)支持未来产业孵化加速园建设

鼓励各区(市)县政府(管委会)聚焦未来产业重点培育方向,结合自身未来产业发展重点领域申报未来产业孵化加速园;市发展改革委围绕区域财政投入强度、创新资源优势、产业发展基础等方面综合评估遴选,对于通过遴选的统一按照"蓉耀未来·(细分领域)孵化加速园"进行授牌。支持未来产业孵化加速园利用创新资源申报国家实验室、天府实验室、重大科技基础设施、产业创新中心、制造业创新中心、技术创新中心。市级层面新设立的新型研发机构、概念验证中心、中试平台等科创资源优先在孵化加速园布局。支持各区(市)县采用"一园多区"模式参与共建国家未来轨道交通未来产业科技园。支持未来产业孵化加速园优先承办系列高层次研讨会、颠覆性技术大赛、基金专场路演等品牌活动赛事,引育未来产业法律伦理研究服务机构。鼓励优先在环高校知识经济圈布局未来产业孵化加速园,盘活利用校园及周边闲置空间建设成果孵化载体,经区(市)县政府(管委会)批准并报市级产业部门备案,在5年过渡期内土地用途和使用权人可不作变更,不收取土地用途价差。围绕未来产业用能特点构建能源保障体系,增强极端情况下未来产业孵化加速园电网安全韧性,确保电网承载能力适度超前匹配未来产业发展需求。对于市级层面天使基金投向未来产业孵化加速园的,适当加权认定返投完成金额。

（二）营造包容审慎创新环境

构建弹性包容的未来产业技术、产品和服务市场监管制度，试点探索"沙盒监管"等创新监管模式。支持市和区（市）县国有企业和事业单位围绕前沿技术应用提出采购需求，鼓励采购未来产业首台（套）、首批次、首版次产品。构建未来产业培育示范应用场景，围绕新型基础设施、绿色低碳转型、城市智慧治理等重点任务打造新场景、新业态。

（三）给予综合评估激励

制定未来产业推进工作评估考核办法，对各区（市）县和未来产业孵化加速园工作开展综合评估考核，根据考评结果在市财政支持区域发展重大战略资金中予以激励支持。

五、提供未来产业高水平智力咨询和专业服务

按照近期、中远期阶段性安排，适时组建细分领域专家委员会，敏锐捕捉产业前沿发展趋势和体现多学科多领域交叉融合特征的产业新赛道。组织未来产业领域供需对接活动，举办"蓉耀未来"系列高层次研讨会、"蓉耀未来"颠覆性技术大赛等品牌活动赛事，推动天使基金管理机构举办"蓉耀未来"基金专场路演。[①]

第三节　前沿生物产业战略部署

成都市深入贯彻国家"面向人民生命健康"科技创新战略导向，

[①]　成都市人民政府办公厅：《关于前瞻培育未来产业的政策措施》，澎湃政务网，https://m.thepaper.cn/baijiahao_25937161。

聚焦以种业安全保障粮食安全的现实需求，依托生物经济领域国家级创新平台"全牌照"比较优势，发挥成都未来医学城、天府国际生物城（见专栏 6-1）、成都医学城、华西医美健康城、天府中药城、天府现代种业园（见专栏 6-2）等生物医药及现代种业集群优势，近期重点培育基因及细胞治疗、数字诊疗、核医药等细分领域，攻关免疫细胞治疗、基因编辑、结构化疾病数据库等核心技术，加速蛋白质设计筛选、人工智能诊疗、核素偶联治疗等方向研究及产业化；中远期重点培育生物育种、合成生物等细分领域，发展基因编辑育种、诱变育种与传统育种技术融合的技术体系，推动合成生物技术与绿色食品、大健康产业等领域的颠覆性创新与产业化应用。①

专栏 6-1

天府国际生物城——世界级生物医药创新与智造之都

　　天府国际生物城是成都构建生物医药产业生态圈的主要承载地，也是全球生物医药创新创业人才栖息地、世界级生物医药创新与智造之都、国际化的生命健康小镇、全球产业链高端和价值链核心创新实践区。截至 2023 年 10 月，生物城累计落户高能级产业项目已逾 210 个，总投资超 1200 亿元，引进高素质产业人才 11000 余人，助力成都高新区在科技部发布的全国生物医药产业园区综合实力排名中排第三。生物城一直坚持聚焦产业高端，"有所为有所不为"，瞄准生物技术药、化学创新药、高性能医疗器械、专业外包服务、健康服务等五大细分领域，以及血液制品、抗体药物、新型疫苗等 14 个赛道一道重点发力。

（本专栏内容由成都市天府国际生物城管委会提供）

---

① 成都市经济和信息化局：《成都市人民政府关于前瞻培育未来产业构筑高质量发展新动能的实施意见》，2023 年 10 月 9 日。

成都天府国际生物城一览①

专栏 6 - 2

"天府粮仓"背后的种业"最强大脑"

种子是农业的"芯片"，只有攥紧中国种子，才能端稳中国饭碗。天府现代种业园堪称四川种业"最强大脑"，里面建有国家品种测试西南分中心、四川省种子质量检测中心、四川省种质资源中心库、种业实验中心等22个配套项目，园内保存农林牧渔草种质资源约180万份（剂），保存期最长可达50年。当前，园区已聚集种业及相关企业30家，建成以杂交水稻为主的种业基地3.5万亩，年产杂交水稻种子约480万公斤，建成雅南猪省级保种场、成华猪省级核心育种场、丹系猪种场省级核心育种场，中蜂省级保种场等；年繁殖水产种苗2.3亿尾，年生产马铃薯原种3400万粒。种业园瞄准"川种"振兴"难点""堵点"，加速生物育种技术开发、优异基因资源挖掘利用、逆境生理生化研究等，实现育种技术跨越、产量瓶颈突破和绿色新品种选育，增强种业核心竞争力。

史晓露：《天府粮仓背后的种业"最强大脑"》，四川在线，https://sichuan.scol.com.cn/ggxw/202210/58739059.html。

---

① 图片由成都市人民政府新闻办公室提供。

成都（邛崃）天府现代种业园全景图①

第四节　先进能源产业战略部署

　　成都市深入贯彻国家能源安全战略、"双碳"战略部署，紧跟国际能源技术革命新趋势，依托核能领域大科学装置、氢能领域高能级创新平台比较优势，发挥成都新材料产业功能区四川最大氢源制备基地优势和能源领军企业技术创新主力军作用，近期重点培育绿色氢能、新型储能（见专栏6-3）等细分领域，推动制氢、储氢、运氢、用氢的基础材料、关键零部件和成套装备研发和产业化，加快"光储充"等新型储能设备产业化布局，积极探索固体氧化物燃料电池、液流电化学电池技术路线；中远期重点培育先进核能细分领域，攻关电磁驱动聚变、磁约束可控核聚变等新一代先进核能系统核心技术。②

---

　　①　图片来源为邛崃市人民政府网站。
　　②　成都市经济和信息化局：《成都市人民政府关于前瞻培育未来产业构筑高质量发展新动能的实施意见》，2023年10月9日。

┌───

专栏 6-3

成都市出台《新型储能项目建设实施方案（2023—2025 年)》

成都市为加快推动新型储能项目建设，构建清洁低碳、安全充裕、经济高效、供需协同、灵活智能的新型电力系统，大力提升电力系统实时平衡和安全保障水平，2023 年正式出台《成都市新型储能项目建设实施方案（2023—2025 年)》。方案提出，至 2025 年，成都将全面推广应用新型储能设施，打造智能灵活调节、安全保障有力、供需实时互动、源网荷储深度融合的新型电力系统，建成新型储能总装机 100 万千瓦以上。按照方案要求，成都市发展新型储能的重点任务有三项：一是推动电源侧异地配建新型储能电站；二是加快电网侧新型储能设施建设；三是鼓励用户侧新型储能设施建设。同时，成都将对入选的用户侧、电网侧、电源侧、虚拟电厂储能项目，年利用小时数不低于 600 小时的，按照储能设施规模给予每千瓦每年 230 元且单个项目最高不超过 100 万元的市预算内资金补助，补助周期为连续 3 年。

成都市经济和信息化局、成都市发展和改革委员会：《成都市新型储能项目建设实施方案（2023—2025 年)》，2023 年 10 月 11 日。

───┘

第五节　未来交通产业战略部署

成都市深入贯彻交通强国、航天强国战略部署，着力提升交通装备高效安全、智能绿色技术水平，积极探索航空航天、轨道交通前沿成果商业化应用和低空经济新形态，促进相关领域科研院所先进技术成果转化拓展，近期重点培育飞行汽车、新一代无人机（见专栏 6-4）、空天动力、商业航天等细分领域，建强无人机试飞基地，推动城市空管装备、载人垂直起降飞行器等相关产品研制，探索新型号无人机、人工智能自主无人机等产品研发与谱系化发展，攻关高精尖航空发动机等高端航空装备设计、材料、制造、服务保障等关键技术，发展低成本可复用航天运载平台；中远期重点培育超级高铁细分领域，攻关高速磁悬浮核心装置与系统（见专栏6-5）、轻量化车体材料、减震降噪材料等核心技术，依托大型枢纽节点探索构建多层次自主交通网络。[①]

专栏6-4

建设中国工业无人机第一城

　　成都作为国家航空高技术产业基地、全国首批低空空域协同管理改革试点区，产业基础优势突出，近年来工业无人机产业取得突破性发展，正着力建设中国工业无人机第一城。在政策指引和市场

対新批的国家级、省级和市级无人机产业园分别给予1000万元、300万元和200万元的一次性奖励。对重大无人机科技创新平台，给予300万元（国家级）和50万元（省级）奖励。

⬇

对于成功建设无人机试飞基地并向3户以上整机企业提供试飞服务的单位，固定翼给予600万元一次性奖励，旋翼给予300万元一次性奖励。

⬇

对上年销售额2000万元至1亿元的无人机产品给予100万元的一次性奖励，对于销售额1亿元以上的产品给予500万元的一次性奖励。

⬇

鼓励企业加强新品研发制造，对新取得适航认证的无人机产品每一型号一次给予30万元支持，对承担国家级试点示范任务的企业一次性给予60万元的支持。

⬇

对主导、参与制定无人机国家技术标准的企业，分别给予一次性60万元、30万元的奖励。

成都市无人机产业政策支持[②]

---

　　① 成都市人民政府：《成都市人民政府关于前瞻培育未来产业构筑高质量发展新动能的实施意见》第5页，2024年1月3日。

　　② 《成都市促进工业无人机产业高质量发展的专项政策》，锦观新闻网，https：//baiji-ahao.baidu.com/s？id=1779994833036634776&wfr=spider&for=pc。

需求驱动下，成都市工业无人机产业链不断完善，其中，上游载荷、工业无人机零部件制造、软件及系统开发企业数量整体较少，中游工业无人机服务提供商数量较多，下游安防监控企业数量最多，上下游企业共计250余家，已经形成了集研发设计、总装制造、运营服务、飞行保障为一体的产业体系。预计到2025年，成都工业无人机产值规模将达到100亿元。

（专栏内容参见《2023年成都市政府工作报告》）

专栏 6-5

成都这家国家重点实验室让高铁浮起来飞起来

2021年1月，采用西南交通大学牵引动力国家重点实验室原创技术的世界首条高温超导高速磁浮工程化样车及试验线在成都正式启用，设计时速大于600公里，这标志着我国在该领域实现从无到有的突破，具备了工程化试验示范条件。高温超导高速磁浮工程化样车车头采用流线设计，形状如子弹头。不同于高铁靠车载电源驱动在钢轨上"奔跑"，该样车悬浮在永磁轨道上，轨道中间铺有直线

成都造时速超600公里高温超导磁悬浮列车样车①

---

① 图片由西南交通大学提供。

电机，在车子底部装有超导悬浮装置替代了车轮。样车采用全碳纤维轻量化车体、低阻力头形、大载重高温超导磁浮技术等新技术和新工艺，可望创造在大气环境下陆地交通的速度新纪录。

《成都这家国家重点实验室让高铁浮起来飞起来》，《成都日报》2021年11月26日。

第六节　数字智能产业战略部署

成都市深入贯彻数字中国战略部署，依托全国一体化算力网络成渝国家枢纽节点建设，促进算法、算力、数据的融合提升和系统应用，打造数实融合、虚实结合的数字产业新形态，重点培育人形机器人、类脑智能、元宇宙（见专栏6-6）、柔性电子、先进计算及数据服务等细分领域，迭代发展机器人舵机、服务器、传感器等核心技术，攻关神经形态建模、神经调控、脑机接口、类脑芯片等基础技术，推动数字内容与真实世界无缝衔接的数字空间技术创新及产业化发展，加速柔性电子器件、柔性穿戴设备等研发及产业化，持续打造超算、智算等高性能计算领域的战略技术优势和产业应用生态。[①]

专栏6-6

成都市出台《元宇宙产业发展行动方案（2022—2025年）》

2024年1月，成都市新经济发展工作领导小组办公室印发《成都市元宇宙产业发展行动方案（2022—2025年）》（以下简称《行动方案》），这是成都首个聚焦元宇宙的政策文件。《行动方案》提出，到2025年，成都元宇宙产业体系粗具雏形，相关产业规模达到1500亿

---

① 参见《成都市人民政府关于前瞻培育未来产业构筑高质量发展新动能的实施意见》。

元。构建起完整的成都元宇宙产业链，研究掌握一批核心技术，引进培育一批优质企业，融合打造一批特色应用场景，开发储备一批城市 IP，对产业转型升级、城市治理形成引领带动作用。《行动方案》还提出元宇宙产业领域 6 个方面的发展目标：一是在关键产业方面，通过重点扶持元宇宙相关产业，构建独具成都特色的元宇宙前沿产业集群，重点建设 2 个元宇宙产业发展集聚区，元宇宙相关产业规模达到 1500 亿元。二是在核心技术方面，通过攻关区块链、人工智能、感知交互、数字孪生等元宇宙基础核心技术，建成一批元宇宙技术研究和创新平台，形成一批技术标准规范，建立起元宇宙技术创新体系，为元宇宙发展抢占产业源点。三是在市场主体方面，通过招引链主企业、培育核心企业、孵化创新企业，引进培育 10 家具有行业竞争力和带动力的链主企业，培育 100 家细分赛道核心企业，孵化一批创新企业，形成元宇宙企业梯度集群。四是在应用场景方面，通过构建工业、消费、医疗、智慧城市等生产、生活、城市治理方面的重点元宇宙场景，推出 100 个以上融合赋能的创新应用场景，形成元宇宙场景建设路径，健全城市元宇宙场景体系。五是在内容储备方面，通过打造元宇宙城市 IP 集群、激发元宇宙内容创造、推动数字资产流通交易，为元宇宙产业的长远发展储备"内容富矿"。六是在创新生态方面，通过夯实元宇宙产业发展基础、健全元宇宙产业要素生态、统筹元宇宙发展与安全，加速培育、筑基夯实元宇宙产业发展生态，形成元宇宙产业健康发展的良好环境。比如，打造元文旅场景，成都将活化武侯祠、杜甫草堂、金沙遗址、宽窄巷子等内容 IP；打造元消费场景，成都将建设虚拟试穿、AR 导购、AR 互动游戏等数字消费业态。

成都市新经济发展工作领导小组办公室：《成都市元宇宙产业发展行动方案（2022—2025 年）》。

成都高新区交子大道元宇宙街区启幕①

第七节　泛在网络产业战略部署

成都市深入贯彻网络强国战略部署，把握信息时代万物互联、连接泛在新特征，深度挖掘相关领域大院大所在卫星荷载、太赫兹、光电技术等领域的技术先发优势和转化应用潜力，近期重点培育卫星互联网（见专栏 6－7）、光芯片等细分领域，攻关低轨卫星、高精度导航、光子集成等核心技术，推动导航传感通信深度融合发展，加快高速光通信芯片器件等相关技术产品的研发转化；中远期重点培育 6G、量子科技（见专栏 6－8）等细分领域，攻关太赫兹无线通信、量子通信、量子测量等核心技术，加速量子互联网器件、空天地一体通信网络等系统设备的研发及产业化。②

---

①　图片由成都高新区党群工作部宣传处提供。
②　参见《成都市人民政府关于前瞻培育未来产业构筑高质量发展新动能的实施意见》。

┌───┐

专栏 6-7

成都出台卫星互联网产业发展规划

2023 年 11 月，《成都市卫星互联网与卫星应用产业发展规划（2023—2030 年）》对外颁布。成都市以卫星应用为牵引、整星制造为支撑，加快向产业链价值链高端环节延伸，打造卫星互联网与卫星应用科技创新策源地、高端制造集聚地、应用场景示范地和产业生态新高地，支撑西部、带动全国卫星互联网与卫星应用产业高质量发展。计划到 2025 年，构建形成以整星制造与卫星应用为重点的全链条、全生态产业发展体系，争创国家卫星互联网产业与应用示范基地，基本建成卫星互联网与卫星应用示范城市。到 2030 年，建成具备全球服务能力的卫星网络、卫星测运控与运营服务新型基础设施，卫星互联网应用服务综合实力达到国际领先水平，力争打造千亿级卫星互联网与卫星应用产业集群，全面建成卫星互联网与卫星应用标杆城市。

成都市经济和信息化局、成都市新经济委：《成都市卫星互联网与卫星应用产业发展规划（2023—2030 年）》。

└───┘

┌───┐

专栏 6-8

电子科技大学建起量子互联网

量子信息技术是量子力学与信息科学融合的新兴交叉学科，它的诞生标志着人类社会将从经典技术迈进量子技术的新时代。电子科技大学信息与量子实验室是量子互联网前沿研究攻关的"前哨"，也是国内首个位于大学校园内的量子互联网场地实验研究平台。校园内用 3 栋楼模拟未来的 3 个量子中心，并用量子隐形传态方案把它们连接起来。

宋妍妍：《看成都布局量子互联网"试验场"》，《成都日报》2022 年 4 月 14 日。

└───┘

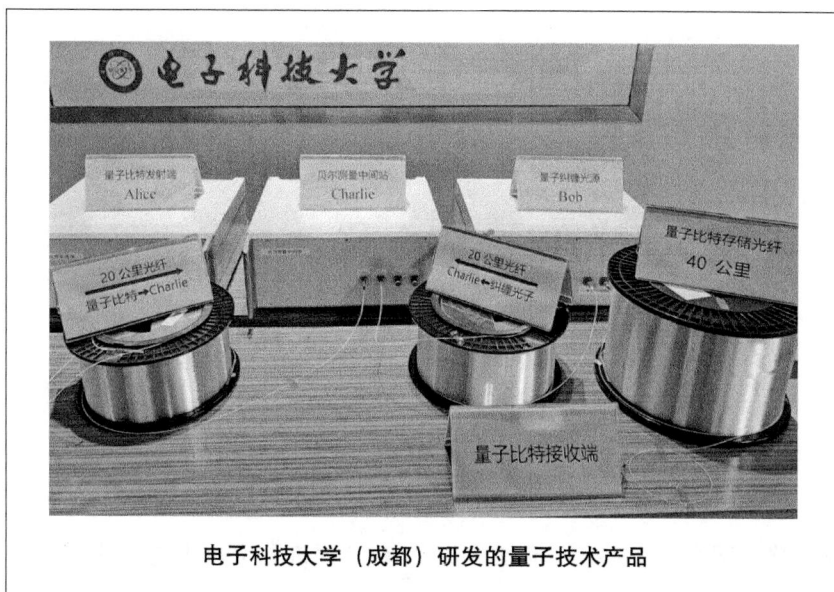

电子科技大学（成都）研发的量子技术产品

第七章

成都市在促进数字技术与实体经济融合领域精准发力

党的十八大以来，党中央高度重视发展数字经济，将其上升为国家战略。国家"十四五"规划纲要提出："促进数字技术与实体经济深度融合，赋能传统产业转型升级，催生新产业新业态新模式，壮大经济发展新引擎。"实体经济始终是经济高质量发展的根基，充分发挥数字技术和数据要素对实体经济的作用，是我国实现经济高质量发展的必然选择。数字技术降低了数据存储、计算、传输、搜寻、复制、追踪和验证的成本，使数据的收集和使用增加。我国数字经济发展较快，成就显著，其规模由 2005 年的 2.6 万亿元增加到 2022 年的 50.2 万亿元，三次产业数字经济渗透率分别达到 10.5%、24% 和 44.7%；数字技术加速渗透各个产业，2022 年全国产业数字化规模达到 41 万亿元。随着 5G、大数据、人工智能、云计算、区块链等数字技术与实体经济的深度融合，我国数字经济呈现出数字产业化和产业数字化双轮驱动的发展态势。

成都市数字经济发展走在全国前列。2019 年以来，四川省与成都市相继获批国家数字经济创新发展试验区、国家新一代人工智能创新发展试验区等称号。2022 年，成都数字经济核心产业增加值达 2779.51 亿元，占地区生产总值的比重为 13.4%，数字经济指数位列全国重点城市第四，^① 城市数字化发展能力位列全国第五、^② 中西部第一。近年，成都市不断夯实数实融合核心底座，推进数字基础设施建设；增强数实融合服务能力，推进数字产业化发展；拓展数实融合应用领域，推进产业数字化转型，在推进现代化产业体系高质量发展上取得了实效。

第一节　数实融合的概念内涵与发展重点

随着数字技术更大范围、更广领域、更深层次进入实体经济，实体经济加快动力转换、体系重构、范式迁移，为经济稳增长、促发展注入新动能新活力。由于我国已基本实现了工业化，数实融合是数字经济发展的核心任务与价值追求。

一、数实融合的概念特征

数实融合是指数字技术向产业发展各领域广泛深入渗透，以数据要素带动资本、技术、人才、土地等生产要素重组，继而驱动产业生产方式、商业模式、组织形态变革，达到提高全要素生产率目的的系统化转型过程。阿里研究院认为，数实融合本质是数字化向非数字实体经济的应用、渗透和重塑。^③

数实融合包括四个层面的融合：一是技术融合，数字技术与传统产业技术、工艺融合创新，改变传统产品、工具、设施等内容。二是要素融合，数据作为最重要的生产要素广泛融入创新创造和价值实现的过程

---

① 数据来源：《大数据蓝皮书：中国大数据发展报告 No.6》。
② 数据来源：《城市数字化发展指数（2022）》。
③ 参见《数实融合的第三次浪潮（2023）》。

当中，提升全要素数字化水平。三是业务融合，推动产业与金融、物流、市场等跨界融合，实现各类产业跨区域跨平台协同、市场收益整合共享。四是价值融合，充分把条块分割的企业边界、产品属性、产业界限予以贯通，实现生产充分智能、要素高效融合、供需高度匹配。

二、数实融合的发展重点是推进数字化转型

在党的二十大报告作出数实融合部署后，2023 年政府工作报告为具体工作指明了方向："加快传统产业和中小企业数字化转型，着力提升高端化、智能化、绿色化水平。"数实融合发展的潜力来源是经济社会各个领域的数字化转型需求。数字化转型是数字产业化和产业数字化协同发展的实现途径，从产品、企业和产业集群三个层面全面推进数实融合，即开发智能汽车、智能机器人等智能化产品，推进企业业务、管理、决策数字化，促进产业集群的产业链、供应链、创新链数字化协同。因此，发展数字经济，促进数实融合，核心工作和关键任务就是推进各行各业实现数字化转型。

(一) 国家及四川省对重点领域推动数字化转型的安排部署

习近平总书记指出，要推动数字经济和实体经济融合发展，把握数字化、网络化、智能化方向，推动制造业、服务业、农业等产业数字化，利用互联网新技术对传统产业进行全方位、全链条的改造，提高全要素生产率，发挥数字技术对经济发展的放大、叠加、倍增作用。

1. 推动制造业数字化转型的安排部署（见表 7-1）

制造业数字化转型是我国推进新型工业化、建设现代化产业体系的重要举措。当前，我国正深化制造业智改数转网联，大力推进重点领域数字化转型，营造数字化转型新生态。工业和信息化部数据显示，

表7-1 国家与四川省对推动制造业数字化转型的安排部署

序号	产业环节	国家要求	来源	四川省部署	来源
1	研发设计	发展工业设计中心	《成渝地区双城经济圈建设规划纲要》	组织开展国家级工业设计中心认定申报	《关于组织开展国家级工业设计中心认定申报的系列通知》
2		推动装备数字化	《"十四五"数字经济发展规划》	搭建智能装备"一站式"综合平台	《关于加快发展新经济培育壮大新动能的实施意见》
3				建设一批智能生产线、数字化车间智慧工程	《加快推进四川省数字经济与实体经济深度融合发展的实施意见》《四川省"十四五"数字经济规划》
4	生产制造	培育推广个性化定制、网络化协同等新模式	"十四五"规划纲要①《"十四五"数字经济发展规划》	培育发展柔性制造新模式	《关于加快发展新经济培育壮大新动能的实施意见》《加快推进四川省数字经济与实体经济深度融合发展的实施意见》
5		深入开展智能制造试点工程	《"十四五"数字经济发展规划》	大力开展智能制造试点示范，培育一批智能制造系统集成商	《四川省人民政府关于加快推进数字经济发展的实施意见》
6				在航空航天、电子信息、装备制造、汽车制造等重点领域，实施"设备换芯""生产换线""机器换工"，建设1000家以上智能工厂/数字化车间，培育100家以上互联网+协同制造示范企业	《四川省人民政府关于加快推进数字经济发展的实施意见》

① 《中华人民共和国国民经济和社会发展第十四个五年规划和2035年远景目标纲要》，简称"十四五"规划纲要。

续表

序号	产业环节	国家要求	来源	四川省部署	来源
7	生产制造	培育发展数字化解决方案供应商	《"十四五"数字经济发展规划》	支持装备制造企业、自动化工程公司，信息技术企业向系统解决方案供应商转型	《四川省"十四五"数字经济规划》
8				支持建设一批省级工业互联网平台，培育国家级跨区域跨领域工业互联网平台	《四川省人民政府关于加快推进数字经济发展的实施意见》《四川省"十四五"数字经济规划》
9	经营管理	推动共建成渝工业互联网一体化发展示范区	《成渝地区双城经济圈建设规划纲要》	推动成渝地区协同建设工业互联网标识解析体系，共建成渝地区工业互联网一体化服务平台，打造成渝地区一体化工业互联网安全体系；组建成渝地区工业互联网产业创新联盟，建好成渝地区工业互联网一体化发展国家示范区	《四川省"十四五"数字经济规划》
10				成都、德阳、眉山及资阳四市共同搭建工业互联网平台	《成都都市圈发展规划》
11	市场服务	建设国际水准数字化转型促进中心	"十四五"规划纲要	建设区域型数字化转型促进中心	《四川省数字化转型促进中心建设实施方案》
12				建设行业型数字化转型促进中心	《四川省数字化转型促进中心建设实施方案》
13				建设企业型数字化转型促进中心	《四川省数字化转型促进中心建设实施方案》

2023 年我国工业互联网核心产业规模达 1.35 万亿元，已全面融入 49 个国民经济大类。截至 2023 年底，我国已培育 421 家国家级示范工厂以及 1 万多家省级数字化车间和智能工厂。智能工厂、数字化车间在提升要素生产率、发展新质生产力方面作用明显。四川作为我国经济大省，近年出台系列政策举措持续推进新型工业化发展，坚持工业兴省制造强省不动摇，加快制造业"智改数转"步伐，构建起富有四川特色和优势的现代化产业体系。

2. 推动服务业数字化转型的安排部署（见表 7 - 2）

党的二十大报告指出，构建优质高效的服务业新体系。预测到 2025 年，我国服务业 GDP 占比、就业人数占比分别达 59.05％和 54.96％、服务消费占居民总支出超一半。数字化既是服务业竞争力提升的引领力量，也是扩大优质服务业覆盖领域的重要方式，更是拓展服务业发展新空间的有力抓手。我国在生产性服务业和生活性服务业若干重点产业领域已陆续出台重点政策举措向提质扩容和转型升级的目标迈进。四川省是国家数字经济创新发展试验区，以"数字四川"战略引领推动数字化发展。在服务业领域，四川重点在交通物流、商贸流通、金融服务、科技创新、文化旅游、医疗健康、城市治理、绿色低碳等领域加快推动数字化转型。

3. 推动农业数字化转型的安排部署（见表 7 - 3）·

农业现代化是"四化同步"的关键领域，伴随世界百年未有之大变局的加速演变，充分把握数字经济发展契机，以农业产业数字化转型赋能农业现代化，对加快农业强国建设、推动我国经济高质量发展和实现中国式现代化具有重要意义。农业产业数字化转型能够有效减少农业生产、流通等环节产生的冗余成本，显著提升农产品质量，提高农业生产效率，已成为促进农业发展的新举措、新趋势和新动力。近

表7-2 国家与四川省对推动服务业数字化转型的安排部署

序号	领域	国家要求	来源	四川省部署	来源
1	生产性服务业 物流	加快传统物流设施数字化改造升级	《"十四五"数字经济发展规划》	推广智能仓储系统、冷链物流中心、智能邮快件投递设施等建设	《加快推进四川省数字经济与实体经济深度融合发展的实施意见》
2				开展智能快递柜、冷链智能自提柜、智能充换电站、无人快递服务站等末端物流设施建设	《四川省"十四五"现代物流发展规划》
3				推动物流新能源汽车充电站、LNG加气站智能化建设	《四川省"十四五"现代物流发展规划》
4		建设跨行业、跨区域的物流信息服务平台	《"十四五"数字经济发展规划》	促进智慧物流平台与电子商务平台对接，构建智能物流配送网络体系	《加快推进四川省数字经济与实体经济深度融合发展的实施意见》
5				推进四川（西部）物流大数据中心等数字化供应链服务平台建设	《四川省"十四五"规划目标纲要》①、《四川省"十四五"数字经济规划》
6		建设智能仓储系统	《"十四五"数字经济发展规划》	推广智能仓储系统、冷链物流中心、智能邮快件投递设施等建设	《四川省"十四五"现代物流发展规划》
7				推动物流追踪与物资管理、智能调度与智能码垛、无人搬运、无人机等新技术新产品应用	《四川省"十四五"现代物流发展规划》

① 《四川省国民经济和社会发展第十四个五年规划和二〇三五年远景目标纲要》，简称《四川省"十四五"规划和2035年远景目标纲要》。

续表

序号	领域		国家要求	来源	四川省部署	来源
8	生产性服务业				推动智能仓储、无接触配送等"互联网+"高效物流新业态不断涌现	《加快推进四川省数字经济与实体经济深度融合发展的实施意见》
9		金融	支持开展法定数字货币研究及移动支付等新应用	《"十四五"数字经济发展规划》	支持成都稳步推进数字人民币试点，着力完善数字人民币应用生态体系、拓展数字人民币应用场景	《四川省"十四五"金融业发展和改革规划》
10					推广数字人民币惠农场景	《四川省"十四五"金融业发展和改革规划》
11			发展智能网点、智慧支付、智能投顾、智能投资等数字化融资新模式	《"十四五"数字经济发展规划》	支持证券业机构运用金融科技开展智能投资顾问、智能投资研究、智能投资业务创新	《四川省"十四五"金融业发展和改革规划》
12		商务	推进跨境电商发展	《"十四五"数字经济发展规划》	推进跨境电商综合试验区建设，大力发展丝路电商	《关于加快发展新经济培育壮大新动能的实施意见》《四川省"十四五"数字经济规划》
13					推进跨境电商零售进口试点	《关于加快发展新经济培育壮大新动能的实施意见》
14			培育壮大零售新业态	《加快培育新型消费实施方案》	加快国家数字服务出口基地建设	《中共四川省委 四川省人民政府关于加快构建"4+6"现代服务业体系推动服务业高质量发展的意见》

续表

序号	领域	国家要求	来源	四川省部署	来源
15				拓展离岸信息技术外包、离岸业务流程外包、离岸知识流程外包	《加快推进四川省数字经济与实体经济深度融合发展的实施意见》
16	教育	深入推进智慧教育	《"十四五"数字经济发展规划》	建设四川省教育大数据中心	《四川省"十四五"数字经济规划》
17				积极开展智慧教育探索与实践，发展互动教育，个性定制等在线教育服务，培育数字教育新业态	《四川省"十四五"数字经济规划》
18				推进在线教育政策试点	《四川省"十四五"数字经济规划》
19				开展数字校园建设	《四川省"十四五"数字经济规划》
20	文旅	以数字化推动文化和旅游融合发展	《"十四五"数字经济发展规划》	加快全省文体旅游新型基础设施建设	《四川省"十四五"数字经济规划》
21				构建全省文旅和体育大数据中心，打造数字文旅和体育资源平台	《四川省"十四五"数字经济规划》
22				加快推进旅游景区、文化场所、运动场所的智慧化改造	《四川省"十四五"数字经济规划》
23				建设数字文旅、智慧体育线上平台	《四川省"十四五"数字经济规划》
24				构建一站式全域数字文旅体系	《四川省"十四五"数字经济规划》

生活性服务业

续表

序号	领域	国家要求	来源	四川省部署	来源
25				打造一批聚集数字文创资源的研发转化平台	《四川省"十四五"数字经济规划》
26				推进全省居民健康信息平台建设	《四川省"十四五"数字经济规划》
27				推进四川省健康档案云平台全面应用，建成一批具有示范效应的智慧医院	《四川省"十四五"数字经济规划》
28	生活性服务业	积极发展"互联网+医疗健康"	《加快培育新型消费实施方案》	大力推进智慧医保建设	《四川省"十四五"数字经济规划》
29				建设医疗保障数智大脑，探索开展全省医保健康大数据创新应用	《四川省"十四五"数字经济规划》
30				加强公共卫生应急管理信息化建设	《四川省"十四五"数字经济规划》
31				建设覆盖全省的远程医疗服务体系	《四川省"十四五"数字经济规划》
32				打造一批智慧微型养老院和智慧养老社区	《四川省"十四五"数字经济规划》
33				积极创建国家级智慧健康养老示范基地	《四川省"十四五"数字经济规划》

表 7-3 国家与四川省对推动农业数字化转型的安排部署

序号	产业环节	国家要求	来源	四川省部署	来源
1	现代农业科技	开展农业关键核心技术攻关，加强农业战略科技力量建设，促进科技与产业深度融合	《"十四五"推进农业农村现代化规划》	推动农业优势特色产业集聚发展	《四川省"十四五"推进农业农村现代化规划》
2	农业生产	推广精准农业种养殖技术	"十四五"规划纲要	推广精准农业种养殖技术	《四川省"十四五"规划和 2035 年远景目标纲要》
3		建设智慧农（牧）场	《数字乡村发展战略纲要》	加快农业物联网应用	《四川省"十四五"数字经济规划》
4		建设农业农村遥感卫星等天基设施	《数字乡村发展战略纲要》	开展遥感、固定观测和移动监测等一体化的农业资源环境监测体系建设	《加快推进四川省数字经济与实体经济深度融合发展的实施意见》
5		建设现代设施农业园区	《数字乡村发展战略纲要》	创建一批以数字化为主的智慧农业现代化示范区	《四川省"十四五"数字经济规划》

续表

序号	产业环节	国家要求	来源	四川省部署	来源
6	农产品加工	推广云计算、大数据、物联网、人工智能等新一代信息技术与农产品加工业全面深度融合应用,打造科技农业、智慧农业	《数字乡村发展战略纲要》	推进农产品加工业提质增效	《四川省"十四五"推进农业农村现代化规划》
7	农产品销售	推进农产品交易市场数字化建设	"十四五"规划纲要	支持大型农业基地和农副产品交易市场建设网上交易平台	《加快推进四川省数字经济与实体经济深度融合发展的实施意见》
8		推进电子商务进乡村	"十四五"规划纲要,《中共中央 国务院关于做好二〇二二年全面推进乡村振兴重点工作的意见》,《数字乡村发展战略纲要》	引导农产品上线销售,打造"川字号"农产品网络展示平台	《四川省"十四五"数字经济规划》
9				鼓励发展面向"一带一路"国家的农业农村电子商务合作,推进农产品跨境电子商务有序规范发展	《四川省"十四五"数字经济规划》
10				深化电子商务进农村综合示范建设,实施"互联网+"农产品出村进城工程	《四川省"十四五"数字经济规划》

序号	产业环节	国家要求	来源	四川省部署	来源
11	农产品物流			引导电商主体共同建立标准化生产基地	《四川省"十四五"数字经济规划》
12		建设农产品智慧物流配送中心	《数字乡村发展战略纲要》	搭建农产品电子商务平台，培育电子商务示范基地	《四川省"十四五"规划和2035年远景目标纲要》
13				加快农村商贸物流发展	《四川省"十四五"推进农业农村现代化规划》
14		建设绿色供应链、推广绿色物流	《数字乡村发展战略纲要》	探索创建绿色低碳工厂、绿色低碳园区和绿色低碳供应链	《关于工业稳增长促发展的若干措施》
15	农业信息服务	推进"三农"综合信息服务	"十四五"规划纲要、《"十四五"数字经济发展规划》	全力推进农业数据整合，明确涉农数据权属，上下互通，共建共享的农业农村数据资源体系	《四川省"十四五"数字经济规划》
16		建设农业农村大数据中心	《数字乡村发展战略纲要》	建立健全农业农村管理决策支持技术体系，构建农业农村大数据平台	《四川省"十四五"数字经济规划》
17		推进重要农产品全产业链大数据建设	《数字乡村发展战略纲要》	建立农产品质量追溯公共服务平台	《四川省"十四五"规划和2035年远景目标纲要》

年来，四川作为全国农业大省在数字农业发展方面开展了系列部署，实施了一批重大示范工程，优势特色产业数字化赋能、农业物联网应用、数字农业科技（农业专家指导系统、农业智能装备系统、智慧农机自动导航驾驶）、农产品交易等领域取得了突破，实现了农业高质高效发展。

4. 打造数字基础底座的安排部署（见表7-4）

习近平总书记强调，要加快建设智能化综合性数字信息基础设施。作为建设网络强国的基石和重要内容，数字信息基础设施（基础底座）正在成为衡量国家核心竞争力的重要标志。适度超前建设数字信息基础设施，有助于为数字中国建设和数字经济发展提供高质量的产品和服务，有助于高效满足千行百业、千家万户对美好数字生活的新需求，有助于塑造发展新动能新优势，进一步推动经济社会数字化转型。我国已加快布局5G、F5G全光网络、数据中心、智能计算中心以及智能终端等重点数字基础设施。四川抢抓"东数西算"重大战略机遇，全国一体化算力网络成渝枢纽节点，打造天府数据中心集群，加快国家"星火·链网"超级节点落地，以新型数字技术设施支撑强省建设。

（二）重点城市推动数字化转型的实践探索

1. 北京强化数字技术赋能消费创新引领作用

北京以数字技术为引领，完善数字消费基础设施，丰富数字消费产品和服务，鼓励数字消费模式创新发展，推动数字技术与消费持续深度融合。一是筑牢数字消费底座。大力推动5G网络、工业互联网、云计算等新基建优先覆盖核心商圈、产业园区；不断完善跨境数字基础设施，提升跨境数字消费便利化水平。推进相关配套设施建设，改造提升数字化现代商贸物流体系，破解数字消费物流瓶颈。截至2023年

表 7-4　国家与四川省对打造数字基础底座的安排部署

序号	领域	国家要求	来源	四川省部署	来源
1	5G通信网络互联互通	推动移动通信网络从4G向5G升级、固定接入网络从百兆向千兆升级、加快下一代互联网规模化应用	"十四五"规划纲要	高水平建设5G和光纤超宽带"双千兆"网络	《四川省"十四五"新型基础设施建设规划》
2		加快5G等新型基础设施建设、丰富5G技术应用场景	《5G应用"扬帆"行动计划（2021－2023年）》	实现四川省5G基站数量和5G网络覆盖双提升	《四川省5G网络建设及应用发展行动计划（2021－2023年）》
3		加快节能5G基站推广应用	《贯彻落实碳达峰碳中和目标要求 推动数据中心和5G等新型基础设施绿色高质量发展实施方案》	重点领域5G应用深度和广度双突破	《四川省5G网络建设及应用发展行动计划（2021－2023年）》
4	工业互联网	加快工业互联网等新型网络设施规模化设施部署	《工业互联网创新发展行动计划（2021－2023年）》	加快工业互联网创新发展，提升制造业数字化、网络化、智能化发展水平	《关于深化"互联网＋先进制造业"发展工业互联网的实施意见》

续表

序号	产业环节	国家要求	来源	四川省部署	来源
5	工业互联网	深化"5G+工业互联网",支持企业全连接建设5G全连接工厂	《"十四五"智能制造发展规划》	深化"5G+工业互联网"、打造工业互联网平台合体系	《四川省加快发展工业互联网推动制造业数字化转型行动计划(2021—2023年)》
6		加快建设国家枢纽节点,按需建设新型数据中心	《新型数据中心发展三年行动计划(2021—2023年)》	发挥国家超算成都中心、成都智算中心等作用,推动CPU、GPU等异构算力提升,逐步提高自主研发算力的部署比例	《四川省关于加快新型数字基础设施建设扩大升级信息消费的若干政策措施(征求意见稿)》
7	先进计算	引导大型、大型数据中心集聚发展,构建数据中心集群	《全国一体化大数据中心协同创新体系算力枢纽实施方案》	优化新一代存算设施布局,聚焦云存储、分布式存储等业务,推进云计算基础设施建设布局	《四川省关于加快新型数字基础设施建设扩大升级信息消费的若干政策措施(征求意见稿)》
8		提高算力能效,加快建设绿色数据中心	《贯彻落实碳达峰中心和目标要求,推动数据基础设施5G等新型基础设施绿色高质量发展实施方案》	加快智能算力基础设施建设,加快建设成都超级计算中心、鲲鹏生态基地等多层次基础国家级超算中心	《四川省"十四五"规划和2035年远景目标纲要》
9		推进云网协同和算网融合发展	《"十四五"数字经济发展规划》	强化公共服务领域技术支撑,提升通用云计算服务能力	《四川省"十四五"新型基础设施建设规划》

精准发力：建设现代化产业体系的成都实践研究

续表

序号	产业环节		国家要求	来源	四川省部署	来源
10	智能终端	边缘计算	加强面向特定场景的边缘计算能力	《"十四五"数字经济发展规划》	强化统筹布局和要素保障，加快算力设施建设，形成结构合理、供需匹配、绿色发展的全省数据中心一体化发展格局	《全国一体化算力网络成渝国家枢纽节点（四川）实施方案》
11		智能网联汽车	建设融合感知平台，推动智能网联汽车与现代数字城市协同发展	《国家综合立体交通网规划纲要》	推进智能网联汽车产业规模以上工业企业数字化改造、数字化转型全覆盖。支持申报国家智能网联汽车"车路云一体化"应用试点，在公共、工地矿场作业、车路协同及绿色能源等领域，汽车开放道路测试与商业化运营，打造一批智能网联汽车换电模式、氢能多场景应用等标杆场景	《支持新能源与智能网联汽车产业高质量发展若干政策措施》
12			以智能网联和新能源为主攻方向，共建高水平汽车产业研发生产制造基地	《成渝地区双城经济圈建设规划纲要》	以新能源和智能网联汽车为主攻方向，在规划协同、技术攻关、产业配套等方面展开合作，共同培育世界级汽车产业发展集群，计划到2025年，两市汽车产量将达到300万辆，实现产值6000亿元	成都市、重庆市共同发布《共建世界级先进汽车产业集群合作协议》

续表

序号	产业环节	国家要求	来源	四川省部署	来源
13		到2025年实现有条件的智能汽车达到规模化生产，实现高度自动驾驶的智能汽车在特定环境下市场化应用	《智能汽车创新发展战略》	开展智能网联汽车道路测试和示范应用，推进智慧高速及车路协同试点	《四川省人民政府办公厅关于加快发展新经济培育壮大新动能的实施意见》
14	智能终端	智能机器人	开展智能制造装备创新发展行动，加快发展智能焊接机器人、智能移动机器人、半导体（洁净）机器人等工业机器人	《"十四五"智能制造发展规划》	培育壮大数控机床、工业机器人等智能装备，推广"机器人＋"和智能制造单元	《四川省人民政府办公厅关于加快发展新经济培育壮大新动能的实施意见》
15			加强机器人核心技术攻关，增加高端产品供给	《"十四五"机器人产业发展规划》	加强人工智能领域基础理论研究与关键共性技术攻关，培育智能机器人、无人机等人工智能重点产品和人工智能龙头企业	《四川省人民政府关于加快推进数字经济发展的指导意见》

4月，北京已建成5G基站9万座，每万人拥有5G基站数全国第一，实现52个市级重点商圈和市内重点景区5G网络全覆盖。二是丰富数字消费内容供给。加速典型数字应用场景推广，培育发展超高清融媒体视听业态，支持8K超高清内容制作，打造"5G＋8K"文体直播新生态；推动电竞平台、精品游戏研发基地等项目建设，打造精品游戏和电子竞技生态。推进数字消费产品产业发展，加快小米手机、理想汽车等智能工厂落地，促进新兴数字技术在消费领域的融合业务应用；打造世界创新数字消费产品首发地，支持移动智能终端、可穿戴设备、智能健身器械、智能网联汽车等新型产品研发应用。三是拓展数字消费新业态。加强沉浸式消费体验，在主要文化及商业街区、景区等建设基于数字孪生技术的智慧商圈，形成了全球首个"5G＋华为河图"智慧商圈——北京坊。推动新场景落地，规划建设高级别自动驾驶示范区，多点位开放载人测试和试乘体验服务。组织开展新型信息消费示范项目征集和遴选工作，培育形成15家信息消费体验中心，涵盖人工智能服务、反向定制生产、"数字技术赋能＋传统零售线下改造"等多个特色应用场景。

2. 杭州打造服务型制造生态

杭州采用服务供给商主导、向制造业核心领域不断深化的模式，打造数字经济和制造业高质量发展"双引擎"，率先走出从"机器换人""工厂物联网""企业上云"到"未来工厂"的智能制造之路。一是打造数字化工程服务体系，强化"软硬"支撑。挖掘细化"软"服务供给能力，引培知名数字工程服务商，推动阿里巴巴supET平台提升创新策源能力和服务能级；建设网易"消费＋设计＋供应＋制造"工业互联网平台；鼓励安恒信息、木链科技等传统软件企业在制造业特定环节拓展数字化市场。提高"硬"支撑能力，引进省级智能化评价中心，充分利用杭州区位、产业和政策优势，招引苏州、无锡和常州等地已有合作意向的装备制造服务商。二是建设高能级平台，支持数字化赋能"共生共赢"。建设中国工业互联网小镇，以阿里云 supET 工业互联网创新中心和中国工业互联网研究院浙江分院为两大"引擎"，打通研发、生产、供应链在内的全价值链协作与资源的精准对接，已打造出秒优大数据科技服装智能制造等数个垂直行业级平台。创建中国（杭州）工业互联网产业园，聚焦工业互联网"连接、平台、安全、服务"四大核心，招引和培育全球工业互联网领军企业。三是构筑服务型制造生态，促进制造业优化升级。杭州在全域数字化改造氛围驱动下，深入推进物联网、云计算、大数据、人工智能与制造业深度融合，鼓励形成数字赋能的集成解决方案，从以加工组装为主向"制造＋服务"转型。落地运营长三角（杭州）制造业数字化能力中心，为大中小制造企业提供数字化转型应用体验和选型参考，线上服务供给涵盖数字化＋研发、生产、物流、服务、营销、管理、云网安全、碳达峰等各个环节。

3. 青岛锚定工业互联网平台，构建立体化数字赋能服务体系

青岛在新旧动能转换的实践中，以平台为锚不断探索跨界融通，从服务平台迭代升级到深入工业园区赋能增效，加速构建数字化"大生态"。一是做强平台，打造共建共享生态赋能模式。伴随着海尔自身制造体系的跃升，卡奥斯平台从制造设备互联互通逐渐由工业互联网向产业互联网方向发展。卡奥斯 COSMOPlat 通过做实基础、做厚中台、做强应用、精准赋能，持续推动企业数字化转型进阶和新技术、新模式、新业态普及，依托"与大企业共建、小企业共享"模式，将大企业数字化创新中沉淀积累的工业机理模型、知识图谱等与中小企业共享，2022 年"1＋N＋X"工赋模式赋能企业 4500 多家。二是驱动企业智能制造升级，强化行业跨界复制能力。聚焦企业端，卡奥斯 COSMOPlat 以大规模定制为核心，部署可扩展的数字化平台，实现整

个价值链的端到端连接，已打造 7 座灯塔工厂；与工业场景深度融合，将智能制造、供应链、采购等关键能力模块化，打造为灵活组合、快速部署的专业化云平台和应用，实现产品创新和场景迭代。聚焦行业端，采取与行业龙头企业合作的策略，共同构建符合行业特征的产业平台，将卡奥斯定位为母平台，已孕育出化工、模具等 15 个行业生态。三是与城市共同发展，赋能园区与区域经济。卡奥斯 COSMOPlat 从城市经济数字化入手，以工业互联网赋能企业、产业转型，为实现治理数字化和生活数字化夯实基础。上线了全国首个政企合作、市场化运作的"工业互联网企业综合服务平台"，成功打造以平台赋能百业改造、以数据增益千企升级的"青岛样板"。

第二节　提升数字技术、数据要素、数字基建的供给能力

一、提升数字技术创新研发能力

党的十八大以来，成都主动牵住自主创新"牛鼻子"，推动数字技术与实体经济深度融合，围绕产业链部署创新链，攻关关键核心技术，布局高能级创新平台，探索重大关键技术攻关新体制，营造数字经济创新生态，加快打造数字经济创新策源地。

（一）努力突破关键核心数字技术

1. 攻关数字经济"卡脖子"技术

聚焦智能传感技术、工业软件技术、光刻技术等数字经济"卡脖子"重点领域，开展产业核心技术攻关，提升重大战略技术自主化水

平。比如，在智能传感技术领域，成都主要聚焦毫米波雷达、多源协同探测与分类识别等智能感知基础理论与前沿技术，搭建智能感知可靠性测试与验证公共技术平台，形成集芯片、模块、算法与系统于一体、具备国际领先水平的智能感知技术体系，解决智能感知领域的集成化、低功耗、高性能等前沿技术瓶颈问题。

2. 突破数字经济关键技术

以产业数字化共性技术需求为导向，重点推动集成电路微纳技术、光电集成技术、网络信息安全、人工智能、高性能计算、区块链等关键数字技术突破。比如，在光电集成技术攻关领域，成都重点聚焦光电子超高速率、超低功耗优势和微电子超大规模、超高精度特性，构建全链条光电子与微电子集成研发体系，重点推动硅基光子集成、混合光子集成、微波光子集成、集成电路设计与器件工艺等技术研发，解决光电集成应用的超高速、超低功耗等技术瓶颈。

3. 布局数字经济前沿引领技术

聚焦量子通信、功率半导体、太赫兹通信、脑科学与类脑研究等前沿数字技术领域，依托中科院、电子科技大学、四川省脑科学与类脑智能研究院等高校和科研院所，推动量子网络通信、网络与电磁空间安全等技术取得系统性突破。比如，在量子通信技术领域，成都重点聚焦量子密码通信、量子测量与传感和量子密集编码等重点领域，发展可控材料生长制备新型量子材料，发展高性能探测与量子信息等应用量子效应的基础核心技术，支持具有自主知识产权的高性能灵敏探测、超导量子器件与电路、量子存储、量子模拟、量子计算等关键技术，为建设量子材料与器件研制应用技术高地做好充分储备。

（二）努力构建高能级创新平台体系

1. 打造数字经济战略科技平台

成都聚焦提升数字经济原始创新能力，加快推进柔性基底微纳结构成像装置等重大科技基础设施落地，推动电磁空间与泛在互联实验室挂牌运行。比如，脑信息与类脑智能研发平台基础设施建设，成都市依托神经信息国际联合研究中心、神经信息教育部重点实验室，以国家脑与类脑科技重大科技发展战略需求和国际前沿研究为导向，在脑智研究领域的若干基础理论、关键技术和类脑智能芯片设计与开发等方面实现重大原创突破，打造国内领先、国际一流的科研基地。

2. 建设数字经济产业创新平台

成都聚焦提升数字经济研发与转化能力，推动数字经济领军企业牵头联合高校院所组建重点实验室、新型研发机构、企业技术中心、工业设计中心等创新联合体。加快推进数字经济相关国家技术创新中心、产业创新中心和工程研究中心等建设。比如，建设数字文创创新平台，成都以索贝国家文化和科技融合示范基地、数字媒体技术四川省重点实验室等为引领，支持创新能力较强的高校、研究院、企业等申报国家重点实验室，打造数字文创技术创新体系。

3. 完善数字经济功能服务平台

成都聚焦提升数字经济公共技术服务能力，加快推进集成电路公共设计平台、国家"芯火"双创基地（见专栏 7－1）等创新平台载体建设。布局中试共享生产线、EDA/IP、检验检测中心和公共试验设施，推动概念验证、技术成熟度评价、中试熟化开发，增强公共服务平台对企业的服务支撑能力。比如，建设国家"芯火"双创基地，成都不断整合集成电路设计公共服务资源，建设设计平台、测试平台、人才培养平台，围绕射频微波、信息安全、北斗导航、功率半导体、人工智能、物联网等领域，打造政产学研一体的集成电路设计创新生态体系。

专栏 7 - 1

成都国家"芯火"双创基地

　　成都国家"芯火"双创基地是由工信部批复成立的集成电路一站式专业服务平台，是西南地区首家国家"芯火"双创基地。成都"芯火"基地在高新西区和高新南区分别设立中心，以集成电路核心技术和产品为着力点，为小微企业、初创企业和创业团队提供 EDA 工具、测试、流片等技术服务，为行业提供高峰论坛、技术交流、人才培养、项目路演、产品推广以及产业政策辅导、知识产权交易等孵化服务，全产业链多角度多层次覆盖创新创业需求，推动形成"芯片-软件-整机-系统-信息服务"的产业生态圈。成立至今，成都"芯火"基地已为 120 家企业提供 530 次专业服务，支持本地企业实现年产值增量总计超过 30 亿元，不仅有效提升了芯片产品性能、帮助集成电路企业降本增效，也加速了成都乃至中西部地区集成电路产业的发展。

　　成都电子信息产业生态圈联盟：《成都国家"芯火"双创基地》，https：//www.cdeiie. org. cn/cpzxs_detail/431. html。

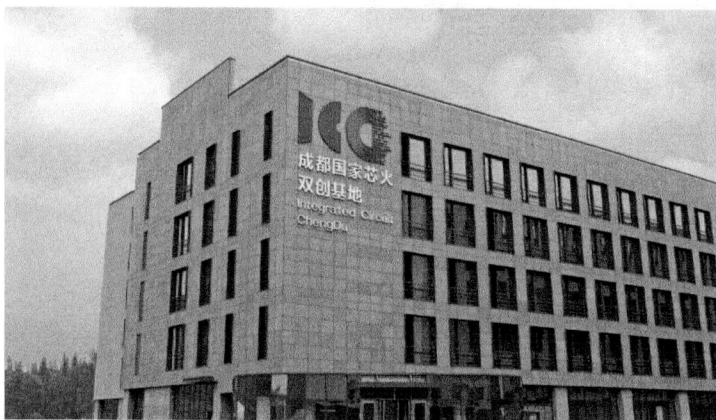

(三) 探索重大关键技术攻关新体制

1. 实施关键核心技术攻关"揭榜挂帅"机制

建立"发榜-创新企业或创新联合体揭榜-揭榜企业挂帅攻关"的机制，鼓励揭榜企业开展技术攻关"赛马"。

2. 建立关键核心技术攻关组织机制

构建数字经济关键核心技术清单式管理制度、产业发展精准对接目录和技术攻关任务清单。

3. 完善支持重大技术攻关的财政投入机制

支持企业、高校、科研院所、金融机构等社会力量增加投入，建立科技研发风险资金池，实施关键核心技术攻关风险分担。

4. 优化数字经济科研奖励机制

加快构建顺畅高效的数字技术创新和转移转化体系，完善知识产权保护和交易机制，探索科研成果的资本化运作。

(四) 营造数字技术创新生态

1. 健全科技成果转化体系

完善孵化器、众创空间、高品质科创空间等多层级科技成果转化孵化载体，创新数字科技创新容错机制和科技成果转化机制，降低数字科技创新和成果转化的门槛。

2. 探索打造国际化开源社区

推动基础软件、通用软件开源，提升云原生架构、关键算法资源、低代码工具和环境等供给能力，加强数字技术产品、数字化解决方案整合封装，培育具有国际竞争力的开源生态。

3. 加强数字经济领域人才引育

支持在蓉高等院校设置数字经济相关专业，鼓励企业与高校建设联合学院、联合实验室、联合项目等人才培养内容。紧扣重点产业领域编制"高精尖缺"引才目录，探索建立"候鸟型人才"和"云端工程师"的引进、激励和服务机制，加快引进一批数字经济领域学科带头人、技术领军人才和高级管理人才。

4. 创建数字经济创新发展品牌

持续举办天府数字经济论坛、中国数字经济投融资机构四川行等高端创新交流活动，促进数字经济创新成果交易。

二、加快释放数据要素活力

成都持续将数据作为关键生产要素，以数据资源化为起点，以数据要素市场化配置流通、融合创新为重点，促进数据资产化和资本化转变，加快实现数据价值化，释放数据要素红利，建设全国数据运营枢纽。

（一）积极推进数据资源化

1. 聚焦数据资源高效采集

打通数据壁垒，加快传感、控制、管理、运营等多源数据一体化集成，依法依规加强数据采集标注，构建全流程数据链。

2. 聚焦数据高质量汇聚

引导政府部门、公共机构、企业开展数据资源编目，强化数据源头治理、清洗和预处理，优化提升政府数据、科研数据质量评估、监督、问责等机制，依法依规建设多来源支撑的数据资源库。

3. 聚焦数据资源标准构建

优化完善跨部门、跨行业的数据标准体系，探索开展数据基础术语、数据交换共性、数据隐私安全、数据行业应用等数据标准研制，积极参与数据资源国际标准制定。

（二）加速推进数据资产化

1. 聚焦公共数据高效运营

健全涵盖公共数据运营主体、运营授权、运营平台、运营办法等的市场化全体系创新架构，持续探索精准高效的公共数据开发运营新模式，优化公共数据运营服务平台功能，依法依规完善透明化、可记录、可审计、可追溯的全过程数据管理机制，保持政府数据授权运营效率走在全国前列。

2. 聚焦科学数据共建共享

整合全市科学数据共享和科学数据竞赛平台，依托成都超算中心（见专栏 7-2），汇聚科学数据要素，打造科学数据资源池与全国最具价值的科学数据共享中心。

专栏 7-2

高质量建设国家超算成都中心

成都超算中心位于成都科学城鹿溪智谷核心区，包含硅立方计算机、动力楼和科研楼等部分。2020 年投运以来，成都超算中心先后为北京、上海、广州、重庆等 35 个城市的 760 余个用户提供了算力服务，服务领域涵盖航空航天、装备制造、新型材料、人工智能等 30 个领域，包括高海拔宇宙线观测站等 13 个国家重大科技基础设施、国家级课题。2023 年 7 月，国家超级计算成都中心获批成为筹建国家新一代人工智能公共算力的开放创新平台之一。超算中心的具体服务包含了计算资源、软件开发、项目技术、人才培养引进、计算产业推广等 5 个方面。当前，最高运算速度达 10 亿亿次/秒，已进入全球前十。

百度百科："国家超算成都中心"词条，https：//baike. baidu. com/item/％E5％9B％BD％E5％AE％B6％E8％B6％85％E7％AE％97％E6％88％90％E9％83％BD％E4％B8％AD％E5％BF％83/62060210？ fr＝ge＿ala。

成都超算中心全景图[①]

3. 聚焦社会数据融合创新

加快建设社会数据融通平台，打造基于隐私计算的大规模应用平台，通过提供"数据不出网、价值出网、数据融合"等多种"数据不见面"服务模式，创新社会数据流通机制，促进产业链上下游企业数据融通、政企数据有效融通。

---

① 图片由中国建筑西南设计研究院提供。

（三）探索推进数据资本化

一是探索推进数据证券化。推进数字经济相关企业在合法范围内，依托数据资产，通过 IPO、并购重组等手段获得融资。

二是探索建立数据银行。以科研数据为示范，面向学术期刊、科研人员提供在线存储、汇交管理、长期保存与获取、共享、出版、引用服务。

三是探索创新数据信托产品运营模式。促进数据资产运用、增值和收益。

（四）健全数据交易流通机制

1. 完善数据交易场所及配套机构

建设四川数字资产交易中心，完善数据产品交易撮合、数据资产登记发布等功能，鼓励设立社会性数据经纪机构，规范开展数据要素市场流通中介服务。

2. 完善数据运营流通制度

强化数据交易监管，依托四川数字资产交易中心，搭建数据流通监管平台，分级分类明确数据交易监管主体和监管对象。

3. 探索跨区域数据流通模式

依托成德眉资同城化，开展省内跨地市州数据要素流通应用合作，发挥两江新区—天府新区数字经济产业联盟资源链接枢纽作用，推进成渝地区数据要素流通应用合作，探索形成跨层级、跨区域的国家数据要素流通试点示范。

三、适度超前布局新型数字基础设施

成都市坚持统筹集约、适度超前，加快建设通信网络基础设施、先进算力基础设施和城市融合基础设施，形成技术先进、模式创新、支撑有力的新型数字基础设施体系，筑牢数字经济发展底座，强化实施"东数西算"工程的硬件支撑。

（一）全面升级通信网络基础设施

1. 协同推进"双千兆"网络建设

适度超前部署 5G 和光纤超宽带"双千兆"网络，积极推行"微基站＋智慧杆塔""5G＋Wi－Fi6"等新型 5G 网络部署方式，推进 5G 独立组网（SA）建设，率先在全国实现 5G 规模化商用，提档升级光纤超宽带网络，持续扩大光纤超宽带网络覆盖范围。

2. 加快城市级泛在感知物联网络部署

将物联网感知设施纳入公共基础设施统一规划建设，打造 5G 和窄带物联网（NB－IoT）协同发展的生态体系，加快窄带物联网（NB－IoT）由中心城区向城乡拓展覆盖。

3. 推进新型互联网基础设施建设

全面规模化部署基于第六版互联网协议（IPv6）的下一代互联网，推动国家级互联网骨干直联点点间带宽扩容，拓展成都国际互联网数据专用通道。

4. 深化工业互联网建设

加快"5G＋工业互联网"融合应用，培育产业特色显著的工业互联网平台，推动国家"星火·链网"超级节点、骨干节点、工业互联网标识解析体系二级节点落地建设，加快建设工业互联网（成都）创新中心，健全"国家工业互联网标识解析（成都）节点"运营管理机制，建设基于工业互联网标识解析的区块链基础设施。开展未来网络实验验证，探索构建新型卫星互联网，实施"星河"智能卫星互联网建设工程，打造国内领先的北斗应用基础设施，开展 6G 关键技术攻关与量子通信应用试点。

（二）前瞻布局先进算力基础设施

一是精准科学构建算力基础设施架构，形成"超算中心＋智能计算中心＋边缘数据中心"互为支撑、赋能产业的组织体系，突出算力设施公共服务属性和产业带动特性。

二是高标准运营成都超算中心，推动构建基于鲲鹏及昇腾、海光芯片的多架构、分布式智能算力支持体系。

三是加快建设成都智算中心，打造全球领先的新一代人工智能算力平台，更好赋能超大城市治理。

四是科学精准谋划云计算数据中心，提升大数据"云端"分析处理承载能力，为中小企业"上云用数赋智"数字化转型创造有利条件。

五是建立完善边缘算力供给体系，灵活部署边缘计算数据中心，有效支撑低时延高频次业务需求。强化数据中心绿色化设计指导，加快推进节能改造。

（三）加快建设城市融合基础设施

1. 建设市政智能感知基础设施

围绕供排净一体化，实施智慧水务融合工程，加快建设智慧多功能杆，构建生态环境天空地一体化测、管、治信息化能力体系，推动城市公园、绿地、绿道智慧监管设施建设。

2. 打造智慧交通新设施

推进交通运输基础设施和交通枢纽服务设施的感知、通信、计算等设备扩面升级，推动基于 5G 车路协同车联网大规模验证与安全应用，完善无人驾驶测试验证基础设施，推动智慧城轨、智慧机场建设，探索建设智慧出行服务（MAAS）系统。

3. 布局智慧能源设施

推进电网向能源互联网转型升级，加快面向智能电网的 5G 新技术规模化应用，构建覆盖"发输配用"各环节的物联感知体系，搭建多能协同的能源数字管理平台，优化新能源充换电基础设施、氢能基础设施等能源终端设施布局。

4. 建设智慧物流设施

推动仓储、分拣、配送、装卸等一体化集配设施智能化升级，加快运载工具、货物操作单元等物流环节主要载体的信息感知、采集等物联网技术和装置建设，建设无人智能收投终端和末端服务平台。

第三节　成都坚持数字产业化和产业数字化双轮驱动

一、数字产业化、产业数字化构成数字经济发展基础

（一）数字经济分类

数字经济是继农业经济、工业经济之后的主要经济形态，主要指

以使用数字化的知识和信息作为关键生产要素、以现代信息网络作为重要载体、以信息通信技术的有效使用作为效率提升和经济结构优化的重要推动力的一系列经济活动。2021年，国家统计局公布了《数字经济及其核心产业统计分类（2021）》（以下简称《数字经济分类》），从"数字产业化"和"产业数字化"两个方面，首次确定了数字经济的基本范围。

根据《数字经济分类》，数字经济具体分为：数字产品制造业、数字产品服务业、数字技术应用业、数字要素驱动业、数字化效率提升业5大类。前4大类为数字产业化部分，即数字经济核心产业，是指为产业数字化发展提供数字技术、产品、服务、基础设施和解决方案，以及完全依赖于数字技术、数据要素的各类经济活动，对应于《国民经济行业分类》中的26个大类、68个中类、126个小类，是数字经济发展的基础。第5大类产业数字化部分，是指应用数字技术和数据资源为传统产业带来的产出增加和效率提升，是数字技术与实体经济的融合。该部分涵盖智慧农业、智能制造、智能交通、智慧物流、数字金融、数字商贸、数字社会、数字政府等数字化应用场景，对应于《国民经济行业分类》中的91个大类、431个中类、1256个小类，体现了数字技术已经并将进一步与国民经济各行业产生深度渗透和广泛融合。

（二）协同推进数字产业化和产业数字化

发展数字经济，要协同推进数字产业化和产业数字化。其中，数字产业化是数字经济的核心产业，是完全依赖于数字技术、数据要素的各类经济活动，它为产业数字化发展提供数字技术、产品、服务、基础设施和解决方案。而产业数字化则是以数据为关键生产要素，用数字技术对产业链上下游的全要素数字化升级、转型和再造的过程。

1. 数字产业化，是数字经济发展的根基和动力

数字经济产业是支撑我国经济复苏的重要动力。要聚焦数字产业化战略前沿，大力发展数字经济核心产业，培育壮大人工智能、大数据、区块链等新兴数字产业，提升通信设备、核心电子元器件、关键软件等产业的水平。同时，也要聚焦关键领域，强化精准攻关，加快技术突破，增强自主可控能力。开展强链补链行动，推进车联网、人工智能等先导区建设，加快构建具有国际竞争力的先进数字产业集群。《中华人民共和国国民经济和社会发展第十四个五年规划和 2035 年远景目标纲要》指出了我国数字经济的重点产业（见表 7-5）。

表 7-5　中国数字经济重点产业表

1. 云计算 加快云操作系统迭代升级，推动超大规模分布式存储、弹性计算、数据虚拟隔离等技术创新，提高云安全水平。以混合云为重点培育行业解决方案、系统集成、运维管理等云服务产业
2. 大数据 推动大数据采集、清洗、存储、挖掘、分析、可视化算法等技术创新，培育数据采集、标注、存储、传输、管理、运用等全生命周期产业体系，完善大数据标准体系
3. 物联网 推动传感器、网络切片、高精度定位等技术创新，协同发展云服务及边缘计算服务，培育车联网、医疗互联网、家具物联网产业
4. 工业互联网 打造自主可控的标识解析体系、标准体系、安全管理体系，加强工业软件研发应用，培育具有国际影响力的工业互联网平台，推进"工业互联网＋智能制造"产业生态
5. 区块链 推动智能合约、共识算法、加密算法、分布式系统等区块链技术创新，以联盟链为重点发展区块链服务平台和金融科技、供应链管理、政务服务等应用方案，完善监管机制

6. 人工智能 建设重点行业人工智能数据集，发展算法推理训练场景，推进智能医疗装备、智能运载工具、智能识别系统等产品设计与制造，推动通用化和行业性人工智能开放平台建设
7. 虚拟现实和增强现实 推动三维图形生成、动态环境建模、实时动作捕捉、快速渲染处理等技术创新，发展虚拟现实整机、感知交互、内容采集制作等工具软件与行业解决方案

2. 产业数字化，是数字技术赋能产业的"主战场"

数字经济与实体经济深度融合，是发挥我国海量数据和丰富应用场景优势、引领全球数字经济发展的必然选择。产业数字化转型发展周期长、复杂程度高，不同行业领域及企业类型在产业数字化转型过程中面临"不会转、不能转、不敢转、不善转、不愿转"等问题。因此，要立足不同产业特点和差异化需求，把握数字化、网络化、智能化方向，利用数字技术对传统产业进行全方位、全链条改造，推动制造业、服务业、农业等产业数字化，拓展新模式、新业态、新产业（见专栏7-3）。尤其要充分发挥领军企业带动作用，促进大中小企业协作，搭建开放平台，加快数字基础设施建设，切实降低中小企业数字化转型成本。

专栏7-3

新希望鲜生活助力客户打造柔性交付能力

1982年成立的新希望集团是诞生于四川成都的中国农业产业化国家级重点龙头企业，2023年在世界500强企业排名476位。新希望鲜生活冷链成立于2016年，是新希望集团打造的冷链食品通路服务公司，为餐饮企业、生鲜零售企业、生鲜食品生产贸易企业提供从源头到门店的全程冷链供应链服务。在数字化转型过程中，新希望鲜生活依托其研发的冷链物流行业供应链 SaaS 集群平台，向客户提供一体化供应链解决方案，帮助客户打造柔性交付能力，赋能客户库存周转天数下降 20％、临期库存降低 40％、交付时效提升 5％—10％。比如，"运荔枝"（见下图）是鲜生活冷链旗下的冷链科技平台，自研供应链 SaaS 系统和供应链数智产品应用商城，通过"AI 预警、运力推荐、智能排线、共配拟合"等数智产品，整合干线、城配、落地配、宅配的业务客户订单，可缩短 65％调度所需时间，提升 27％车辆满载率，提升 30％库存周转率，实现温度全流程实时状态监控，保障生鲜食品品质，提高交付时效。"运荔枝"已有入网冷链车超 16 万十台、入网云仓超 1000 万平米，搭建的全国柔性履约网络触达 60 万门店，覆盖全国 31 个省、超 2800 个区县。

《鲜生活冷链成立冷链宅配团队，补齐 C 端交付场景》，微博网食安资讯，https：//weibo. com/ttarticle/p/show? id＝2309404980238475198638。

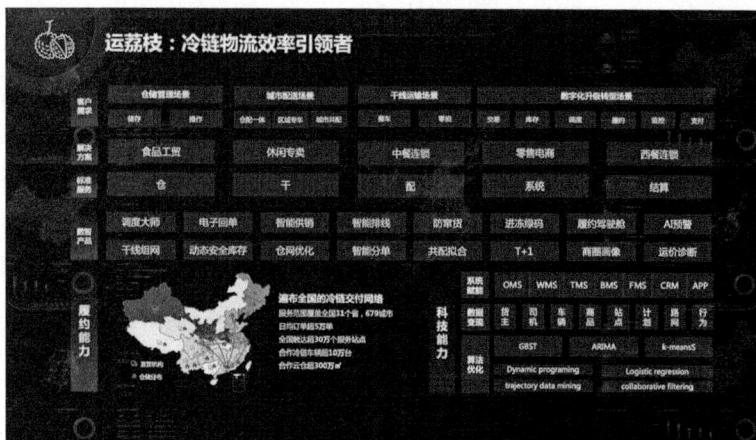

新希望集团鲜生活"运荔枝"科技平台运作图示①

---

① 《架起农业商业流通大动脉，新希望鲜生活冷链获 B 轮融资》，中华网，https：//tech. china. com/article/20220311/032022 _ 1027891. html。

二、成都加快发展具有竞争优势的数字核心产业

"十四五"期间，成都市重点突出数字经济产业标识性、融合性、未来感，规划了"6个核心产业＋7个新兴优势产业＋6个未来赛道"的数字经济产业体系（见图7-1），加快促进数字产业化和产业数字化，全面提升数字产业竞争力。其中，以集成电路、新型显示、智能终端、软件和信息服务、人工智能、新一代信息网络产业为代表的6大核心产业作为发展数字经济的重中之重。

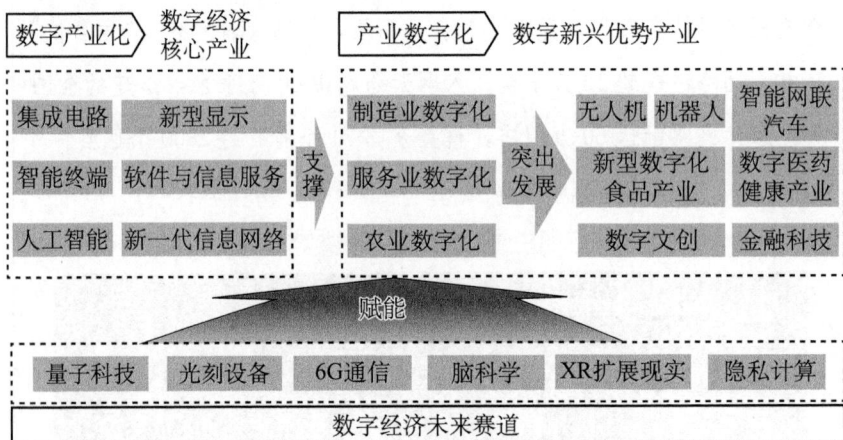

图7-1　成都数字经济产业体系

（一）聚焦集成电路产业

成都一直是西南地区最重要的集成电路产业力量，其发展源于新中国成立初期，承担了不少国家重大军工基础专项建设，成为国内最早的重要电子信息产业基地，近年来又得到加速发展，进一步夯实了成都的集成电路产业基础，其产业规模居全国第一方阵，为中西部第一位。（见图7-2）当前，成都在集成电路产业链领域重点发展集成电路设计、化合物半导体、封装测试、新型存储等。加快提升5G射频微波、通用CPU、北斗导航、人工智能等领域高端芯片设计能力。优化

GaAs/GaN 生产工艺制程，研发量产 5G 中高频芯片、器件，超前布局太赫兹芯片，提升化合物半导体产业链水平。支持开展 CSP、WLP、SIP、TSV、三维封装等先进封装测试技术研发及产业化。发展 3DNAND 等先进存储芯片，促进存储芯片自主可控，力争实现"芯片-操作系统-基础软件"端到端完全自主研发的存储技术突破。

产量（亿块）

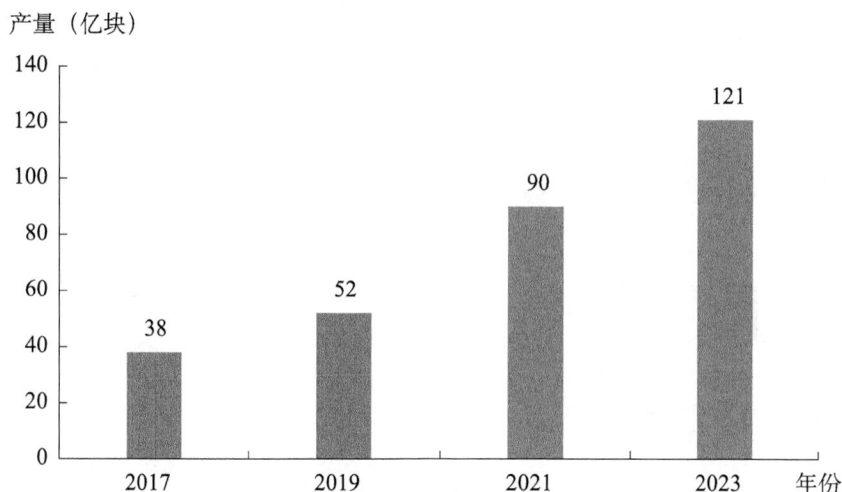

图 7－2　2017—2023 年成都市集成电路产量

（二）聚焦新型显示产业

2023 年 8 月 8 日，成都大运会闭幕式上，舞台以 31 个"手机"屏幕为主形象元素，最中间的一块是"成都窗"，通过 31 块手机屏，以"显示无处不在"的形式向世界传递了成都第 31 届世界大学生夏季运动会的青春和活力，也吸引了更多来自世界的目光。作为全球显示产业的"重镇"，成都的"显示度"正持续提升，聚集了产业链上下游企业超 800 家，产品种类涵盖了 Mini/Micro LED、OLED、LCD、激光显示、电子纸等主流产品，已形成相对完整的新型显示产业生态圈。当前，新型显示产业领域成都描绘了产业链图谱（见图 7－3），将重点发展 AMOLED 柔性面板、TFT－LCD 超高清大尺寸面板制造，以及上下游产业配套。促进现有显示面板产线加快投产、量产、达产，攻克柔性基板制备技术、有机发光材料蒸镀技术、IGZO 制备技术。加快大尺寸玻璃基板、高世代掩膜版、OPENMask 掩膜版、OLED 有机发光材料国产化替代。推动京东方智慧创新中心建设，推动 OLED 产业链企业聚集，构建产业生态圈。

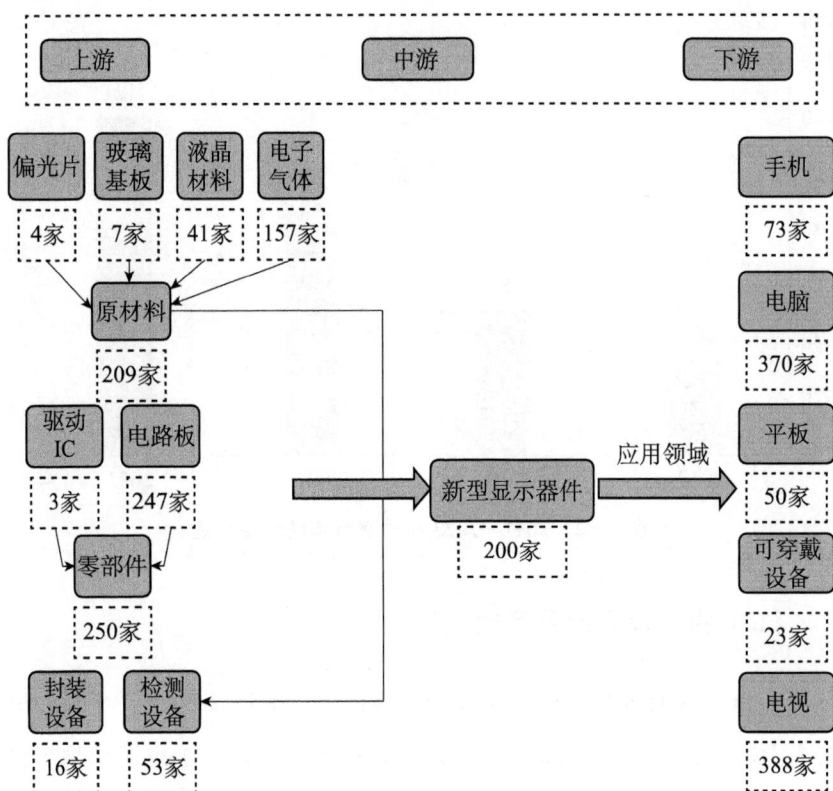

图 7-3   成都市新型显示产业链图谱

（三）聚焦智能终端产业

成都市将建设国际一流的智能终端产业聚集区。在终端产业领域重点发展消费类电子、行业应用类电子等。加快建立涵盖"芯片-器件-整机-系统应用"的完整新型计算终端产业生态，提升轻薄便携超高清平板电脑、笔记本电脑、大屏幕触控型一体化台式机、4K 以上分辨率及 8K＋5G 终端等中高端产品占比。大力发展车载智能系统、控制系统、传感器等智能汽车电子，大气数据系统及传感器、空管系统、机载空地通信、北斗导航等航空航天电子，积极推广应用医疗电子设备以及便携式家用医疗电子产品等。比如，浪潮集团在近期联合成都地方国资平台共同启动包含 Led 显示屏等新型智能终端产品的柔性生产线，引入了首批 30 余家生态链主企业入驻落地，计划两年内把成都武侯区打造成浪潮智能终端产业生态圈。同时，生产制造之外，浪潮会把成都的研发中心建起来，主要围绕新型显示、数字家庭、新能源三个领域展开，为未来 3～5 年要落地的新产品和技术奠基。

（四）聚焦软件和信息服务产业

作为全国首批中国软件名城，软件产业是成都市的支柱产业，也是我市首个万亿级产业——电子信息产业的重要组成部分。成都软件和信息服务集群与成渝地区电子信息先进制造集群、成德能源高端装备集群共同获批国家先进制造业集群。2023 年中国软件名城评估结果，成都市居副省级城市第四、中西部首位，成都市软件主营业务收入增长较快（见图 7－4）。2023 年，成都市软件产业新签约四川欧拉生态创新中心、中软国际鸿联（四川）生态基地等高端软件与操作系统产业链项目 26 个，总投资约 365 亿元。未来，成都市将重点发展核心基础软件、共性支撑软件、工业软件、网络信息安全软件等高端软件及大数据。围绕新型智能硬件，发展适配的基础软件平台、智能软件工程方法、工具和环境，加快分布式架构操作系统、数据库等基础软件研发。构筑覆盖研发设计、工艺仿真、生产制造、运维服务等各环节的工业软件产业链条。聚焦研发设计、生产制造、运维服务等领域，重点发展 CAD、CAM、MOM 等典型工业软件。面向产品集成开发、产线集成、风险管控等需求，发展仿真分析、订单排产、故障检测等工业 App。聚焦运行支撑软件、开发工具软件、应用系统等方面，发展嵌入式操作系统、嵌入式应用系统等嵌入式软件。聚焦访问控制、安全监测等领域，发展主机安全防护系统、制造执行系统 MES 层安全平台等工业控制安全软件。聚焦工业大数据、异构计算引擎等领域，发展异构云平台统一管理、数据可视化等工业软件中间件。围绕数据全生命周期，重点发展数据清洗、数据脱敏、数据挖掘分析、数据可视化等大数据服务，开发数据中台、业务中台等技术和产品，拓展社会信用、舆情监管、金融风险评估等应用领域，推动大数据产业基础支撑层、数据服务层、融合应用层全产业发展。

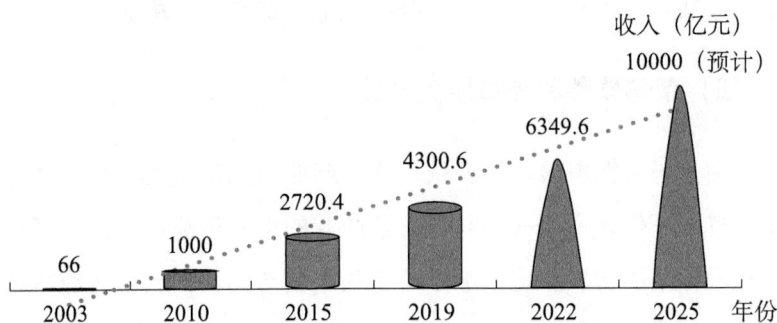

图 7-4　2003—2025 年成都市软件产业主营业务收入增长趋势

（五）聚焦人工智能产业

为抢抓人工智能发展战略机遇，加快建设成都国家新一代人工智能创新发展试验区，成都市政府办公厅印发《成都建设国家新一代人工智能创新发展试验区实施方案》。方案聚焦"1＋1＋N"，即"一核一区多园"空间载体布局（见图 7-5）①；突出"2＋3"，即强化"两大支

———————

①　"一核"是指在成都高新区，依托成都新经济活力区建设国家级人工智能产业融合发展核心区；"一区"是指在成都天府新区，依托成都科学城建设国家级人工智能创新设施集聚区；"多园"是指在"成都东部新区智能制造产业园""成都智能应用产业功能区""天府智能制造产业园""青白江欧洲产业城"等区域打造 10 个以上"AI＋"融合应用特色专业园区。

撑"①、开展"三项必试"②；打造"3＋4"，即"三大特色场景"③ 和 "四大重点场景"④；推进实施170余个重点项目，总投资超过1000亿元。成都市将在人工智能产业链领域重点发展人工智能芯片、生物识别、智慧空管等。加快研发面向大数据的云存储、智能传感和信息网络领域专用芯片，加强基于 GPU、FPGA 等通用芯片的半定制方案、针对深度学习算法的专用芯片等关键技术创新，抢占人工智能硬件发展先机。促进生物识别技术与云计算、深度学习等技术融合发展，培育指纹、人脸、虹膜、静脉、声纹、姿态等六大生物识别技术及产品。构建智能无人机多领域、多维度、多要素深度融合场景体系，加快构建地空协作平台，实现在恶劣环境下、未知场景下进行视觉信息的主动探测与感知。

图 7-5　成都市人工智能产业"一核一区多园"空间载体布局

---

① "两大支撑"：基础设施支撑和技术供给支撑。

② "三项必试"：围绕智慧城市管理等开展社会实验；围绕数据开放共享等方面开展政策试验；围绕智慧金融、智慧医疗等特色重点场景开展应用示范。

③ 三大特色场景：智能空管、普惠金融、智慧医疗。

④ "四大重点场景"：智能制造、智慧交通、智慧农业、智慧旅游。

（六）聚焦新一代信息网络产业

2019 年，成都市颁布了《成都市 5G 产业发展规划纲要》，提出要将成都建设成为 5G 网络供给全国领先、行业应用深度融合、核心生态高度汇聚、产业聚集效应凸显的中国 5G 创新名城。4 年来，成都市在信息网络产业领域重点发展 5G、卫星网络、网络安全信息等优势产业链，深入实施"十大重点工程"（见表 7-6），着力打造三大产业基地。一是推进 5G 产业规模化发展，搭建 5G 测试、协同创新、实验认证基础型创新链条，加快建设 5G 行业终端与应用创新中心，推动 5G 与垂直行业深度融合。二是布局做强光纤光缆、光器件、光模块、微基站、网络通信设备、卫星通信等特色优势领域，做强雷达、空管系统、北斗导航、卫星通信等领域的技术优势，增强通信设备核心研制能力。三是布局工业互联网安全、车联网安全、商用密码应用、网络安全服务等重点领域，构筑技术创新、产业生态、服务应用三大优势。

表 7-6　成都市 5G 产业发展十大重点工程列表

序号	工程名称
1	5G 精品网络建设工程
2	5G 大视频应用试点示范工程
3	5G 智慧医疗试点示范工程
4	5G 网联无人机应用试点示范工程
5	基于 5G 的工业互联网试点示范工程
6	5G 智能驾驶试点示范工程
7	5G 产业公共服务平台建设工程
8	5G 优势产业发展培育工程
9	5G 关联产业发展培育工程
10	5G 龙头企业培育招引工程

三、聚焦"深度融合"突出发展数字新兴优势产业

成都市全面推进传统产业全面数字化转型。加快新一代信息技术与实体经济深度融合，积极创建省级数字化转型促进中心。

（一）加快制造业数字化转型

成都坚定实施制造业强市战略，坚定不移推进产业建圈强链，把做强做优实体经济作为主攻方向，顺应产业数字化趋势，推动新时代信息技术与制造业深度融合。通过实施厚植产业基础、优化发展环境、夯实网络建设、强化培训宣贯、引培优秀服务商等举措，成都加快推进制造业网络化数字化智能化转型的路径越发清晰、成效越发显著。具体路径包括：打造"成都智造"品牌，深入开展"上云用数赋智"行动，推进工业互联网创新发展，开展工业企业智能制造创新服务，推动 5G 专网进企业，打造一批数字化车间/智能工厂（见专栏 7-4）、智慧园区等数字化升级示范，支持建设全球"灯塔工厂"，积极发展数字建造产业。

> **专栏 7-4**
>
> #### 微网优联，5G 新应用助力柔性生产
>
> 企业背景：微网优联科技（成都）有限公司（简称"微网优联"）是集智能安全连接产品设计、研发、生产、营销、服务于一体的全球智能安全连接服务提供商。微网优联的"5G＋双千兆融合组网"数字基础设施建设项目成效入选 2023 年工信部智能制造优秀场景，该项目通过对微网优联一期工厂进行改造，从夯实生产链条到创新智慧办公体验利用 5G 技术加持，基于 5G＋专网全覆盖基础网络设施，部署 5G＋工业质检、5G＋智慧物流、5G＋智慧监控、5G＋VR 示教、5G＋产品追溯、5G＋设备数采、5G＋云端异地

协同办公八大典型应用场景。微网优联与中国移动携手打造的"5G智慧工厂"获得四川省"5G＋工业互联网"标杆称号、"成都市工业互联网十佳优秀案例"。

成都市经济和信息化局、成都市新经济委：《2023成都市制造业数字化转型案例集》。

需求痛点

企业积极探索5G+工业互联网应用，但面临成本偏高、稳定性较低等问题。

❶ 生产设备使用效率较低：公司多品种小批量生产模式导致生产柔性差，设备联网率、生产稼动率、利用率低，设备不能根据加工产品变化快速调整优化，生产加工信息难以实时跟踪追溯。

❷ 5G应用成本较高：微网优联建成的四川省首家"5G智慧工厂示范基地"，其离散型制造生产设备需要进行工业控制，并与AGV、机械臂等设备集成协同，要求工业生产具有高稳定性和高可靠性，但5G工业网关成本较高、网络稳定性较差，难以满足工业控制需求。

解决方案

开发"5G+IIOT边缘网关"

微网优联携手合作伙伴，聚焦5G技术的深度开发应用，采用最新研制的5G Redcap模组和"5G+IIOT边缘网关"，解决了接入成本高、通信不稳定、OT数据时间标签、边缘数据处理等阻碍5G规模化应用的痛点问题。

变"刚性生产"为"柔性制造"

通过5G+柔性生产制造、5G+生产单元模拟、5G+设备协同作业、5G+生产过程溯源，实现柔性制造，提升生产效率。

推行"5G+AI检测监测"

利用5G+机器视觉检测、5G+工艺合规校验、5G+设备故障诊断、5G+生产现场监测，从"传统生产管理"转变为"5G+AI检测监测"，实现质量效益双提升。

主要成效

单台工业生产设备5G连接成本从1500元/台 **降低至500元/台**	**提升45%** 整体生产效率	**下降28%** 整体产品不良率
	下降40% 人力成本　**降低15%** 产品综合能耗	**提升25%** 设备综合利用率

示范效益

微网优联的智能化升级实例，对多品种小批量产品制造企业有以下示范意义：

以技术创新促进智能化升级

通过与合作伙伴进行联合研发，深度参与先进技术的开发、试点和验证，在技术应用场景中推进技术创新。

以模式创新提升企业影响力

利用企业5G+工业互联网示范效应，打造5G+工业互联网标杆，辐射周边、影响西南，带动企业数字化转型。

（二）推动服务业数字化转型

对成都建设现代化国际化大都市目标而言，现代服务业不仅是产业结构升级的助推器和催化剂，更是参与全球分工合作、面向全球服务、体现全球价值的有效工具和载体。2022 年，成都市服务业增加值达到 13825 亿元，10 年增长率高达 300%，服务业规模居全国城市第六位，预计到 2025 年全市服务业实现增加值 1.7 万亿元左右。成都市服务业就业人员超过 680 万人，占就业人员总数的 58.6%。2023 年 1 月，商务部正式印发《成都市服务业扩大开放综合试点总体方案》，标志着成都将通过 3 年试点期放宽市场准入、改革监管模式、优化市场环境，努力形成市场更加开放、制度更加规范、监管更加有效、环境更加优良的服务业开放新格局，为国家全方位主动开放和服务业的开放创新发展发挥示范带动作用（见专栏 7-5）。当前，成都市服务业已经走上了创新、融合、开放、集聚、高端的发展路径，正在着力构建"2211"产业发展体系，① 金融、科技、流通、信息等生产性服务业实现快速发展，积极培育电子商务、智能零售等新业态（见专栏 7-6），推广信息消费、云购物等消费新模式，发展沉浸式影院、全球 3D 球幕、数字艺术展等数字经济创新服务。

> **专栏 7-5**
>
> ### 成都市高新区创建国家级车联网服务先导
>
> 成都高新区出台《智能网联汽车产业发展行动计划》。2021 年 4 月，总投资 6 亿元的百度 5G 智慧城智能驾驶项目宣布落地成都高新区，向区内相关企业提供智能网联产业的参与机会，共同推动智能网联产业稳步发展。作为西部首个智能驾驶示范项目，5G 智慧城智能驾驶项目将在新川创新科技园打造约 30 公里的智能网联示范道路，建设从研发测试到商用落地全周期所需的基础设施和示范

---

① 成都"2211"产业发展体系：即围绕资源配置和消费服务两个功能，推动生产性服务业和生活性服务业两个领域，大力发展现代物流业、金融服务业、信息服务业、科技服务业、商务服务业、新兴服务业、商贸流通业、旅游业、文化创意产业、健康服务业以及社区服务业 11 个重点行业。

应用环境，打造基于 5G 的智能网联汽车示范区。到 2025 年，成都要形成满足高级自动驾驶要求的智能网联汽车完整技术体系，整体技术水平达到国内一流，部分技术达到国际领先；推动智能网联汽车高精地图与定位、车路协同、信息安全等领域团体标准、地方标准制定，为国家标准制定提供先行先试经验。

肖莹佩：《百度成都 5G 智慧城智能驾驶项目落地成都》，四川在线，https：//si-chuan. scol. com. cn/ggxw/202104/58113117. html。

成都首批无人驾驶公共汽车在高新区新川科技园上路测试①

专栏 7-6

成都郫都区开启智慧零售"芯"时代

"智慧超市"是新零售的重要体现，是智慧城市建设的重要元素，更是便民生活综合服务体系的重要载体。郫都区双创企业"成都缤纷魔方科技有限公司"自主研发的互联网软件，借助大数据云平台，可以让超市实现 24 小时无人值守、全智能、可规模化复制的

---

① 邹悦：《成都确定智能网联汽车测试道路，高新区、龙泉驿区入选》，红星新闻网，https：//baijiahao. baidu. com/s？id=1726920341936828255&wfr=spider&for=pc。

运用场景，极大地降低了运营成本。"智慧超市"模式以移动互联网为依托，运营大数据、人工智能、物联网等技术手段，收集并分析用户及商品数据，对用户进行精准判断，从而对商品的生产、流通与销售进行升级改造，在知人、知货、知场的基础上，重构零售业成本、提升消费体验。2017年开创至今，智慧超市已有门店200余家，交易总额超4亿元，消费总人次超3亿，5年实现营业收入13倍增长，满足市民对数字生活服务新场景的向往。

何子蕊：《5年应收增长13倍！成都郫都区开启智慧零售"芯"时代》，改革网，http://www.cfgw.net.cn/2023－08/10/content_25055333.htm。

郫都区智慧超市实现新零售场景

（三）推动都市现代农业数字化转型

党中央强调，到2035年前这段时间是破除城乡二元结构、健全城乡融合发展体制机制和实现乡村振兴的窗口期。成都是典型的"大城市带大农村"结构，农村地区面积占91%，农村常住人口占21%，县域、镇域功能作用更加凸显，宜居宜业和美乡村全面呈现，共同富裕取得更为明显的实质性进展，"以人为本"的新型城镇化美丽画卷正徐徐展开。在成都市"建圈强链"的28条重点产业链中，农业领域重点发展现代种业和都市现代农业 2 条细分产业链。同时，学习浙江"千万工程"的先进经验，成都农村地区积极推进物联网、地理信息系统、大数据等信息技术在农业全产业链广泛应用，加快发展数字种业、数字种植、智慧养殖等数字农业新模式（见专栏 7-7），大力开展数字农业试点示范。

专栏 7-7

成都首个镇级乡村振兴中心，实现掌上种养农业数字化

双流区永安镇成立了成都市首个镇级乡村振兴中心，与第三方平台公司合作建设数字乡村信息平台。该平台可形成辖区内现代农业信息一张图，实现一图全览和一屏全览，在这个平台的后台、展示大屏、手机客户端，都可以看到田块肥力、病害等"健康信息"，技术专家可提供在线指导，实现"一地一策"和"一地一码"，而安装在田地里的相关设施设备，可实现自动补水、作物生长可视化以及相关数据分析。目前，永安镇在三新村一、二组和梨园村二组安装了三组可视化系统，共计有 550 亩地块实现了农业数字化管理。这些安装在田地里的设施设备就是村民们的"耳目"，它让大家可以随时了解作物生长情况，实现普通群众从"埋头种地"到"看图管地"的转变。

杜成钱、王富明：《成都首个镇级乡村振兴中心亮相 实现掌上种养农业数字化》，中国新闻网，https://baijiahao.baidu.com/s?id=1781163807231943875&wfr=spider&for=pc。

成都市首个镇级乡村振兴中心亮相

第四节 创新智慧蓉城数字应用场景

党的二十大聚焦建设"网络强国""数字中国",明确提出"加快转变超大特大城市发展方式",打造"宜居、韧性、智慧城市"。作为一个经济总量超 2 万亿人民币、常住人口超 2100 万的超大城市,成都市根据城市新规划和发展新要求,以"智慧蓉城"建设作为公园城市示范区高效能治理的突破口,回应市民对美好生活的期待,始终坚持数字惠民、数字利民,通过城市数字化治理的新场景和新路径更好服务经济发展、服务市场主体、服务市民群众。尤其是 2023 年以来,成都以"智慧蓉城"建设赋能营商环境优化,全面推行城市运行"一网统管"、政务服务"一网通办"、数据资源"一网通享"、社会诉求"一键回应",使得智慧蓉城"王"字形管理架构初步形成,数据治理有序开展,应用场景不断创新运用。

一、成都全面建立智慧蓉城运行中心架构

(一)建设三级体系

根据《成都市"十四五"新型智慧城市建设规划》,构建智慧蓉城运行中心三级体系(见图 7-7),依托现有城市运行管理基础,组建面向统筹指挥的市级智慧蓉城运行中心、面向实战枢纽的区(市)县智慧城市运行中心、面向联勤联动的镇(街道)智慧城市运行中心。搭建智慧蓉城运行管理三级平台,围绕"观管防结合、平急重一体"要求,建设市、区(市)县、镇(街道)三级智慧蓉城运行管理平台,构建市、区(市)县、镇(街道)、村(社区)、基层/网格五级应用。

图 7-7　成都市智慧蓉城三级架构图（成都市智慧蓉城建设领导小组办公室供图）

（二）贯彻落实"1＋4＋2"总体部署

"1"即一个目标：以智慧蓉城建设提升城市治理水平和能力，全面建设践行新发展理念的公园城市示范区，走出一条超大城市转型发展新路子。要围绕这一目标，进一步提升数字化思维，强化数字技术应用，做优公共安全、公共管理、公共服务，加快打造集约共享的数字底座、高效运转的智能中枢、实战管用的应用场景、数据要素的流通共享高地、牢固可靠的安全支撑，推动城市治理理念、治理模式、治理手段智慧化变革，加快提升超大城市快捷治理、科学治理水平。

"4"即四大重点：城市运行"一网统管"、政务服务"一网通办"、数据资源"一网通享"、社会诉求"一键回应"。聚焦"高效处置一件事"，深入推进城市运行"一网统管"。进一步夯实"王"字形城市运行管理架构，建好用好城市生命体征体系，深化智慧应用场景建设，做到全时空感知预警、全要素风险研判、全流程指挥调度、全区域联动处置。

"2"即两个关键：统筹数据安全保障和数字经济发展。要完善网络数据安全管理体系，树牢网络安全意识，加强"人、技、物"三防，确保重点行业、重要设施、重大活动安全。要大力发展数字经济，结合产业建圈强链部署，推动信息化与工业化、数字经济与实体经济深度融合，深化数字对经济发展的放大、叠加、倍增作用，特别要引进高能级市场主体，推动数字经济企业在成都落地，加快形成数字产业发展集群。

二、打造"数字政府"智慧治理场景

成都市政府聚焦"高效办成一件事"，深入推进政务服务"一网通办"。围绕自然人和法人两大主体的需求，推动流程再造和制度设计，提升"实际网办"水平，增强"跨域通办"能力，推进"一件事一次办"改革，满足"方便好用"需要，打造全生命周期政务服务体系。聚焦"数据价值充分释放"，深入推进数据资源"一网通享"。推动政务数据高效共享，加快数据要素市场化流通，强化数据法治保障，让海量数据要素活起来、动起来、用起来。聚焦"打造城市总客服"，深入推进社会诉求"一键回应"。提高 12345 热线平台智能化服务水平，强化 12345 亲清在线服务功能，健全"一线两专班"工作机制，推动"热线＋网格"深度融合，为服务群众、优化工作、社会动员提供支撑（见专栏 7-8）。

┌─ **专栏 7-8** ─────────────────────

成都市"数字政府"智慧治理场景打造重点

1. 政务服务"一网通办"场景

持续迭代升级"天府蓉易办"品牌，加强"综合一窗"通用受理和智能化实体政务大厅管理，推进"天府蓉易办"平台与市级自建业务系统、全省一体化政务服务平台对接，提升跨层级、跨地域、跨系统、跨部门、跨业务协同支撑能力，推动政务服务"全程网办""全域通办""一件事一次办""成德眉资通办""跨省通办"。

做优"天府蓉易享"品牌，以"天府蓉易享"平台为面向企业政策服务的总入口，集中汇聚惠企政策，提供权威、便捷政策查询服务，深化惠企政策"一网直达"，建设统一政策推送体系、政策申报平台、智能评审系统、资金高效兑付机制等。提升完善"天府市民云"平台，推进各类卡码集成和多码融合，逐步实现生活服务"一码通城"，推进场景化公共服务"一云"集成、"网购式"办理。

2. 城市运行"一网统管"场景

实施智慧经济管理工程、智慧市场监管工程、智慧社会管理工程、智慧生态环保工程、智慧信用管理工程、智慧"四大结构"工程、智慧公共卫生安全工程、智慧社会治安管控工程、智慧应急安全管理工程等。建设智能城市指挥调度平台、智能城市运行管理平台。

3. 社会诉求"一键回应"场景

建设智能语音质检工程、12345 知识大脑和语义分析工程、12345 智能预警创新发展实验室建设工程等，畅通社会诉求渠道，整合线上线下资源，完善集多种渠道于一体的全市统一社会诉求受理平台和业务体系，建立健全未诉先办、接诉即办、联动督办的社会诉求全方位响应机制。

（专栏内容参见《成都市"十四五"数字经济发展规划》。）

三、营造"数字社会"便民生活场景（见专栏 7－9）

（一）营造社会民生服务场景

成都市大力推动互联网、大数据、云计算、人工智能、4K/8K 等数字新技术和传统社会民生服务领域创新性融合，提升教育、医疗、居住、体育、旅游、养老、救助等领域的智能化水平，创造性营造一批惠民惠企、集成协同的综合场景。

（二）营造未来社区生活场景

成都大力推动社区综合服务智能化转型，依托"天府市民云"，搭建统一的"互联网＋社区"综合服务管理平台，引导社区综合体特色主题场景服务向线上延伸，推动新一代信息技术在社区、小区的广泛应用，推进智慧党建、智能看护、智能家居、智慧安防、智慧物业、智慧社交等发展。

（三）营造乡村振兴数字场景

成都市不断完善"三农"信息服务体系，加强公共服务资源的数据化和在线化，开发美丽乡村数字服务应用，推广云农技、云问诊、云课堂等惠民服务，促进数字技术在乡村文脉保护传承、最美古镇古村落创建中的应用，推进"数字农房"建设，探索"互联网＋设计下乡"农房设计服务新模式。

专栏 7 - 9

成都市"数字社会"便民生活场景营造重点方向

1. 智慧医疗场景

推进全域成都医联工程建设。搭建成都市健康医疗大数据平台。推进全市互联网医院、数字医院建设。依托未来医学城，建设主动健康服务体系。构建贯通市、区（市）县、镇（街道）、村（社区）四级医疗卫生机构远程医疗服务体系，开展远程会诊、医学影像、手术指导等服务。完善以国家医疗保障信息平台为基础的医保信息化支撑体系。

2. 智慧教育场景

优化升级智慧教育环境，加强校园设施智能化升级，完善高速传

输、数据互通的智慧教育网络支撑体系。提升教育智慧治理水平，建设"成都智慧教育云平台"，汇聚覆盖全市教育系统事务办理、信息查询、信访咨询等应用，提供招生入学、学历认证、教育缴费、教师职称评审、政策智能问答等"掌上秒办"服务。建好国家级信息化教学实验区，统筹成都数字学校等在线资源，汇聚名校课堂直播、名师在线答疑、名家微课示范等优质服务和在线学习诊断、单元作业设计、资源精准推送等应用服务。

3. 智慧养老场景

建设智慧养老院和智慧养老社区。绘制集老年人动态管理数据库、老年人能力评估等级档案、养老服务需求、养老服务设施于一体的养老"关爱地图"，形成体系完整、内容清晰的养老服务清单和指引。推进智慧养老服务与社区服务深度融合，加强社区养老服务综合体智能化建设，提高居家养老信息技术运用能力。加快普及智能居家养老设施和智能健康终端应用，构建养老精准服务模式。

4. 智慧体育场景

以大运会举办为契机，加快智慧体育场馆建设，推进5G、人工智能、大数据与体育场馆、赛事活动的智能化融合，构建绿色智能场馆运营管理平台，实现场馆运行全方位感知、场馆服务全业务监管、赛事安全全过程保障。

5. 智慧人社场景

建设成都人社智慧治理中心，综合运用现代信息技术，推进泛连开放、融合联动、智慧安全的成都人社智慧治理中心建设，全面提高全市人社系统的经办服务能力、智能监管能力、风险防控能力、决策分析能力、全域联动能力，推动构建全国领先的人社智能治理体系、智控风险体系、智联业务体系、智惠群众体系。推进社会保障卡（电子社保卡）为载体的居民服务"一卡通"建设。

6. 智慧旅游场景

建设旅游基础数据库，搭建智慧旅游大数据平台，促进景区数据统一管理与服务。开拓智慧出行、智慧导览、智慧购物等应用场景。推动人工智能、虚拟现实融合发展，打造沉浸式体验文旅项目。加快建设智慧景区，推广景区中试用无人驾驶、智能成像、服务机器人等智能设备，基本实现景区智慧管理、智慧营销、智慧服务。

7. 社区数字消费场景

引导餐饮、娱乐、美业、洗护、维修、养老等居民服务企业和商店发展"线上预约、线下服务"新消费场景。完善社区居民24小时生活服务供应，营造无人超市、无人商店、无人餐厅、无人书店等新型消费场景。

（专栏内容参见《成都市数字经济"十四五"规划》。）

第八章

成都市在加快绿色发展上精准发力

党的十八大以来，习近平总书记站在中华民族伟大复兴的战略高度，将生态文明建设纳入中国特色社会主义事业"五位一体"总体布局，向国际社会庄重宣布力争 2030 年前实现碳达峰、2060 年前实现碳中和，并作出系列安排部署，为推动城市绿色低碳发展提供了根本遵循。当前，成都城市发展处于关键成长期、产业发展处在转型攻坚期，面临着城市发展、经济增长和降碳减排双重压力。以实现碳达峰、碳中和目标为引领，推动空间、产业、交通、能源结构调整，在加快绿色发展上精准发力，促进城市绿色低碳发展，是落实习近平生态文明思想的实践举措，有利于牢牢把握重点战略方向，抓住源头控碳、精准降碳的关键环节，推动经济社会系统性变革，探索超大城市实现碳达峰、碳中和的特色路径；是把握新发展阶段贯彻新发展理念构建新发展格局的战略举措，有利于提升城市人口经济承载能力和可持续发展能力，培育发展新动能，增强成都在成渝地区双城经济圈建设中的极核引领作用；是落实中共四川省委十一届十次全会精神的主要抓手，有利于用好清洁能源优势抓住机遇提升产业能级，推动绿色低碳优势产业高质量发展，在全面建设社会主义现代化四川新征程中更好发挥主干作用；是建设践行新发展理念的公园城市示范区的重要路径，有利于厚植高品质宜居优势，构建支撑高质量发展的现代产业体系、创新体系、城市治理体系，探索超大人口规模下城市与自然和谐共生的创新路径。

第一节　推动绿色产业规模化发展

近年来，成都市深刻把握国际国内绿色低碳转型的重大产业和市场机遇，聚焦"强二优三"，产业领域治理更加注重强链条、促创新、育生态，着力打造绿色低碳循环经济体系。

一、壮大绿色低碳优势产业，培育城市产业新增长点

1. 持续做强光伏产业

成都依托金堂县淮州新城、双流航空经济区等核心承载地，以通威太阳能等链主企业为牵引，稳步扩大光伏产业规模，实施精准招商补齐产业链短板，构建"光储用"高端产业链条。加快建设以成都为核心的光伏高端能源装备引领区，推动成（都）乐（山）眉（山）晶硅光伏产业一体化发展（见专栏8-1）。预计到2025年，全市光伏产业总产值达1000亿元以上，培育出5家以上具有全球影响力的头部企业。

> **专栏 8-1**
>
> ### 十年追"光"而行　成眉乐地区通威太阳能动能澎湃
>
> 2013年，通威集团正式进军太阳能电池片领域。10年来，通威太阳能产能规模增长75倍。截至2023年6月底，太阳能电池累计出货量超160GW，产品远销全球五大洲的30多个国家及地区，电池片出货量连续6年位居全球第一，成为光伏行业首家完成100GW电池出货体量的企业。近年，通威太阳能在都市圈已形成双流基地、

眉山基地、金堂基地、通合项目、彭山基地"五大基地"格局，产能规模达 90GW，预计 2024—2026 年，通威太阳能将形成 130—150GW 的电池产能。通威集团董事局主席刘汉元强调，通威太阳能将积极发挥龙头企业、链主企业的示范带动作用，助力成都都市圈绿色低碳优势产业高质量发展。

林岚：《十年追"光"而行　通威太阳能动能澎湃》，《四川日报》2023 年 11 月 16 日。

2. 积极发展锂电产业

成都以中航锂电、亿纬锂能、巴莫科技（见专栏 8 - 2）、宁德时代、蜂巢能源、格力钛等锂电产业重大项目为牵引，持续延展产业链条、做大产业规模，做强正负极材料环节，招引电解液、铝箔等关键环节头部企业，实现锂电主辅料均衡协调发展。在上游电池材料环节加快招引重点隔膜企业，在中游电池及系统环节加快招引链主企业，加大动力锂电池装机推广和储能锂电池示范应用。预计到 2025 年，成都锂电产业总产值将达 1000 亿元。

专栏 8 - 2

成都诞生全球首家正极材料"零碳工厂"

2022 年，全球首家"零碳"正极材料生产基地在成都诞生。巴莫科技坐落于成都市金堂县成阿工业园区，是全球锂离子电池材料研发、生产和销售企业，累计产值已超百亿元。成都巴莫全面启动"零碳工厂"建设，积极推进"工艺短程化、装备大型化、产线自动化、制造智能化、运营数字化、产业绿色化"的"六化融合"发展模式，积极探索减少产品全生命周期碳排放路径。在能源利用方面，充分依托金堂得天独厚的丰富水电资源优势和区位优势，100% 采用可再生能源水电；在产线设计方面，研究采用低能耗、智能化大型装备；在项目建设方面，采用了绿色环保建筑材料；在产线运行方面，自主开发智能制造系统，实时掌控生产线运行状态和能耗。同时，集团公司将复制和推广成都巴莫零碳工厂的先进经验，陆续实现浙江、广西等基地碳中和目标，带动上下游产业链的绿色发展。

《领跑"双碳"新赛道！成都金堂诞生全球首家正极材料行业"零碳工厂"》，人民资讯网，https：//baijiahao.baidu.com/s?id＝1730970755400289254&wfr＝spider&for＝pc；图片由金堂县融媒体中心提供。

成都巴莫科技"零碳"工厂鸟瞰图

3．加快发展新能源汽车

成都全力开展新能车"链主"精准招引工作，加大对汽车头部企业的招引力度，持续提升新能源汽车整车制造水平（见专栏8-3）；围绕整车和零部件龙头，梳理形成5＋2零件供应商清单，重点招引"三

专栏8-3

成都龙泉驿抢跑新能源和智能网联汽车产业发展新赛道

作为国家级经济技术开发区、中国西部重要的汽车产业基地，成都龙泉驿抢抓产业发展新机遇，加快汽车产业升级步伐。2023年11月，四川首例无人驾驶汽车商业化运营在成都龙泉驿区示范线上线。此次投放的车辆通过加装摄像头、激光雷达等传感器和自动驾

驶软硬件设备，达到 L4 级自动驾驶水平，具备障碍物识别、红绿灯识别、超车等各项能力，在城市道路上实现完全自动驾驶，让车辆行驶每一步都变得非常"稳"。同时，每一台车辆还配备了安全员，以处置车辆在运行过程中遇到的突发情况。此外，车内还安装了电子屏，乘客可以清晰地看到行驶路线、路况等。该款无人驾驶接驳车由龙泉驿区和东风悦享科技有限公司合作开行，共投入 20 辆无人驾驶接驳车和 16 辆自动驾驶出租车，探索"车＋路＋云＋站＋场"的公共交通服务新模式。近年来，龙泉驿区把智能网联汽车作为主攻方向，建成投运中德智能网联测试基地，累计开放自动驾驶测试道路 390 公里，率先探索出台低速无人车示范运营管理规范，形成规模化的车联网基础设施，为自动驾驶的商业化运营创造优良土壤。当前，龙泉驿已建成近 40 万辆新能源整车产能，极氪 X、领克 06EMP 等新能源车型下线投产，沃尔沃 XC90EV/PHEV、极星等新能源高端车型成功导入，中航锂电、亿纬锂能 2 个百亿级动力储能电池项目加快建设，形成 100GWh 生产能力，华川电装、阿尔特等 30 余家电机电控企业竞争力不断提升。

《成都龙泉驿：抢占新能源和智能网联汽车产业发展新赛道》人民网，http://sc. people. com. cn/n2/2023/1117/c345167—40644477. html。图片由龙泉驿区融媒体中心提供。

中德智能网联汽车成都龙泉驿区试验基地项目图

电系统"、智能系统等专精特新企业。同时，成都还重点加强与重庆市的联动协作，协同布局完善充换电基础设施及服务网络，构建成渝"电走廊"；协同发展氢燃料汽车，构建成渝"氢走廊"；争创国家级车联网先导区，构建成渝"智行走廊"。加快充换电基础设施建设，推广换电模式和动力电池回收利用。

4. 加速氢能商用化产业化进程

成都市全面整合天府实验室及高校、科研院所和企业等创新资源，采用"揭榜挂帅"等方式推动氢能技术攻关，拓展丰富运用场景，加速氢能商用进程。以成都绿色氢能产业功能区、成都高分子新材料产业功能区等为核心承载地，加强区域协同，大力发展电解水制氢；重点依托四川华能、东方电气等企业，加快氢能制备、储运、加注环节产业化进程，全面推动氢能在工业、交通、大功率储能等领域应用，打造品牌突出、体系完善、技术领先的氢能全产业链。预计到 2025年，氢能高端装备产业实现自主化、集群化，氢能产业总产值将突破500 亿元。

5. 培育发展新型储能产业

成都着眼打通超大城市电池生产、使用、储存、回收利用产业循环，大力培育新型储能产业链。一是依托淮州新城、天府智能制造产业园、四川天府新区半导体材料产业功能区等承载地，重点发展动力及储能电池材料、电芯、模组、PACK、BMS、储能研发和制造，提升在蓉企业国内动力电池装机量。二是实施动力电池回收综合利用示范工程，建立全生命周期追溯监管体系，推进标准化电池箱、模块化电池以及相关接口形成行业通用标准，布局动力电池全生命周期管理，开展电池回收管理工作。

二、发展现代服务业，提升产业附加值

1. 推动制造业服务业深度融合

以国家级服务型制造示范城市建设为契机，依托成都经济技术开发区国家级先进制造业和现代服务业融合发展试点园区，在汽车制造领域，探索实施推动制造向前端研发设计和后端用户服务延伸，探索完善汽车制造和服务全链条体系，提升汽车全产业链价值，从单一环节突破打造产业链整体优势。在电子信息领域，加快推动设计制造企业利用辅助设计、系统仿真、智能控制等先进技术，提升高端工业设计研发能力，构建数字产品全生命周期服务。在医药健康领域，开展临床合同研究、合同委托研发生产服务等。在装备制造领域，开放智能制造应用场景，建设智能产线、智能车间、智能工厂，发展智能化生产、个性化定制、网络化协同、服务化延伸、数字化管理。

2. 大力发展生产性服务业贯通产业循环

成都以赋能先进制造业、融通产业循环为目标牵引，加快形成与城市功能体系相适应的生产性服务经济体系。支持生产性公共服务平台建设，鼓励重点产业链链主企业联合高校院所共建工业设计、行业认证、检验检测等高技术服务公共平台，推动面向中小企业开放共享服务。强化中介机构引育，发展一批行业商协会、产业联盟等，引导发挥桥梁纽带作用，为上下游企业提供项目撮合、资源嫁接、政策咨询等专业服务。支持品牌会展打造，各重点产业链培育或引进一批标识度高、显示度强、影响力大的品牌会展活动，作为推广宣传的公开发布平台、供应链对接平台、展示展贸平台。

3. 做大做强碳中和服务业

依托成都科学城、中法成都生态园，打造集研发设计、咨询运营、

监测核查、碳金融、碳交易、碳认证为一体的一站式绿色低碳综合服务中心和环境医院。培育一批绿色低碳制造服务供应商，提供产品绿色设计与制造一体化、工厂数字化绿色提升、服务其他产业绿色化等系统解决方案。大力发展节能环保技术咨询、设计、运营管理、在线监测等全过程服务，加快发展碳市场交易、生态修复、绿色认证等新兴环境服务，完善绿色低碳优势产业服务体系。预计到2025年，成都绿色低碳服务业总产值将突破500亿元。依托交子公园金融商务区等核心承载地，大力发展绿色信贷、绿色债券、绿色基金、绿色保险和绿色信托，争创国家绿色金融创新改革试验区。

4. 构建城市资源循环利用产业链

成都市正加快建设龙泉长安静脉产业园等国家级和省级资源循环利用基地（见专栏8-4），促进再生资源产业集聚发展，探索建立再生资源区域交易中心。创新发展"互联网＋再生资源"新模式，积极推动废旧（锂）电池、建筑垃圾、餐厨垃圾、工业固体废弃物循环再利用，打造支撑"低碳城市"和"无废城市"建设的资源回收利用产业链。加强重点用水行业节水改造和城镇生活节水，推进再生水利用设施配套建设，拓展高效节水技术、设备和产品应用场景。到2025年，再生资源主要品种综合回收利用率不低于80%，资源循环利用产业年产值突破300亿元。

专栏 8 - 4

成都长安静脉产业园——循环经济的绿色革命

2018年，国家发展改革委与住房和城乡建设部共同批复《成都市长安静脉产业园建设专项规划（2019—2035）》，建设国家级资源循环利用基地。2022年，园区成功入选成都市首批近零碳排放区试点创建单位。长安静脉产业园区位于成都市龙泉驿区万兴乡和洛带镇交界处，地处龙泉山城市森林公园的中段位置，距离市中心约 28 千米，总规划用地面积 4.67 平方千米，总投资约 134 亿元，年固废消纳量约 345 万吨。这是一座以"固废处置、生态修复、技术研发、智慧管理、科教宣传"为定位，集垃圾焚烧发电、危废处置、餐厨垃圾处置、建筑垃圾综合利用、医疗废弃物安全处置等产业为一体，与区域互利共融、与生态和谐共生的创新性示范园区。

《静脉产业园区：循环经济的绿色革命》，园区百事通，https：//baijiahao. baidu. com/s? id=1779441787684640265&wfr=spider&for=pc。

第二节　促进传统产业绿色低碳升级

一、加快推动农业绿色发展

为高质量地建设"天府粮仓"，加快实现农业现代化发展，成都以推进农业供给侧结构性改革为主线，尊重农业发展规律，转变农业发展方式，优化空间布局，节约利用资源，保护环境，更好提升农业生态服务功能，推动农业可持续发展。优化农业空间布局，遏制耕地"非农化"，防止耕地"非粮化"。一是深化农业循环经济发展，大力发展绿色种植、绿色养殖等高效生态循环农业，重点培育推广农林牧渔多业共生、农工复合的循环型农业模式，积极探索打造一批生态农场和生态循环农业产业联合体。二是聚焦节水、节肥、节药，促进农业资源节约及投放品减量，推广测土配方施肥技术，以推广高效低毒低残留农药和现代施药机械为重点促进科学精准用药，鼓励农业生产使用生物质能等可再生能源，提升农业清洁生产水平。三是实施农业品牌战略，保护地理标志农产品，构建"市级公用品牌＋区（市）县区域公用品牌＋企业自主品牌"三级品牌体系。

二、加快制造业绿色低碳转型

成都市大力推动制造业高质量发展，聚焦集成电路、新型显示、高端软件、创新药、高端医疗器械、航空发动机、工业无人机及轨道交通等 12 个先进制造业重点产业链，聚焦"微笑曲线"两端完善产业链（见专栏 8-5）。一是围绕提升主导产业绿色化水平，着力打造绿色供应链，全面开展清洁生产审核和评价认证，争取建设国家绿色产业示范基地，力争到 2025 年新增绿色工厂 200 家。二是深入开展"上云用数赋智"行动，着力打造一批数字园区、智能工厂等数字化升级示范，力争到 2025 年新增绿色园区 8 个、数字化车间 500 个。三是建立重大项目招引能耗、碳排、用地预评估制度，聚焦年能耗超过 5000 吨标煤的工业企业开展能效对标行动，推行企业激励与绿色绩效挂钩，建立"两高"项目全链条管控机制。四是实施行业精细治理，围绕石化、钢铁、化工、家具、建材等行业，分类施策降低单位产出排放水平。

专栏 8-5

成都市制造业绿色低碳转型重点工程一览

◆ 绿色工厂培育工程。建立绿色工厂培育库及市级、省级、国家级梯度动态培育机制。加大财政支持力度，将绿色工厂纳入高质量发展基金扶持政策体系，积极探索与金融机构合作，开展"绿色企业"系列贷试点，推进企业加快绿色化、清洁化、低碳化、循环化改造。

◆ 绿色园区创建工程。选择一批基础条件好、代表性强的基础园区开展绿色园区创建示范。积极引进碳去除、绿色技术服务、环境污染第三方治理、能源供应管理等第三方企业，营造园区绿色循

环产业生态系统；深化园区产业集聚、循环化链接和智慧管理平台建设，推动企业推进清洁生产、开发绿色产品及建设绿色供应链，创新园区绿色发展模式。鼓励创建近零碳排放园区，推广绿色低碳技术，控制碳密集型项目布局，推进园区"双碳闭环"。

◆ 数字园区打造工程。建设完善绿色共享基础设施，推行园区综合能源一体化解决方案；鼓励采用现代信息技术，建立区域能源监测中心和环境监测网络，提高园区能源资源利用效率；提升园区绿色智慧服务水平，建立工业领域生态环境保护信息化平台，试点建设能源管理云端平台，为用能企业、园区资源能源、污染物协同监测和精准控制提供大数据服务。

◆ 绿色供应链企业试点示范工程。开展汽车、电子信息、大型成套装备、智能家居等重点领域绿色供应链管理示范、鼓励企业选择绿色材料、实施绿色采购、打造绿色制造工艺、推行绿色包装、开展绿色运输、做好废弃产品回收处理。

(专栏内容参见《成都市"十四五"绿色转型发展规划》。)

三、提高服务业绿色发展水平

成都市以绿色低碳循环运营方式为引领，加快推动传统服务业向绿色发展转型。一是促进商贸企业绿色升级，在商业、餐饮、酒店及会展等行业全面倡导绿色、健康理念，完善行业绿色标准，有序发展出行、住宿等领域共享经济，规范发展闲置资源交易，倡导酒店、餐饮等行业不主动提供一次性用品，鼓励汽修、装修装饰等行业使用低挥发性有机物含量原辅材料，规范发展汽车拆解业。二是积极打造绿色物流，加快货物运输结构调整，促进大宗货物和中长距离运输的"公转铁"，推动港口大宗货物采用铁路、封闭式皮带廊道、新能源汽车等绿色运输方式，支持物流企业构建数字化运营平台，鼓励发展智慧仓储、智慧运输。

第三节　建立绿色能源发展体系

一、充分认识能源革命在碳达峰碳中和工作中的地位和使命

2021年9月，《中共中央　国务院关于完整准确全面贯彻新发展理念做好碳达峰碳中和工作的意见》，重点提出"以能源绿色低碳发展为关键"，明确了碳达峰、碳中和目标下能源领域转型发展的总体方向和重点任务。根据政府间气候变化专门委员会（IPCC）的定义，"碳中和"是指在一定时间内通过植树造林、节能减排等形式抵消自身产生的二氧化碳或温室气体排放量，实现正负抵消，达到相对"零排放"。目前，碳捕集、生态碳汇等人为移除方式产生的抵消量极其有限，持续降低源头排放才是实现碳中和的关键。据统计，全国温室气体排放，能源生产与转换占47%左右（见图8-1）；能源消费产生的二氧化碳排放占二氧化碳排放总量的85%，电力行业二氧化碳排放量约占碳排放总量的40%左右。单位GDP能耗、单位GDP二氧化碳排放、非化石能源消费比重、风电、太阳能发电总装机容量等指标都与能源行业直接相关，《2030年前碳达峰行动方案》把"能源绿色低碳转型行动"列为"碳达峰十大行动"之首。由此可见，能源行业绿色低碳发展在碳达峰碳中和工作中处于基础性和关键性地位。

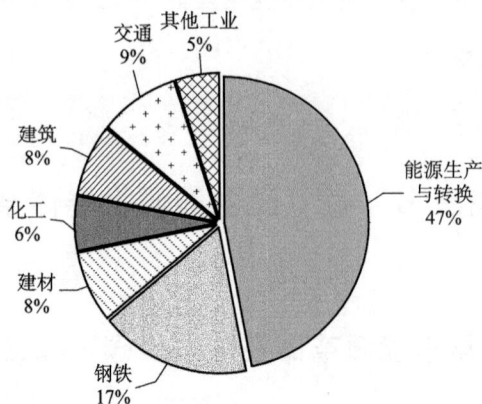

图 8-1 中国温室气体排放结构图示

二、深刻理解清洁低碳安全高效能源体系内涵

能源是经济发展的重要支柱，我国向来重视能源体系建设。新时代以来，以习近平同志为核心的党和国家领导人明确提出，面对能源供需格局新变化、国际能源发展新趋势，必须推动能源生产与消费革命。2015 年，党的十八届五中全会首次提出建设清洁低碳、安全高效的现代能源体系；2017 年党的十九大报告提出，要推进能源生产和消费革命，构建清洁低碳、安全高效的能源体系；2021 年"十四五"规划纲要重申要推进能源革命，建设清洁低碳、安全高效的能源体系；2022 年党的二十大报告指出："深入推进能源革命，加强煤炭清洁高效利用，加大油气资源勘探开发和增储上产力度，加快规划建设新型能源体系，统筹水电开发和生态保护，积极安全有序发展核电，加强能源产供储销体系建设，确保能源安全。"可见，"清洁""低碳""安全""高效"四个关键词，是中国新时代能源发展的根本要求。

在构建"清洁、低碳、安全、高效"能源体系上，习近平总书记提出三点要求，一是抓好煤炭清洁高效利用，确保发挥兜底保障和对新能源发展的支撑调节作用。二是大力发展风电和太阳能发电，统筹水电开发和生态保护，积极安全有序发展核电，加快构建新型电力系统。三是重点控制化石能源消费，提升国家油气安全保障能力。与此同时，习近平总书记2023年7月在来川视察重要指示中，特别强调"四川作为清洁能源大省，要科学规划建设新型能源体系，促进水风光氢天然气等多能互补发展"，这是四川发展独特优势产业的根本遵循和重要指引。2022年以来，根据国家能源规划和我省资源要素情况，四川相继出台了《四川省"十四五"能源发展规划》、《四川省"十四五"可再生能源发展规划》（见表8-1）、《四川省氢能产业发展规划（2021—2025）》等系列重要能源战略规划，为贯彻落实"四个革命、一个合作"能源安全新战略，加快构建清洁低碳、安全高效的能源体系，深化国家清洁能源示范省建设指明了方向。

表8-1　四川省"十四五"可再生能源发展目标[①]

单位：万千瓦

项目	2020年	2025年	新增或累计增长	属性
水电	8082	10555	2473	预期性
风电	426	1003	577	预期性
光伏发电	191	1210	1019	预期性
农林生物质发电	18	29	11	预期性
垃圾发电	83	146	63	预期性
地热发电		3	3	预期性
合计	8800	12946	4146	

三、国内外城市建设绿色能源体系的经验借鉴

（一）丹麦哥本哈根能源体系建设的经验

丹麦政府积极构建新能源与热电联产相结合、节流与开源并举的

---

① 四川省发展改革委、四川省能源局：《四川省"十四五"可再生能源发展规划》第11页。

现代化区域能源体系，经济能源消耗处于全球最低位，是世界上能效最高的经济体之一。2011 年，丹麦发布《能源战略 2050》，正式提出新的能源转型战略目标，2050 年之前建成一个无核且完全摆脱对化石能源依赖的能源系统，成为世界上第一个提出完全不需要化石能源的国家。丹麦首都哥本哈根在绿色能源体系建设中的经验总结如下。

1. 实施公共事业公司能源效率责任机制，开展综合能源服务

哥本哈根政府为加强能效提升工作，创新制定公共事业公司能源效率责任机制，督促本市公共事业企业（包括工业部门）加强对能效提升项目的投资。借助电力、天然气、区域供热、供油等公共事业公司来促使其他部门推动节能工作。

2. 积极推行能源税收政策

丹麦能源税的征税对象主要是矿物燃料和电。具体包括普通能源税、二氧化碳税、垃圾税、二氧化硫税、燃油税、杀虫剂税等多个品种。普通能源税的税率一直稳定增长，二氧化碳税是丹麦绿色税制改革的一部分，其征收范围扩大到企业和家庭，与此同时丹麦推行了"二氧化碳协议"的补贴计划，以平衡税负；垃圾填埋的税负最重，垃圾焚烧的税负较轻，而对循环使用则免税。

3. 建筑节能是支撑哥本哈根实现绿色转型的重要抓手

哥本哈根能够实现能源独立和能源转型，一个非常重要的原因是建立了以建筑节能为核心的区域能源系统，有效实现了占全市总能耗40％的建筑领域节能。虽然丹麦居民多散居在乡镇，但其区域能源覆盖率达到了 65％，促进了对各种本地资源的综合利用。自 20 世纪 80 年代以来市域建筑面积不断增加，但总能耗和单位建筑能耗均在持续

下降，单位建筑能耗是目前中国水平的一半。

4. 丹麦哥本哈根的可再生能源发展独具特色

哥本哈根除了大力发展风能、太阳能等可再生能源，还把生活垃圾、秸秆、沼气等作为再生能源的重要组成部分。哥本哈根的可再生能源在其一次能源结构中的占比达到了33％，其中与农业相关的生物质能占全部可再生能源的72％，仅生物质发电一项就占了55％。这些可再生能源发展再通过与北欧电力和能源市场一体化，不但解决了弃风、弃光、弃水，而且为能源安全提供了一种长治久安的解决方案（见图8-2）。

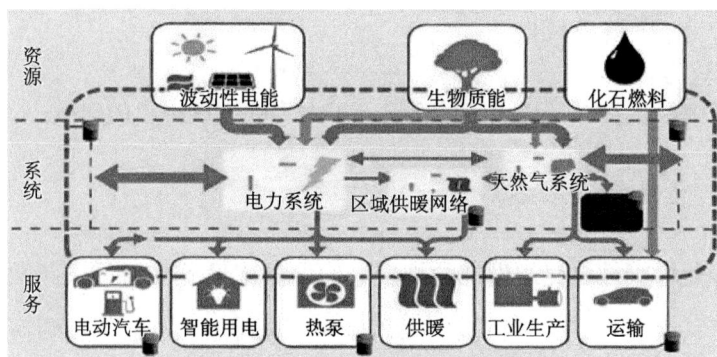

图8-2　丹麦哥本哈根市可再生能源系统规划图[①]

（二）日本东京实施零碳排放战略的经验

气候变暖是当今全球面临的共同挑战，东京同样无法置身其外。2018年，东京自有记录以来首次录得气温超过40℃；2019年，东京连续29天气温超过30℃，气候异常导致的自然灾害持续增加。日本东京都政府充分认识到气候变暖对城市可持续发展带来的重大风险与挑战，于2019年提出了"东京零碳排放战略（Zero Emission Tokyo Strategy）"，

[①] 颜玉林：《丹麦综合能源服务实践经验及对我国的启示》，碳排放交易网 http：//www.tanpaifang.com/tanguwen/2020/0117/。

希望在2050年实现二氧化碳净零碳排放，努力将全球升温幅度限制在
1.5摄氏度以内。东京在能源、建筑、交通、资源和产业、气候、合作
六大领域提出了零碳排放的具体策略，归纳如下。

1. 能源领域策略

一是使可再生能源成为主要能源，在东京生产可再生能源；大幅
增加可再生能源的使用；基于预期调整可再生能源供需；二是扩大氢
能源的使用，充分利用氢能特点推进氢能源技术应用，提升氢能源在
可再生能源使用中的比例，促进提高公众对氢能的认识。

2. 建筑领域策略

扩大零碳排放基础设施的建设，扩大零碳排放房屋的建设。

3. 交通领域策略

强化零碳排放交通设施的推广，确保基础设施支持零碳排放车辆
的推广（至2030年，乘用车销售市场中零碳排放车辆比例达到50%），
鼓励用零碳排放车辆替换现有车辆（包括乘用车、公共汽车和摩托
车），促进社会接受零碳排放车辆，提升能源管理。

4. 资源和产业领域策略

一是3Rs——减少（reduce）、再利用（reuse）、回收（recycle），
减少资源消耗，建立利用人工智能/信息通信技术有效利用资源的机
制，扩大生态材料的使用，推广循环利用回收资源，全面实施绿色采
购。二是至2030年，来自家庭和大型办公大楼的塑料垃圾焚烧量降低
40%，促进行为习惯改变，在与企业的合作中创新，加强分离和回收，
建立国内资源流通路线以遏制海洋垃圾的产生。三是至2030年，食物
浪费量降低50%（相比于2000年）。主要行动是减少由生产、批发、

零售和食品服务造成的食物浪费，促进与食品供应链的合作，精明消费避免未售出的食物或剩菜，防止在家里浪费食物，改变消费方式，与地方政府合作。四是至 2030 年，氢氟烃排放量降低 35%（相比于 2014 年）。

5. 气候领域策略

加强气候变化适应举措，加强气象灾害风险防御工作，减少气候变化对健康的影响，在农林渔业领域提升相关品种耐受气候变化的能力，保护水源应对水质变化，制定考虑气候变化的生物多样性战略。

6. 合作领域策略

东京都努力与先进企业、非政府组织和地方政府结成联盟，与企业和组织合作，跨地方开展广泛合作；努力促进知识分享和倡议方面的合作，支持各地开展"脱碳"工作；主动开展东京零碳排放工作，以促进东京居民、企业和组织之间的理解与合作；进一步加强与全球城市网络的联系和合作，加强同国际组织在应对气候变化措施方面的合作。

（三）新加坡能源转型的绿色答卷

为了应对日益严峻的气候挑战，新加坡积极设定可持续目标，计划在 2030 年将排放量减少到约 6000 万吨二氧化碳当量，并在 2050 年实现净零排放。新加坡气候应对策略的核心在于推动创新和合作，促进关键利益相关方共同创造和提供可持续的解决方案，同时最大限度减少对经济和劳动力的干扰，使新加坡在绿色转型中保持经济增长。新加坡裕廊岛的工业转型就是这样一个融合政府和企业多方合作伙伴的标杆项目。

1. 目标与愿景

作为传统的碳密集型行业，能源与化工产业的绿色转型并非易事。如何降低对环境的影响，同时保持竞争力和可持续性，新加坡裕廊岛交出了一份绿色答卷。自2010年起，新加坡启动"裕廊岛2.0计划"，裕廊岛正逐步被改造成一个可持续发展的能源和化工园区。一是至2030年，岛上生产的可持续产品的产量较2019年提高1.5倍，实现至少200万吨的碳捕捉量，确保炼油厂和石油裂化机的能效处于世界前25%。二是至2050年，可持续产品的产量较2019年提高4倍，每年减少超600万吨的碳排放量（见图8-3）。

图8-3 裕廊岛2.0计划目标[①]

2. 裕廊岛2.0计划的主要内容

一是通过建设一批新的基础设施，在系统层面上实现能源、水、

---

① 《裕廊岛，新加坡能源转型的绿色答卷》，中新重庆战略性互联互通示范项目综合服务网，http://www.cciserv.com/content/2023-12/27/content_10630749.htm。

土地等重要资源的最优化利用；同时将裕廊岛打造成"livinglab"型创新园区（指以用户为中心、整合与协同各创新要素、搭建面向应用的创新平台的创新园区模式），开发出一体化的创新方案。二是不断加强能源资源效率补助金［REG（E）］和减排投资津贴［IA（ER）］计划，除了提高能源效率和减少非二氧化碳温室气体外，还包括支持其他形式的减排活动，如碳捕获、利用和储存等。裕廊岛上100多家能源与石化企业也积极响应"裕廊岛2.0计划"，它们在二氧化碳管理及工艺工程等方面拥有深厚的能力，可以在开发和部署低碳解决方案上发挥关键作用。裕廊岛的这一重心转移将有助于新加坡成为一个更具吸引力的绿色投资地点。

（四）深圳加快建设数字能源先锋城市

发展数字能源，以数字技术构建更高效、更清洁、更经济、更安全的现代能源体系，是未来产业发展的支撑，也是建设绿色低碳社会的要求。深圳作为国内最早发展新能源产业的城市之一，在储能领域推出多项重大创新成果，技术水平全球领先，这将有力推动深圳建设数字能源先锋城市，加快打造更具全球影响力的经济中心城市和现代化国际大都市。2023年6月，以"数字驱动能创未来"为主题的2023国际数字能源展在深圳市成功召开，超过100个国家和地区、407家国际数字能源龙头企业参展，盛况空前。

1. 打造全球一流新型储能产业中心

全面布局电池材料、电芯模组、控制系统、系统集成等关键环节，其中，四大锂电材料全球市占率超过20%，系统集成的电源侧储能全球市占率12.9%，便携式储能全球市占率37.7%；企业格局不断优化，集聚了比亚迪、欣旺达、华为数字能源三大生态链主，华宝新能、正浩创新、德兰明海、豪鹏、科陆、盛弘、雄韬等户储场景龙头以及贝特瑞、德方纳米、星源材质、新宙邦、科达利、汇川、禾望、长园等细分领域专精特新企业。

2. 引领全国数字能源产业链转型升级

以电化学储能为主的新型储能产业成为全世界产业发展的"风口"。深圳在电化学储能产业处于全国领先的位置，深圳地区动力电池企业装机量近80GWh，约占全国的27%，便携式储能占据全国2/3市场份额。2023年，深圳颁布出台了《支持电化学储能产业加快发展若干措施和电化学储能产业发展行动计划（2023—2025年)》，提出建设"四个中心"，即先进储能总部研发中心、新型储能高端智造中心、多场景示范验证中心和全球储能优质产品及方案供给中心的建设目标，最大力度加快打造万亿级世界一流新型储能产业中心。

四、成都：优化能源结构促进城市绿色低碳发展

(一) 设立发展目标

构建清洁低碳安全高效能源体系，减煤、控油、稳气、增电和发展新能源取得成效，清洁能源替代加快推进，化石能源消费总量得到有效控制，能源供给结构、消费结构持续优化，能源安全保障能力和数字化水平持续提升。到2025年，清洁能源消费占比提高到68%以上，非化石能源消费占比达到50%以上，单位地区生产总值能耗持续降低，完成省政府下达的能耗控制和碳排放目标任务。①

(二) 主要做法

1. 推进能源消费低碳化

加快生产方式低碳化转型。实施工业节能服务行动，指导生产用

---

① 参见成都市生态环境局印发的《成都市优化能源结构促进城市绿色低碳发展行动方案》。

电加热工艺提升，推广使用电锅炉、电窑炉、电热釜。实施以煤为燃料的工业炉窑综合整治，按照"能改尽改、应退尽退"原则，推进工业炉窑清洁能源替代、落后产能淘汰和污染物深度治理。推动在用锅炉提标和电能替代改造；绕城高速内全面淘汰燃油锅炉，新上锅炉全面使用电锅炉。

加快生活方式电气化转型。持续推进办公楼宇、大型商场、院校、医院等的供暖、制冷设施"气改电"。推动具备增容条件的火锅、烧烤等特色餐饮服务企业使用电力能源。推动居民家庭使用高效节能电炊厨具和空调、电暖器、电热水器等家用电器，加快家庭电气化进程。加强农村电网升级改造，提升户均用电容量和用电可靠性，持续开展绿色智能家电下乡等活动，引导农村地区减少瓶装燃气和煤炭使用。到 2025 年，电能替代电量达到 50 亿千瓦时。

深化重点行业节能降碳。坚决遏制"两高"项目盲目发展，到2025 年，建材、冶金、化工等高耗能产业产值占工业产值比重下降1.6%；加强高耗能行业治理，推进重点用能单位节能技术改造，加快老旧数据中心节能减碳改造，严格新上数据中心能效标准，到 2025年，全市数据中心集群内平均电能利用效率（PUE）值达到 1.25。推进钢铁、水泥、平板玻璃、石化、数据中心等行业节能监察，综合运用绿色电价、信用监管、行政监督等方式，推动能效对标达标，重点行业达到能效标杆水平的产能比例超过 30%。

加强建筑能耗管理。提升新建民用建筑节能设计标准至 72%。以智慧蓉城建设为引领，升级完善建筑能耗监测平台。建立城市建筑能耗数据行业共享机制。逐步实施大型公共建筑能耗限额管理，探索制定建筑能耗激励政策。

2. 推进能源供应清洁化

推进燃煤发电机组升级改造。加快电厂燃煤机组提效降耗改造，探索应用生物质掺烧等先进技术，减少煤炭消耗总量，提高煤炭清洁高效利用水平，增强电厂调峰灵活性；推进燃煤电厂"煤改气"和彭州市、大邑县建设燃机调峰电厂。鼓励电厂实施热电联供，助力低碳园区、低碳社区建设。

加快推进天然气稳产增产。稳定开采平落坝、洛带、灌口、白马庙、邛西等现有气田，年产量保持在 6 亿立方米左右；加快推进川西气田、天府气田勘探开发，到 2025 年，力争形成 20 亿立方米年天然气产能。

推进可再生能源试点示范。鼓励太阳能、浅层地温能、生物质能、空气源等开发应用。支持金堂县开展整县屋顶分布式光伏开发试点，发展城市楼宇、农业大棚、农村居民等分布式光伏发电，推进园区分布式光伏发电规模化应用，支持公共建筑安装使用光伏发电系统。鼓励具备应用条件的区域积极推广浅层地温能开发利用，加快垃圾发电项目建设。到 2025 年，实现光伏发电装机量 50 万千瓦以上，年新增可再生能源发电量 8.5 亿千瓦时。

积极发展绿色氢能。构建"制储输用"全产业链，加快建设"绿氢之都"。加快东方氢能产业园、华能集团水电解制氢等项目建设，到 2025 年，绿氢年生产能力达到 10000 吨以上，支持可再生能源电解水制氢加氢一体化试点。规划建设加氢站 40 座，加快构建半小时加氢网络。推动氢燃料电池汽车规模应用，拓展氢能在工业、储能领域应用，建设成渝绿色"氢走廊"。

3. 推进能源利用高效化

加快统筹资源高效利用。统筹用好能源、环境等资源要素，优先支持重大项目、重点产业、重点区域发展，促进资源利用效率最大化。探索用能预算管理，支持企业参与用能权、碳排放权交易，以市场化方式促进资源有效配置。加强资源循环利用，推进能源梯级利用、资源循环利用、土地集约利用，促进企业循环式生产、园区循环式发展和产业循环式组合。

加快能源数字化转型。推进能源管理数字化转型，打造智慧能源云平台，加强能源数据采集应用，构建智能生产、智慧管理、智慧运营体系，推进多能互补、分时互补、区域联动，提升城市能源智慧化水平。推进能源服务数字化转型，推进"蓉e电""微网厅"等数字便民服务，提升获得用电、用气便利度。积极发展"互联网＋智慧能源"，支持四川天府新区、成都高新区、成都东部新区等开展能源互联网建设。

推进能源改革试点示范。推进欧洲产业城、彭州九尺冷链物流产业园等区域开展增量配电业务改革。推进淮州新城等产业园区、城市新区分布式能源示范应用。用好绿色高载能产业电力扶持政策，建设"高载能产业＋清洁能源"示范区，合理规划和有序推进大数据、新型电池、新型显示等高载能产业发展。

推动综合能源利用。在园区、医院、大型商超等能源负荷中心建设区域化、楼宇型分布式综合能源服务系统，推广应用热泵技术、蓄冷技术、先进节能技术，提高建筑能源利用效率。探索推进5G基站、充电桩、加氢站、数据中心、分布式光伏、储能等多功能综合一体化建设。到2025年，投运分布式综合能源服务项目50个以上。

4. 提升能源安全保障能力

构建智能坚强电网。推进1000千伏特高压输变电工程建设，拓宽川西水电输入通道；探索建设"三州一市"绿电输送通道，研究论证西北能源供给通道，加快构建以新能源为主体的新型电力系统。实施一流配电网建设改造行动，加快用户供配电产权设施移交供电公司运维管理。到2025年，全市规划建设8个500千伏、50个220千伏输变电项目，电网安全负荷提升至2260万千瓦。

加快充（换）电设施布局建设。制定全市充（换）电设施建设规划，统筹布局，按规定统一技术标准，明确配建比例，规范社会资本参与，以需求为导向推动充（换）电设施加密加强。新建建筑按总停车位15％～25％的比例分类配建；既有党政机关、企事业单位、大型商场、文体场馆、旅游景区、高速公路服务区按不低于总停车位20％配建，既有居民小区支持规模化增建。加快专用换电站、综合能源站建设，创建"国家新能源汽车换电模式应用试点城市"。到2025年，全市建成充（换）电站3000座、充电桩16万个以上。

完善天然气输配体系。加强城镇燃气管道安全整治，更新改造不符合标准规范、存在安全隐患的燃气管道设施；加快城乡燃气基础设施建设，推进绕城高速高压输储气管道工程、平桥门站、科学城门站等项目建设；加强储气调峰设施建设，燃气储气能力大幅提升。到2025年，更新改造城镇燃气管道1200公里，新建燃气管道600公里，燃气供应能力达到150亿立方米，储气能力达到900万立方米。

推动储能发展应用。推进源网荷储一体化和多能互补（见专栏8-6），增强应急供电保障能力。有序推进大邑县、金堂县抽水蓄能电站建设，鼓励新都区、金堂县等开展电化学储能示范，探索储能应用商业模式，建设移动式或固定式储能设施。新能源项目储能设施配建比例不低于装机容量的10％，探索电网侧、用户侧和增量配电网改革试点园区的新型储能电站建设，提高系统调峰调频能力。

专栏8-6

"聪明"的路灯——基于智慧路灯的路侧分布式储能网

2023年3月，四川华体照明科技股份有限公司在行业内首次提出"基于智慧路灯的路侧分布式储能网"概念，在智慧灯杆上加装风力发电装置、光伏板、专用储能设备、超级快充应急能源接口，打造"智慧路灯＋储能＋充电桩"的新场景。同年 7 月，全国首个电能"储充一体"智慧路灯示范项目在成都市双流区并网运行。此项目是利用华体科技的智慧路灯灯杆建设而成，每根灯杆杆体均搭载了 40 千瓦时的储能电池，通过附近公用变压器低压侧并网。其工作原理是在夜间等用电低谷期进行充电，在负荷高峰时段向电网送电。测试数据显示，该示范项目可缓解接入变压器约 15％负载压力。同时，杆体装设的 30 千瓦快速充电枪还可以对电动汽车进行充电。

史晓露编辑：《"聪明"的路灯：智慧城市新入口》，川观新闻网，https：//cbgc.scol.com.cn/news/4136903。

全国首个电能"储充一体"智慧路灯概念示意图

参考文献

［1］习近平. 高举中国特色社会主义伟大旗帜 为全面建设社会主义现代化国家而团结奋斗：在中国共产党第二十次全国代表大会上的报告 ［M］. 人民出版社，2022：15.

［2］编写组. 中共中央国务院关于加快建设全国统一大市场的意见 ［M］. 人民出版社，2022：3.

［3］编写组. 中共中央国务院关于完整准确全面贯彻新发展理念做好碳达峰碳中和工作的意见 ［M］. 人民出版社，2021：10.

［4］习近平. 牢牢把握东北的重要使命　奋力谱写东北全面振兴新篇章 ［N］. 人民日报，2023 - 09 - 10.

［5］习近平. 主动把握和积极适应经济发展新常态 推动改革开放和现代化建设迈上新台阶 ［N］. 人民日报，2023 - 12 - 15.

［6］连玉明，张涛，龙荣远，宋希贤. 大数据蓝皮书：中国大数据发展报告 No.6 ［M］. 社会科学文献出版社，2022：89.

［7］四川省人民政府. 四川省国民经济和社会发展第十四个五年规划和二〇三五年远景目标纲要 ［R］. 2021：44 - 46.

［8］四川省发展和改革委员会，四川省能源局. 四川省"十四五"可再生能源发展规划 ［R］. 2022：10 - 15.

［9］韩文秀. 加快建设现代化产业体系的基本要求和重点任务

［N］. 人民日报，2023 - 06 - 01.

　　［10］高博，杨仑，张佳星等. 是什么卡了我们的脖子［N］. 科技日报，2018 - 04 - 19.

　　［11］贺立龙. 加快建设现代化产业体系　厚植中国式现代化物质基础［N］. 光明日报，2023 - 04 - 11.

　　［12］刘坤. 我国基础设施整体水平跨越式提升［N］. 光明日报，2022 - 09 - 27.

　　［13］熊丽. 新型城镇化取得明显成效［N］. 经济日报，2022 - 04 - 29.

　　［14］张辉. 加快发展现代产业体系 提升产业链供应链现代化水平［J］. 中国党政干论坛，2021（6）：65 - 69.

　　［15］张来明，赵昌文. 以创新引领产业转型升级［N］. 光明日报，2016 - 02 - 01.

　　［16］成都市人民政府. 成都市国民经济和社会发展第十四个五年规划和二〇三五年远景目标纲要［R］. 2021：7.

　　［17］施小琳. 牢记嘱托 踔厉奋发 全面建设践行新发展理念的公园城市示范区：在中国共产党成都市第十四次代表大会上的报告［N］. 成都日报，2022 - 04 - 26.

　　［18］成都市人民政府. 成都市产业建圈强链2023年工作要点［R］. 2023：4.

　　［19］成都市人民政府办公厅. 关于前瞻培育未来产业的政策举措［R］. 2024 - 01 - 03.

　　［20］成都市人民政府. 关于前瞻培育未来产业构筑高质量发展新动能的实施意见［R］. 2024 - 01 - 03.

　　［21］成都市发展和改革委员会. 成都市"十四五"数字经济发展规划［R］. 2022：4.

　　［22］成都市人民政府办公厅. 成都市优化能源结构促进城市绿色低碳发展行动方案［R］. 2022 - 06 - 17.

后记

当今世界正面临百年未有之大变局。新冠疫情之后，全球经济复苏面临新的机遇和全新挑战。一方面，新经济新动能如熊熊火炬，点亮了新一轮技术进步和产业变革的灯塔；另一方面，大国竞争、新旧动能转换、地缘冲突将世界经济抛入惊涛骇浪，引爆了经济体之间的激烈较量和极限施压。中国这艘大船要想在风高浪急、波诡云谲中行稳致远，实现民族伟大复兴的"中国梦"，必须坚持习近平新时代中国特色社会主义思想的方向指引，坚持以经济建设为中心，坚持"稳中求进、以进促稳、先立后破"的发展方针，加快培育新质生产力、建设现代化产业体系进而实现高质量发展。

本书是2023年中共成都市委党校学习贯彻习近平总书记来川视察重要指示精神重大专项课题"建设现代化产业体系精准发力研究"最新成果，重点围绕中国现代化产业体系建设的理论、先进城市产业发展经验、成都现代化产业体系建设的实践探索三个领域，以成都在建设支柱产业、战略性新兴产业、未来产业上的做法为主要内容，为进一步明确精准发力推进现代产业体系建设的路径、解决中国式现代化进程中的难题提供了具有重要决策参考价值的政策建议。

本书出版之际，衷心感谢国家行政学院出版社及中共成都市委党校科研处对本书给予的大力支持，高质量保证了本书出版工作。衷心感谢成都市经济与信息化管理局给与本书编写的大力支持，尤其要鸣谢郝康理、温坤、伍轶、严冰洁等专家，他们的真知灼见给予了作者巨大启迪，提升了著作的理论专业性和学术严谨性，在此向他们致以真诚的感谢。

感谢尊敬的读者朋友，希望阅读后对本书提出宝贵的建议，以便我们修正再版时能尽善尽美、精益求精。感谢这个伟大的时代，让我们与城市发展共命运，在乘风破浪中尽情享受新技术新产业带来的巨大进步和无限快乐。

祝中国圆梦！祝成都进步！

童晶

2024 年 11 月 18 日于成都